アジアと共に
「もうひとつの日本」へ

永井 浩［著］

Toward
"Another Japan"
with Asia

社会評論社

アジアと共に「もうひとつの日本」へ

＊目次＊

プロローグ　「平和国家」漂流のなかで

「日本のお金で人殺しをさせないで！」。二〇二一年二月一日にミャンマーで起きた国軍クーデターから二ヶ月後の四月一日、東京霞が関の外務省前で行われた「ミャンマーの平和と民主主義を求める集会」で、在日ミャンマー人が手にしていたプラカードである。この呼びかけは私に、日頃気づかなかった日本の平和にひそむ血の匂いをかぎ取らせてくれた。それとともに、「国際社会において名誉ある地位を占めたい」と記した日本国憲法前文の「平和」の実現に何が必要なのかを考えさせられた。

＊ＯＤＡ供与　軍による残虐行為への間接的加担

「日本のお金による人殺し」とは、日本政府が長年にわたり民主化運動を弾圧する軍政の側に立ち、軍政を民主化へ前進させるためという名目で経済援助をつづけながら、日本の官民連合のＯＤＡ（政府開発援助）ビジネスが国軍のふところ潤してきたという実態が、クーデター後に明らかになってきたことを指している。

たしかに日本は、クーデターに反対し民主主義を守れと立ち上がった広範なミャンマー国民に血なまぐさい武力弾圧の手をゆるめない国軍に、直接手を貸しているわけではない。しかし、国内外のミャンマー人から見ると、最大のＯＤＡ供与国である日本の公的資金が国軍に流れていることははっきりしている。日本政府は間接的に軍政の残虐行為に加担している、と映る。だから、日本が本当に「平和国家」であるなら、その精神に忠実であってほしい、と彼、彼女たちは訴えているのである。集会に参加した在日ビルマ市民労働組合会長のミンスエは、「ＯＤＡを考え直すべきだ。何人（なにじん）であろうと、殺されているのに黙っているのは本当に恥ずかしいこと。命が奪われているのに何も行動しない日本政府は、人間として恥ずかしい」と発言した。

しかし菅義偉首相は、こうしたアジアの隣人の声に耳を傾けようとはしない。米国や欧州連合（ＥＵ）、英国などの先進諸国の政府と国連は、クーデター発生直後から国軍の民主主義否定を批判し、拘束されたアウンサンスーチー国家顧問ら政権幹部の即時解放を要求した。クーデターに抗議し民主主義を守ろうとする広範な国民の非武装デモに国軍が武力による残忍な弾圧を繰り返しはじめると、各国政府は国軍トップらと彼らが実権を握る国軍系企業への制裁措置を強化した。だが日本政府は、わが国は国軍とスーチー氏側の双方に独自のパイプをもっていて、それをつうじて事態の打開をはかるとの空念仏を唱えるだけで、同盟国の米国と歩調をあわせて制裁に踏み切るわけでも、最大の武器とされるＯＤＡを切り札に国軍に民主化への回帰を説得するわけでもない。なぜ旗幟を鮮明にしないのかの説明もなされない。

平和と民主主義を国是とするはずの日本の、国際社会における突出した民主主義と人権への鈍感さにくわえ、日本国憲法の精神からもはずれた平和国家の自己像にも、日本の指導者たちは気づこうとしない。

＊憲法前文の基本理念とその解体

戦後日本の屋台骨となっているこの憲法が「平和憲法」と称されるのは、第九条で「戦争の放棄」をうたい、国際紛争の解決手段としての武力行使の否定と戦力の不保持を誓っているからであるが、憲法はもうひとつ、平和とは何かを前文を記している。

「われらは、平和を維持し、専制と隷従、圧迫と偏狭を地上から永遠に除去しようと努めている国際社会において、名誉ある地位を占めたいと思ふ。われらは、全世界の国民が、ひとしく恐怖と欠乏から免れ、平和のうちに生存する権利を有することを確認する」

「日本国民は、国家の名誉にかけ、全力をあげてこの崇高な理想と目的を達成することを誓う」

ミャンマーの現状は、軍事政権のもとで長年、専制と隷従を強いられ、恐怖と欠乏に苦しんできた国民が、それを脱して平和で豊かな国づくりをめざして民主主義を守ろうと血を流しながら闘うすがたを世界にしめしている。だとしたら、私たちの平和国家は全世界の国民とともに、ミャンマーの人びとがもとめる理想と目的の達成に全力をあげて協力することが、みずからを国際社会において名誉ある地位に導いていくことにもつながるはずである。

ところが日本政府は、憲法の精神に忠実であろうとするどころか、それに逆らう選択をしている。専制と恐怖の政治をつづけようとする勢力を延命させてきた過ちを反省して、クーデターで民意を代表する政権を破壊した国軍に対して、国際社会と歩調をあわせて毅然たる姿勢を打ち出せないままである。

だが、ミャンマーの人びとへの「人間として恥ずかしい」行為をなぜ平然とつづけるのかを、彼らにも日本国民にも説明せず、平和国家の基本理念への違反を認めようとしない菅政権の姿勢は、ミャンマー問題ではじめて鮮明になったわけでも、また同政権に特有なものでもない。それは、憲政史上最長の七年八カ月にわたり権力トップの座にあった安倍晋三首相から引き継がれた基本姿勢である。後任の菅は、安倍政治の継続をうたい、初仕事として日本学術会議の新会員候補六人の任命を拒否した。六人は安倍政権下での安全保障法制や特定秘密保護法、共謀罪、沖縄辺野古埋め立て工事強行など、戦後日本の平和と民主主義を破壊する政策に異を唱えてきた。そのような、時の政権に逆らう学者は排除し、学術会議を政府の御用学者の組織にして、安倍路線をさらに推し進めようというのが菅の意図である。だが菅は、この人事が学術会議だけでなく多くの国民からも強い批判を浴びても、説明責任を果たさず、既定路線を修正しようとはしない。

さらにさかのぼると、おなじ政治姿勢は両政権のまえの小泉純一郎首相の時代から顕著となっている。二〇〇一年九月に米国で起きた同時多発テロ(「九・一一」)でブッシュ米大統領が「対テロ戦争」を宣言すると、小泉はいち早くこれを支持、テロリスト殲滅のための日本の「国際貢献」と日米同盟の強化を旗印に、自衛隊の海外派兵を決定する。〇二年にテロ対策特別措置法が成立、米軍のアフガニスタン攻撃を後方支援するために海上自衛隊がインド洋に派遣された。戦後初めての「戦時」の外国領域への自衛隊派兵である。〇三年には米英軍のイラク侵攻に呼応して、イラク復興支援特別措置法による自衛隊の海外派兵を強行した。「人道復興支援」の名のもとに陸上自衛隊がイラク南部のサマワに駐留し、航空自衛隊はクウェートからイラクへの陸自隊員や物資などの空輸の任にあたった。

自衛隊の「戦地」派兵は、戦後日本の安全保障政策の重大変更を意味した。

自衛隊の海外派兵に対して、集団的自衛権の行使を禁じた日本国憲法に違反するとの反対論が国民から上がったが、政府は対テロ戦争の正当性を盾につっぱねた。マスコミの多くも、主として違憲の立場からの疑問や反対を表明したものの、対テロ戦争の大義は支持した。テロの脅威と日米同盟が、あたかも黄門様の印籠のような威力を発揮し、新聞もテレビもブッシュの口移しで「テロには屈しない」と繰り返す小泉首相に押し切られ、政府がごり押しする既成事実の積み重ねを追認するだけだった。

＊国際社会における「平和国家」日本の現在地

では、小泉、安倍、菅の歴代政権によって進められてきた民主主義と平和国家の破壊をこれ以上ゆるさず、それを修復し、さらに発展させていくことは可能だろうか、そのためには私たち一人ひとりに何ができるだろうか。そのことを考えるための手がかりのひとつとして、本書では、国際社会における「平和国家」日本の現在地を確認し、それにどう向き合うべきかを考えてみたい。そのための基本的座標軸となるのが、歴史認識の問題であり、それは明治以来の日本のアジアとの関係と深くかかわっている。

明治維新とともに世界の表舞台に遅れて躍り出たアジアの小国は、欧米列強をモデルにした帝国主義国家をめざして、軍事力によるアジア支配を拡大、強化し、その富の収奪による自国の経済発展に専念してきた。天皇を頂点とする権力層はこの「近代」化路線の犠牲となるアジア各地のおびただしい人命は意に介さず、日本国内でも貧富の格差や、自然と社会基盤の破壊に対する異議申し立ては力ずくで封じ込められた。アジアは「文明」の遅れた「悪友」（福沢諭吉）として侮蔑、軽蔑され、文明国日本が盟主としてアジアを支配下に置くことが正当化された。アジアへの差別意識は国民にも広く共有され、日中戦争ではマスコミの「暴支膺懲」と「東洋平和」キャンペーンに躍らされ多くの若者が戦場に送り込まれた。そして大日本帝国は、欧米諸国をも敵とする無謀なアジア太平洋戦争に突入し、亡国の淵まで追いつめられて敗戦を迎えた。

敗戦後の日本は、このような苦い歴史を教訓として、平和と民主主義を基調とする新しい国家建設に政府と国民が力を合わせていくことを確認した。その成果は高度成長による経済大国化として世界に認められ、平和と民主主義も完全とはいえないものの戦前とは比べものにならない大きな前進を勝ち取ってきた。アジア諸国への侵略責任の明確化と謝罪は立ち遅れたが、それでも冷戦終結後の一九九〇年代以降に、それを明言する政治指導者は出てきた。

九三年の総選挙で細川護熙の率いる日本新党を軸とする非自民七党連立政権が成立し、「五五年体制」下の自民党の長期一党支配体制に終止符が打たれると、細川は首相就任直後に首相として初めて、「過去のわが国の侵略行為や植民地支配が、多くの人びとに耐えがたい苦しみと悲しみをもたらしたことに、改めて深い反省とおわびの気持ち」を表明した。

九五年八月一五日には「村山談話」が発表された。社会、自民、さきがけの三党で発足した連立政権で首相に選出された社会党委員長の村山富市は、閣議決定を経たこの「談話」で以下のように述べた。「わが国は、遠くない過去の一時期、国策を誤り、戦争への道を歩んで国民を存亡の危機に陥れ、植民地支配と侵略によって、多くの国々、とりわけアジア諸国の人々に対して多大の損害と苦痛を与えました。私は、未来に過ち無からしめんとするが故に、疑うべくもないこの歴史の事実を謙虚に受け止め、ここにあらためて痛切な反省の意を表し、心からのお詫びの気持ちを表明いたします。また、この歴史がもたらした内外すべての犠牲者に深い哀悼の念を捧げます」

「談話」はまた、日本が今後、独善的ナショナリズムを排し、責任ある国際社会の一員として平和の理念と民主主義を世界に押し広げていくこと、さらに唯一の被爆国として核兵器の廃絶と軍縮の推進をめざすことをうたい、これこそが過去に対するつぐないとなる、とむすんでいる。以後、歴代内閣は「村山談話」の歴史認識を日本政府の公式見解として継承していくことになる。

村山談話に先立つ九三年には、自民党政権の宮沢喜一首相のもとで河野洋平官房長官が、従軍慰安婦問題について政府による事実関係の調査結果を発表した。河野は、慰安所の設置や慰安婦の移送に旧日本軍が直接、間接に関与したことを認め、「心からおわびと反省の気持ちを申し上げる」と謝罪した。この「河野談話」を引き継いで、村山政権は九五年、元慰安婦への補償をおこなう「女性のためのアジア平和国民基金」(アジア女性基金)を設立した。

日本の政治指導者がこうした歴史認識を公式に表明するまでに、なぜ敗戦後半世紀もの時間を要しなければならなかったのかという疑問は残るものの、日本の新しいアジア政策をアジア諸国は歓迎し、「未来志向」がアジアと日本との関係のキーワードとなっていく。

九八年に訪日した金大中《キムテジュン》大統領と小渕恵三首相が「21世紀にむけた新たな日韓パートナーシップの構築」をうたった日韓共同宣言に署名した。日本は過去の植民地支配への「反省とおわび」を表明、韓国は日本が戦後の国際社会で果たした役割を評価し政治、経済、文化などの広範な交流を拡大することで、両国が「未来志向」の関係発展をめざすことが確認された。韓国は日本の大衆文化を開放、日本では韓国ドラマのヨン様ブーム、さらにサッカーW杯の日韓共催へと両国関係は急進展した。

つづいて同年、中国の元首として初めて江沢民《こうたくみん》国家主席が訪日、小渕首相との間で「平和と発展のための友好協力パートナーシップの構築に関する日中共同宣言」が調印された。宣言で日本は、村山談話を踏襲して過去の中国侵略に深い反省を表明し、日中関係が「最も重要な二国関係の一つ」と確認された。これを受けて、両国の友好関係の発展をめざす首脳レベルの対話、環境保護、青少年交流の推進などの行動計画とともに、国際社会やアジア地域の課題に両国が協力して取り組むことが謳われた。

しかし、軌道に乗るかにみえた未来志向は頓挫、アジアと日本の関係は暗転の一途をたどっていった。

転機となったのは、小泉首相の靖国神社参拝である。小泉は中国や韓国の反発を押し切って二〇〇一年八月に靖国参拝を強行、その後三年間繰り返した。首相だけでなく、閣僚や有力議員の靖国参拝もつづいた。度重なる小泉首相の靖国参拝によって中韓両国政府は対日姿勢を硬化させ、中国国内では反日ムードが爆発的に増大、〇五年春には北京や上海で反日暴動が起きた。小泉はアジア関係を悪化させる一方で、日米関係の強化につとめ、対テロ戦争への国際貢献の旗印のもと、平和国家を戦争のできる「普通の国」へと逆戻りさせた。

＊安倍による戦時体制化と菅内閣の継承路線

こうした小泉路線を〇六年に受け継いだ安倍首相は、「日本を取りもどす」と叫びながら、内外の反発を無視して靖国参拝を強行、さらにますます米国との軍事的一体化に前のめりになるとともに、日本社会全体の戦時体制化を進めた。憲法改正をめざす安倍は一二年からの第二次政権で、一三年に特定秘密保護法を、一五年には議会制民主主義のルールを無視した恣意的解釈によって集団的自衛権の行使を可能にする安全保障関連法を、いずれも野党と広範な国民の反対の声を無視して強行成立させた。同法によって、自衛隊の海外での武力行使や米軍など他国軍への後方支援が世界中で可能となり、戦後日本が維持してきた「専守防衛」の政策は大きく転換した。ついで一七年には、テロ防止を名目に戦前の治安維持法を思わせる共謀罪法案が強行採決された。

平和国家日本の基盤がおおきく揺らぎ、日本はふたたび戦争のできる「普通の国」への仲間入りを果たしたが、それは、「いつか来た道」への逆もどりにとどまらない。日本がみずからの国益のために独自に侵略戦争を始めるのではなく、日米同盟のもとに両国軍が世界各地で武力を行使する態勢を整えようとしているのである。日本はアジアへの侵略国家であったと同時に、人類最初の核兵器の犠牲となった国である。その原爆のきのこ雲の下にいた国が、きのこ雲の上にいた国と軍事的な一体化を進めようとしているのだ。そして戦地に、世界で突出した軍事超大国の国旗と憲法で戦争の放棄を規定した国の国旗が並んではためくという奇観が展開される日が近づいた。村山談話は事実上反故にされた。

安倍が取りもどそうとした日本は、軍事力の増強と経済大国の再生をめざしている。そのために、米日両国の軍産複合体の利益にそった、米国兵器の爆買いによる防衛費の急増とともに、小泉政権が導入した米国の新自由主義をモデルにした成長最優先政策を追求し、富の一部への集中と弱者切り捨てをいとわない。またこの目標を達成するためには国民の結束が必要とされ、中国と北朝鮮の「脅威」や韓国の「反日」が強調される。日韓関係は、徴用工と慰安婦問題をめぐり二〇一八年から「国交以来最悪」という状態に陥った。戦後七五年にあたる二〇二〇年の幕開けの月には、イランとの対決姿勢を強める米国のトランプ政権に寄り添い、海上自衛隊が中東海域に派兵された。さらに同八月、自民党は専守防衛を逸脱する「敵基地攻撃能力」の保有を安倍首相に提言した。

そしてこうした安倍路線をさらに徹底させようとしているのが、菅政権である。菅は、新型コロナウイルス禍の中で、国民の中止要求の声が高まる東京五輪の強行開催姿勢を崩さず、コロナ対策の自らの失政の責任は棚上げし、国民の安全を理由に憲法で市民に保障された自由の制限を強めようとしている。衆議院憲法審査会で国民投票法改正を可決し今国会で成立させるとし、さらに国民監視・弾圧法となるデジタル関連法案や重要土地等調査・規制法案、入管法改悪案の成立を画策した。重要土地等調査・規制法案は戦前の軍機密法の復活とみられ、外国人を対象とする入管法改悪法案は難民を〝犯罪者〟に仕立てて排除するものであり、これは国連人権基準に反すると国連特別報告者が厳しく批判している。いずれも、安倍政権が強行成立させた特定秘密保護法をはじめとする戦争への道をさらに一歩進めようとする悪法である。

＊歪んだアジア認識とメディアの罪

一連の流れのさきに見えてきた平和国家の未来像は、英国の作家ジョージ・オーウェルの『1984年』に描かれたディストピア国家である。そこではビッグブラザーを頂点とする独裁権力によってすべての国民が監視され、人間の自由と尊厳が窒息させられる。そして国民は、指導者のスローガンである「戦争は平和である」「自由は屈従である」「無知は力である」を唱和させられる。

それでは、そのような悪夢の近未来を避けるには何が必要なのか。そのためには、「時代の空気」に取り込まれずに、アジアとの未来志向がなぜいとも簡単に葬り去られ、超大国米国への従属による「戦前」への逆コース路線が暴走を始めたのかを考えてみることが大切であろう。

その背景については、さまざまな要因が指摘されている。冷戦後の国際関係の変化、とりわけ米国と並ぶ中国の大国化、それにともなう日本の安全保障環境の変化と経済大国の地位低下、世界的な民主主義の退潮と権威主義の台頭、市場経済のグローバル化、日本の国内政治の劣化、戦争体験者の減少、若い世代の政治への無関心、人権と多様性がおろそかにされ他者への不寛容が進む日本社会の変容、市場経済の浸透による今だけ・カネだけ・自分だけの価値観の優先、等々である。

だが、もうひとつ見逃せないものがある。それは、明治以来の日本の歪んだアジア認識とメディアの力である。両者は戦前の日本のアジア支配と密接にむすびついていた。だが平和国家に生まれ変わった戦後も、権力者たちとマスコミ、国民はそうしたアジア観から完全には抜け出せず、ときとして共犯関係をつづけてきた。そしてそれが、近年のさまざまな内外要因と連動して、アジアだけでなく世界を見る私たちの目を曇らせる。韓国との間で徴用工や慰安婦の問題をいまだに解決できないまま、国連安保理の承認を経ない米国のイラクへの「侵略」戦争に加担していく姿はそのことを示している。この二つの光景はそれぞれ別個のものではなく、自国の負の歴史の否認から生まれた一卵性双生児といえる。

マスコミは戦後、アジア太平洋戦争で「聖戦」の旗振り役を担った過ちを反省して、今後は平和と民主主義の国家再建のために国民と共に歩むことを宣言した。そのためには、政治指導者がふたたび国民を間違った道に引きずりこまないよう、権力の監視を怠ってはならないとされた。

だが、戦後日本の安全保障政策が歴史的な転換をせまられた対テロ戦争の報道において、新聞、テレビは自衛隊の海外派兵を「国際貢献」と強弁する小泉政権の嘘を見破ることができなかった。マスコミの多くは、主として違憲の立場からの疑問や反対を表明したものの、対テロ戦争の大義は支持した。国民もメディアも、自衛隊の海外派兵について重要な論点を素通りしているようだった。それは、米国のイラク攻撃は国連安保理の承認を経ない「侵略」であり、日本はその侵略戦争に加担しているという事実だ。

「戦争放棄」をうたった日本国憲法第九条を平和国家の象徴として歓迎したのは、日本国民だけではない。アジア諸国の人びとにとってこの新憲法は、日本が二度と侵略戦争に走らないという国際公約を意味していた。だからアジア諸国は、自衛隊のイラク派兵を日本軍国主義の復活とみて強い警戒感を表明したが、日本では憲法上問題はあるとしても非軍事的な国際貢献という受け止め方が大勢をしめ、しかも結果は「成功」と評された。

イラクの人びとが、遠い極東の国からの国際貢献をどのように見ていたのかにも、私たちはほとんど無関心だった。

つまり、平和国家をその原点から離れて漂流させてきた要因は、かならずしも近年の歴代政権の姿勢だけではないのではなかろうか。それを生み出す何かが「平和国家日本」にも内包されていたのではないだろうか。とりわけ安倍政権は、日本の内外の危機を強調しながら、戦前から私たち一人ひとりに深く巣食っている〝安倍的なるもの〟を刺激し、それを権力維持にとりこむのに長けていたのではないだろうか。

そのことをしめす一例が、安倍政権の対韓強硬策への国民の高い支持率である。徴用工問題への韓国の対応を不服として、同政権が一九年に韓国向け半導体素材の輸出規制を強化した措置に対して、朝日新聞の世論調査では国民の五六％が「妥当」と答えた。「妥当」の回答者は、同政権支持層が七四％、不支持層でも四三％と、「妥当でない」の三六％を上回った。読売新聞の世論調査でも「支持」が七一％と、「不支持」の一七％を大きく上回った。「支持」は政権不支持層や野党支持層でも各六割以上だった。

＊政権によるメディアへの介入と情報操作

日韓関係を急速に悪化させる原因となった、徴用工と慰安婦問題をめぐる日本政府の居丈高な姿勢は、問題の歴史的背景と国際社会の人権意識の流れに目を向けず、戦前からの国民のアジア蔑視感情を利用して非を一方的に韓国側に押しつけようとすることで、国民の結束をめざそうとするのが日本政府のねらいである。だが、そのような背景を知ってか知らずにか、安倍政権の対韓強硬策への国民の支持率は高い。知的誠実さを欠いた「官製ヘイト」発言に呼応するように、嫌韓・嫌中本がベストセラーとなり、ネット上には韓国蔑視情報が流れる。マスコミの報道や論評にも、日本政府の見方に寄り添うか、問題の本質に踏み込まずに日韓両国政府の外交的解決だけを促すものが少なくない。日本政府の対応に批判的な韓国世論は「反日」とひとくくりにされる。自国の過去の過ちに正直であろうとする者は、「自虐的」と貶められる。

安倍政権はさらに、次世代をこの目標に動員させようとして教育への政治介入を強めた。戦後教育の基本とされてきた子どもたち一人ひとりの個性と自主性の尊重を否定し、個人より国家を優位に置く戦前の国家主義教育への回帰である。集団への忠誠を強調する道徳教育と並行して、日本の伝統文化を尊重する自民族優先と歴史の改ざんが進められている。「グローバル人材の育成」も掲げられているものの、それは、国際社会で日本が経済競争に勝ち抜くためのエリートをいかに育てていくかをめざすものである。こうした政策は、日本が明治以降進めてきた「富国強兵」と国粋主義政策の焼き直しにすぎないのである。

憲法改正をめざす安倍はますます強権化し、政権の意に沿わないメディアへの介入と情報操作によって、民主主義の基本である言論の自由を破壊しようとした。新聞やテレビなどの多くのメディアも、権力を監視する番犬としてのジャーナリズム精神を十分に発揮せず、権力層がつくりだす「時代の空気」に同調する翼賛報道が増えている。米紙ニューヨーク・タイムズは二〇一九年六月、「日本は憲法で報道の自由が記された現代的民主国家だ。それなのに日本政府はときに独裁政権をほうふつとさせる振る舞いをしている」と批判した。国際NGO「国境なき記者団」（本部・パリ）による世界の報道の自由度ランキングで、日本は調査対象の一八〇カ国・地域のなかで、二〇〇〇年代初めのころまでは大体一〇位くらいにつけ言論の自由度が高い国と評価されていたが、その後年々順位を下げつづけ、二〇年は六六位となった。（一位は四年連続でノルウェーで、フィンランド、デンマークがつづく）

＊「平和国家」日本に漂う血の匂い

さてそれでは、平和国家をこれ以上原点からはずれて漂流させず、日本国憲法の精神をいかして私たちが国際社会に尊敬される存在として迎え入れられるには、一人ひとりの国民に何がもとめられているのだろうか。私はその一歩として、「人間として恥ずかしいことはしないでください」という冒頭で紹介したミャンマーの人たちの声にきちんと耳を傾けたい。

平和と民主主義という国際社会の普遍的価値観をあくまで非暴力によって勝ちとろうとして多くの血と涙をながしているアジアの隣人の闘いに対して、冷酷な鉄面皮を決め込もうとする菅政権にくらべると、各政党の対応はましである。自民、公明、立憲民主、共産、社会民主の各党とも、クーデターによる民主化プロセスの逆行とそれに抗議する国民への暴力の行使を非難し、日本政府が米国や欧州など国際社会とともに国軍に対する毅然たる姿勢をしめすことをもとめた。

それじたいは、間違っていない。だがいまひとつ腑に落ちないのは、その前提として日本独自の主張、つまり平和憲法の精神の尊重という視点が打ち出されていないことである。なぜなのか。

理由のひとつは、戦後日本の平和に血の匂いがひそんでいた事実に、私たちが気づこうとしなかったことと無関係ではないだろう。私たちの平和と繁栄にアジアの人びとが流した血が流れ込んでいたのは、ミャンマーの軍政と民主化とのたたかいが初めてではない。

ベトナム戦争（一九六〇～七五年）で、日本政府はベトナムを侵略した米国を日米安保条約を理由に支持した。だが、共産主義の悪から自由と民主主義を守るためとする米国の戦争の大義が、南北ベトナムの焦土化と無差別攻撃による住民の遺体の山の上に築かれようとしている実態が明らかになると、世界各地で反戦運動がひろがった。日本でも「ベトナム反戦」の国民の声がたかまった。しかし、この戦争で日本が莫大な戦争特需にあずかり、それが東京五輪後の不況克服に大きく貢献し、さらに日本が米国につぐ世界の経済大国への階段を駆け上がっていく道をひらいた事実には、ベトナムの平和を訴える多くの日本人はきちんと向き合おうとしなかった。

日本の経済発展が私たちの汗の結晶であることは間違いないが、その一部に日本が支持した米軍によって流されたベトナム人の血が流れこんでいることに私たちは気づこうとしなかったが、アジアの人たちはそのような日本のすがたを見逃さなかった。

日本が戦後、アジアから留学生や研修生を受け入れはじめたとき、「アジア文化会館」理事長として彼らと起居をともにして親身に世話し、「留学生の父」と敬愛された穂積五一は、ベトナム戦争への日本の対応をめぐる留学生たちの忠告を記している。「日本は終始、米国に追従し、『平和』を口にしながら、ベトナム人民の流血をよそにひたすら『利』を求めつづけていた。その『狡さ』と『穢らわしさ』は米国にまさっている。目を覚ましてください」

日本は一九五〇年からはじまった朝鮮戦争でも、米軍の兵站基地として特需に沸き、戦後復興を予想外の速さで達成することに成功した。

こうした歴史と現在のミャンマーと日本との関係は異なるようにみえる。日本はミャンマーで戦争に関わっているわけではない。だが、アジアの隣人の流血に日本は直接関与していなくても、その背後にひかえていて、彼らの血が私たちに経済的利益をもたらしているという構図は変わらない。その事実に私たちがなかなか気づかなくても、アジアの人たちにはお見通しなのである。日本は今度もみずからの手は直接汚さずに、アジアの隣人の血を流させる国軍を背後でささえながら、軍人たちとの共通のビジネス利権で経済的利益を追い求めようとしている。だからミャンマーの人びとは、「日本のお金で人殺しをさせないで！」と訴えるのである。

平和国家日本が内なる血の匂いに鈍感なもうひとつの理由は、平和憲法の受けとめ方に関係するのではないだろうか。

＊積極的平和の理念と人間としての連帯

九条は平和学でいう「消極的平和」にあたり、前文は「積極的平和」を指す。戦争や紛争の原因となる貧困や圧政などの「構造的暴力」の除去につとめることが真の平和につながるとされている。「平和学の父」と呼ばれ、この新しい平和の概念を提唱したヨハン・ガルトゥングは、『日本人のための平和論』で、「九条は反戦憲法ではあっても平和憲法ではない」として、九条を空文化しないためには「これまでどおりの反戦憲法であるにとどまらず、積極的平和の構築を明確に打ち出す真の平和憲法であってほしい」と述べている。

彼の提言に従うなら、私たちはこの二つの平和を両輪としてグローバルな正義と平和の実現に貢献すべきであり、それがいまミャンマーで問われているのではないだろうか。貧困と圧政に加担する側でなく、構造的暴力を除去しようとする側を支援しなければならないだろう。

「日本のお金で人殺しをさせないで！」というミャンマーの平和を訴える人たちの声は、けっして日本批判ではなく、「国際社会において名誉ある地位を占めたい」という私たちの願いを実現する一歩として何が必要なのかを真剣にかんがえ、それを行動でしめしてほしいという、おなじ人間としての連帯の呼びかけなのである。

ミャンマーのクーデターで問われているのは、アジアの隣人の平和と民主主義のゆくえだけではなく、私たち日本の平和国家としての立ち位置なのである。ミャンマーの深刻な事態が、対岸の火事であってはならない。

そして、おなじ人間としての連帯はミャンマーの人びととだけではなく、すべてのアジアの隣人たち、さらには中東の人びととの間にも築いていかなければならない。

そのための出発点として私が確認したいのは、ミャンマー国軍への後方支援であれ、侵略戦争であれ植民地支配であれ、他者に対して自分が力によって優位に立とうとする行為が、支配される側だけでなく支配する側にどのような意味を持つことなのか、とりわけ支配する側の人間の品位をいかに損なうものであるかという事実である。つまり連帯とは、このような相互関係を確認することで、被支配者と支配者双方の人間の尊厳を回復する行為であり、それをつうじて同じ人間としての相互信頼と和解の道が開かれていくはずであるというのが、私の基本的な考えである。それなくして徴用工や慰安婦問題も真の解決はありえず、その努力を抜きにした外交的決着は本末転倒といえる。

もちろん、自国の負の歴史を直視してアジア諸国の人びととの友好関係を発展させていく努力をつづけている日本の政治家、ジャーナリスト、市民は少なくない。また明治以降から敗戦後にいたるまでにも、自国のアジア侵略に反対する闘いをアジアの人びとと共にさまざまなかたちで繰り広げてきた日本の先覚者たちが少数ながらいたことを忘れるわけにはいかない。先にベトナム戦争に対するアジアの留学生のことばを紹介した穂積もその一人であり、彼、彼女たちの現在の私たちへの問いかけについては本文でくわしく見ていくが、共通しているのは、アジアの隣人とおなじ人間として向き合い、胸襟をひらいた対話をかさねながら、両者が力を合わせて「もうひとつのアジアと日本」の実現をめざそうとしたことである。

あのアジア人留学生の忠告を忘れないなら、私たちはいまこそ目を覚まさなければならない。

第1章　支配する者が腐敗していく

『象を撃つ』の発見

原点としての人間の尊厳回復

日韓関係の急速な悪化の発端となったのは、日本企業に元徴用工への賠償を命じた二〇一八年十月の韓国大法院（最高裁）の判決である。

この判決に対して安倍晋三首相は、両国間の請求権問題は日韓請求権協定によって最終的に解決ずみであると主張して、国際法に違反する韓国司法の判決の是正を文在寅《ムンジェイン》大統領にもとめた。しかし大統領は、三権分立の原則を尊重するとして司法への介入を拒んだ。両者の主張の溝は埋まらず、日本は一九年に半導体材料の対韓輸出規制を強化、一方韓国は日本との軍事情報包括保護協定（GSOMIA）の破棄を通告して、対立はエスカレートしていった。

日本のメディアは、基本的には安倍政権の主張に沿った形での早急な関係修復を訴えてきた。新聞とテレビの論調、そこに登場する識者らの多くは、河野太郎外相が二〇〇八年一一月の衆院外務委員会で、日韓請求権協定で個人の請求権が消滅したわけでないと答弁していること、国家間の条約で個人の請求権は消滅しないというのが国際社会の共通認識になっていることには、目を向けようとしない。そして、事態収拾の責任は文政権にあると主張するか、あるいは両国指導者が強硬姿勢をあらため双方の譲歩による関係修復をめざすように求める。

だが、仮に両国トップの政治的決断によって国家レベルの関係が改善されたとして、問題は解決されるのだろうか。日韓の「健全な関係」（安倍首相）が築かれるのか。この疑問には、政治家もメディアも識者も答えようとしない。

まず確認すべきは、日本企業に謝罪と賠償を求めているのは、韓国政府ではなく、大日本帝国の植民地政策の犠牲者たちであるという事実である。彼らの声に耳を傾けて問題解決の責任を果たすべきなのは、日本政府である。安倍首相が言うように韓国政府が国と国との約束を順守しているかどうかではなく、日本が戦後七五年を経ても、いまだに植民地支配という負の歴史と正しく向き合うことができないのはなぜなのか、という点にこそ問題の本質がある。にもかかわらず、政治指導者だけではなくメディアや国民の多くも、この基本的事実から出発した問題解決の努力を怠っているのはなぜなのかが問われなければならないだろう。

私は先に、侵略戦争であれ植民地支配であれ、他者に対して自分が力によって優位に立とうとする行為が、支配される側だけでなく支配する側にどのような意味を持つことなのか、とりわけ支配する側の人間性をいかに損なうものであるかという事実から出発することの必要性に言及した。

このような問題意識に私の目を開かせてくれたのは、英国の作家ジョージ・オーウェルの短編『象を撃つ』である。作品は、大英帝国の植民地ビルマ（現・ミャンマー）で若い警察官だったオーウェル自身の体験にもとづくものとされ、以下のようなあらすじである。

私はある日、勤務先のモールメインで、象が暴れだし住民を踏み殺しているという通報を受け、最新式のドイツ製ライフルを手に現場に急行する。途中で象に踏み殺された苦力《クーリー》の死体を見るが、現場に着くと、象はもう落ち着いて草をはんでいる。ビルマでは象は、労役用の巨大で高価な機械のようなものだから、これは撃つべきではないと私は思う。

だが、ふとふりむくと、「黄色い顔」の群衆が私が象を撃つものと期待して集まっていることに気づく。彼らの目は、手品を始めようとする奇術師でも見ているようだった。私はそのとき、結局象を撃たないわけにはいかないなと悟り、銃の引き金を引く。象は地響きをたてて倒れた。

東洋における白人の支配の空しさ、虚ろさを私が最初に理解したのは、まさにこの瞬間だった。銃を手にして武器を持たぬ原住民群衆の前に立つ白人の私は、まるで劇の主役のようだった。しかし現実には、今ここで何もせず引き上げると、黄色い顔たちに笑われるのではないか、だから彼らに馬鹿にされまいとして引き金を引き、殺す必要のない象を撃った。「旦那《サヒブ》は旦那らしく動かなくてはならぬ」と。

私は後ろについてきた黄色い顔たちによって操られる人形にすぎなかったのだ。「白人が専制者と化すとき、彼が破壊するのは実は自分自身の自由なのだ」と私は悟った。だがそのあとで私は、苦力が一人象に殺されたおかげで救われた気がした。人を殺した象を撃った私の行為は法的に正しかったという言い訳が成り立つからだ。

支配・被支配の構造のなかでは、支配される側の自由だけでなく、支配する側の自由も奪われる。つまり被支配者の尊厳が冒されるだけでなく、支配する側がまず内的に腐っていくのだという見方は、オーウェルのその後の人生においてずっと貫かれていく。それは英国の帝国主義・植民地支配への批判だけでなく、被抑圧者の側から支配階級と戦う社会主義への共鳴、さらにソ連共産主義の全体主義体制を批判した晩年の名作『動物農場』『1984年』にも引き継がれていく。通底しているのは、彼が終生もっとも大切にした、人間の品格（decency）、正直さ、率直、誠実というふつうの人々が持つまっとうな人間らしさを破壊するものはゆるせないという考えである。

だとしたら、日本のアジア支配が悪かったのは、私たちの隣人の生命と財産を勝手に踏みにじる罪を犯しただけでなく、自分たちの腐敗に気づかなったことであり、謝罪によって支配されていた人々の尊厳の回復を図ると同時に、支配してきた自らの人間の品性を取り戻すことができるということだろうか。そうかもしれない。だが問題は、その謝罪が真の内省にもとづくものかどうかであろう。

大英帝国の植民地支配の末端を担ったビルマ警察官時代のオーウェルは、けっして現地住民への差別意識や反英ナショナリズムの中核である僧侶への憎しみを隠さなかった。それと同時に英国の植民地統治に強い疑問を抱いていた。『象を撃つ』は、このような内的葛藤をへて生み出された作品だから、自国の帝国主義への批判は痛切な響きを帯びて読者に届くのである。彼はそれを、既存の学問や借り物の知識に依ることなく、複雑な現実との格闘のなかで自らの目と耳とこころで正しいと信じたことを自分の言葉で表現することで示そうとした。この基本姿勢は他の作品でも変わらず、だから時代と国境をこえていまも多くの人々の胸を強く打ち、読み継がれるのである。

支配と被支配の関係のこのような意味を了解すれば、日本の支配を受けた韓国などアジアの人びとが言っていることは、それほど難しいことではないように思える。

私たちも日本人もおなじ人間である以上、お互いの痛みが分かり合えるはずである。殴った側が殴られた側の痛みを完全に理解することは出来ないとしても、それを我が身に置き換えて出来るだけ理解しようとする努力だけは見せてほしい。それによって、暴力を振るうにいたった理由、その暴力の意味を考えざるを得ないだろう。そのための一歩が、歴史の真実を直視することである。不快ではあっても、他者の鏡に映し出される自己像から目を背けないでほしい。そうすれば、私たちの心に響く謝罪の言葉が出てこないはずはない。謝罪によって、侵略者として支配する側にあったがために損なわれた自らの人間の品格を回復することもできるだろう。共にまっとうな人間らしさを取りもどせた両国民が、おなじ人間としての対話を進めていけば、相互理解と和解、他者への尊敬にもとづいた友好の道がひらけ、それぞれの自己変革につながるであろう。

別の表現をすれば、他者の理解なしには自分を正しく理解することも難しいということだろう。その努力を惜しむ日本に苦言を呈することは、けっして「反日」ではない。

しかし日本の政治家もメディアも国民の多くも、この簡単な真実をなかなか認められない。「旦那は旦那らしく振る舞わなくてはならない」という意識が、いまだに心のどこかに潜んでいるからだろうか。それが、私たちの世界を見る目を曇らせ、戦後日本の平和と民主主義の後退をゆるすに至ったことと無関係ではないのではないだろうか。私たちがアジアの人びとの心に届くような「ごめんなさい」の一言を言えないのはなぜなのかの背景を、あらためて歴史的に探ってみる必要があるだろう。

徴用工、ロームシャ、慰安婦

インドネシアでの日本政府の歴史隠蔽工作

まず問われるべきは、そもそも日本の政府と国民は、明治以来の自国のアジア支配について自発的に過ちを認め、謝罪をしようとしたことがどれだけあるのかである。首相が初めて反省と謝罪を表明したのは戦後半世紀ちかく経ってからだったが、それまでにもアジア諸国からは日本の歴史認識を問題視する声は繰り返し上がっていた。それに日本はどのように対応してきたのかを確認しておこう。

その手がかりとして、インドネシア語の「ロームシャ」を例にあげてみる。ロームシャは日本語の労務者が語源だが、なぜそれがいまやインドネシア語にもなり、インドネシア語の辞書に収録されているほど定着しているのか。

大東亜戦争の開始とともに、日本軍はオランダ領東インド（蘭印、現・インドネシア）に侵攻した。主たる目的は、連合国軍との近代戦に不可欠な石油資源を確保することにあった。ジャワの蘭印軍を降伏させた日本軍は、戦力の強化をめざして、多くのインドネシア人を防衛工事や飛行場、道路、鉄道などの建設にロームシャ（労務者）としてほぼ強制的に従事させた。劣悪な環境によって多くの犠牲者が出た。ロームシャ以外に、男性は日本軍の補助兵力（兵補）、女性は日本軍の慰安婦とさせられた。

戦後、「三年半の日本の支配は、オランダの三五〇年間の支配より過酷だった」というのが、インドネシア人の共通の対日歴史認識となった。日本との賠償交渉で、インドネシア側は戦争で四〇〇万人の人命（とくにロームシャ）を失ったと訴えたが、日本側責任者である外務省の倭島《わじま》英二アジア局長は「日本はインドネシアと戦争をしたわけではない」と言って賠償支払いそのものに根本的な疑問を呈した。一九五八年年に二億二三〇〇万ドルの賠償協定が締結されて両国間の国交が樹立されたものの、この国家賠償にはロームシャ、兵補、慰安婦として徴発された人びとへの手当ては何もなされていなかった。

しかしインドネシア国民の間には、ロームシャという日本語は日本軍の占領下の残酷な体験を象徴するものとしてそのまま残った。一九七三年にはその時代を題材にした劇映画『ロームシャ』が製作された。

ところが、映画は一般公開直前になって突然、政府から上映禁止とされた。倉沢愛子の『戦後日本＝インドネシア関係史』によれば、日本大使館がこの映画に抗議してきたため、インドネシア政府が「国益のために上映禁止」（マスフリ情報大臣）を決定したのである。治安秩序回復作戦本部のスミトロ将軍は、「歴史や英雄のことを描いた映画はよいものだ。しかしその時代の空気に合うかどうかも重要だ」と述べた。

「時代の空気」とは、スハルト政権と日本との親密な関係である。日本は賠償をテコにインドネシアへの経済進出を加速させ、一方経済開発を最優先目標に掲げる同政権は、日本から多額の政府開発援助（ＯＤＡ）を受け入れるとともに日本企業の活動を歓迎していた。このためインドネシア政府は、経済大国のご機嫌を損ねないようにとの配慮から、日本の古傷にふれるような映画を懸念する日本大使館の抗議に政治的な判断を下したようだ。

だが、インドネシアと日本の政府間の「国益」優先にインドネシア国民は納得しなかった。メディアには対日批判の論調があいついだ。

・ナチスの残虐性を描いたからといってドイツ政府がアメリカに抗議したことはあるか。
・日本ももっと大人になって、歴史から学ぼうという姿勢を持てば、自ずとこの映画は日本の若い世代にとっても役に立つことが分かるだろう。
・もし日本が抗議したのだとすれば、日本は「戦場にかける橋」や「トラ・トラ・トラ！」に対してどうして抗議しなかったのだろうか。（日本は）いまだにファシズムの精神を持っている。こういう物語で気分を悪くするのは日本だけだ。

『ロームシャ』の上映中止の翌年一九七四年にインドネシアを訪問した田中角栄首相は、激しい反日デモの歓迎を受け、デモはスハルト大統領との会談のさなかに暴動へと発展したが、その背景には同政権と日本企業の癒着・腐敗に対する国民の怒りとともに、遠因のひとつに映画上映禁止があったと言われている。

上映禁止問題がかえって火に油を注ぐような結果になってしまったことについて、倉沢は先の著書でこう述べている。「『隠蔽』によってイメージを悪化させるよりも、歴史を正面から見据えようとする姿勢をもてなかった日本外交の弱さが現れている」

この指摘は、韓国の元徴用工と元慰安婦に対する現在の日本政府の姿勢と基本的には変わりないのではないだろうか。たとえば、慰安婦を象徴する少女像の撤去問題である。慰安婦問題の解決を求める韓国の市民団体が、ソウルの日本大使館や釜山の日本総領事館の前などにこの像を設置しはじめると、日本政府は二〇一五年の日韓合意にもとづき像を撤去するよう、韓国政府と市民団体にくりかえし要請した。しかし韓国政府は、日韓合意は撤去の約束ではないとして努力を続ける意向を示すだけであり、市民団体も撤去を拒み日本政府の元慰安婦への謝罪と賠償を求める抗議行動を続けている。

『ロームシャ』の上映中止にはこっそり裏から手をまわし、少女像撤去は公式の外交ルートをつうじてという違いはあるものの、歴史の真実から目を背けようとする日本政府の姿勢に変わりはない。またそれが、相手国民の対日感情を悪化させるだけでなく、人権軽視国という国際社会における自国の評価につながっていることへの鈍感さという点でも、両国への対応は同じである。

日本軍による戦争の傷あとを日本政府が隠蔽しようとする動きは、その後もインドネシアで繰り返された。慰安婦について同国のノーベル文学賞候補作家プラムディア・アナンタ・トゥールが調査した著作『日本軍に棄てられた少女たち』が一九九三年に発禁となったが、ここにも日本政府が関わっていたのである。

プラムディアは、一九六九年にスハルト政権によって政治犯として首都ジャカルタのあるジャワ島から一四〇キロ離れたブル島に流刑となり、そこで貧しいジャワ島出身の中年女性たちに出会う。はじめは彼女たちが何者なのか分からなかったが、仲間の政治犯たちと調べていくうちに、日本の軍政下で慰安婦として連れ去られた女性たちであることが判明する。軍政本部は、インドネシアの一〇代半ば前後の少女たちを、東京やシンガポールで助産婦や看護婦の教育を受ける機会を与えるといって多数徴集した。彼女たちは輸送船に乗せられたが船は目的地には向かわず、各地にある日本軍の「慰安所」に「性の奴隷」として捨て去られた。ブル島の女性たちも、その生き残りだった。プラムディアたちが彼女たちからの聞き書きをまとめたのが、同書だった。

オランダからのインドネシアの独立運動を数々の小説で描いてきた国民的大作家は、元慰安婦たちに優しい眼差しを向けながら彼女たちのこころの襞に分け入り、歴史の闇に埋もれていた戦争の真実を掘り起こした。日本軍は、ブル島に棄てられた少女たちに対するような甘言による手口だけでなく、各地で女性を強姦し慰安所に送り込んだ事実も明らかにされている。元慰安婦たちが戦後、日本政府からもインドネシア政府からもなんの補償も受けられないまま過酷な人生を送ってきたことに、プラムディアは強い怒りと自責の念を記している。苦界に引きずり込まれた女性の数が何百人、何千人に上るのかも不明なままだ。

このプラムディアの労作の発禁に日本政府がかかわっていた事実は、スハルト政権崩壊後の二〇一三年に朝日新聞で報じられた。一〇月一四日の同紙によると、彼の調査結果を知った日本大使館が、このような資料が発刊されれば両国関係に影響が出るとの「懸念」をスハルト政権に伝えた。これに対してインドネシア側は、「従軍慰安婦問題がきっかけになり良好な両国関係が損なわれることのないよう注意して取り扱う」と応じ、著作の発禁を示唆した。

同紙は、慰安婦問題が日韓間で政治問題になり始めた一九九二～九三年、日本政府が他国への拡大を防ぐため、韓国で実施した聞き取り調査をインドネシア、フィリピン、マレーシアでは回避したことも報じた。インドネシア政府は日本政府の調査について不十分であるとの非難声明を出した。声明には「強制売春」「女性たちの尊厳は日本政府が何をしても癒されない」などの言葉が記されているものの、「本件を大きくすることを意図しない」と結ばれている。声明を書いた当時のインドネシア外務省政務総局長ウィルヨノ・サストロハンドヨは、「本当はもっときつい声明を書きたかったが、大統領に従わなければならなかった。つらかった」と朝日の記者に述懐している。

『日本軍に棄てられた少女たち』が出版されたのは、スハルト政権が民主化を求める学生、市民らによって打倒されてから三年後の二〇〇一年になってからだった。

「死の鉄路」泰緬鉄道

ロームシャの一部は海外にまで連行された。行き先は、日本軍が一九四二年から建設をはじめたタイ（泰）とビルマ（緬甸、現ミャンマー）を結ぶ泰緬鉄道である。

全長四一五キロの軍用鉄路の建設現場では、多くの連合軍捕虜（英・豪・米・蘭）とアジア各地（ビルマ・タイ・マラヤ・ジャワ）から連行された労務者が酷使され、命を落とした。捕虜六万一八〇〇人のうち一万二四〇〇人が死亡したことは確認されているが、アジア人労務者は二二万人のうち三人ないし二人に一人が死亡したと推定されるが正確な数はいまだに不明である。枕木一本に一人の犠牲者が眠るといわれる鉄路は、別名「死の鉄道」と呼ばれた。

完成した鉄道によって多くの日本兵がビルマ戦線に送り込まれただけではない。吉川利治の『泰緬鉄道』に、元日本兵のつぎのような回想記が記されている。

「（一九四四年の）五月に入ると、インパール作戦のためか、兵員と軍需品の輸送が活発となり、昼間は空襲の危険が大きいので、もっぱら夜間運行に主力が置かれるようになった。そうした中に異色列車があった。〝女人〟列車である。四、五両の貨車に日本女性、他は中国人や朝鮮人の女性。表向きはビルマ戦線への慰問団とされていたが、実態は特殊サービス部隊だったらしい。久しぶりにわれわれも日本女性と話す機会に恵まれたが、出身地は全国にまたがっていた。果たしてこれらの女性の何パーセントが祖国に帰りつくことができただろうか」

芥川賞作家の古山高麗雄は、泰緬鉄道でビルマ戦線に一等兵として送り込まれた自らの体験を『白い田圃』で書いている。

イラワジ・デルタのネーパン村に着くと、慰安所があった。朝鮮人の慰安婦が十人ほどやってきた。日本統治下の朝鮮生まれの古山一等兵とほぼ同じ年頃にみえる彼女たちはみな、桃子だの、小百合だの、鈴蘭だのと、花にちなんだ源氏名をつけていた。

旅回りの芝居のような幟を立てた数十人のビルマ人にも出会った。幟には「報国義勇団」と書かれ、ビルマ人たちはみな手錠をかけられて歩いていた。前後左右に日本兵が、三八式歩兵銃をかかえて同道している。わけを訊くと、町をぶらぶらしているビルマ人を徴用して、苦力として泰緬国境に連れて行き、労働させるのだという。

某村で古山の部隊は匪賊討伐作戦を開始する。村はカレン族の集落だった。カレンは仏教徒のビルマ族とちがってキリスト教を信仰し、親英的だからつまり、反日的なのだという。匪賊ゲリラの親分はチーパーオン。歩兵砲の援護射撃で林から煙が上がると、村人たちが飛び出してくる。最初は男性、つぎに十歳くらいの女の子の手をひいた女性に、日本軍の銃が火を噴いた。村からの応射はほとんどなかった。日本兵は集落の各所に火を放ち、焼け跡の家で金目になりそうな物を漁った。チーパーオンが見つからないと、日本軍は彼の情婦だという女性に彼の居所を白状させようとして拷問をはじめた。憲兵が彼女を縄で縛りタマリンドの木につるし、細竹で股間や尻を突いた。

古山一等兵は、カレン・ゲリラから見ると、「匪賊に相当するのは私たちのほうではないかと思った」。

戦後のB級C級戦犯裁判で、泰緬鉄道建設にかかわった日本軍関係者一二〇人が非人道的行為を問われて起訴され、三六人が死刑となった。しかし、アジア人労務者への補償はなされず、インドネシアなどからのロームシャのほとんどは鉄道の起点となったタイに置き去りにされたようだ。彼らは貧しい生活を強いられたため祖国にもどる旅費もなく、望郷の念をいだきながら異郷で人生を終えた。いまでもときおり出土する彼らの身元不明の遺骨は、タイの寺院がひきとり無縁仏として霊を弔っている。

このように、「ロームシャ」という日本語起源の外来語のインドネシア語は、同国における日本軍の蛮行と戦争犯罪と分ちがたく結びついているだけでなく、韓国の徴用工や同国をはじめとするアジア各地の慰安婦、さらにタイとミャンマーにまたがる軍用鉄道の犠牲者たちと同じ出自を刻印されていることがわかる。日本軍国主義という木の根っこから各地に派生した悲劇は、地下茎のように国境を超えてつながりあっているのである。だが日本政府は戦後一貫して、そのような負の連鎖が地表に現れないように分断工作につとめてきた。インドネシアでは、経済援助というカネの力によって独裁政権の指導者をつうじて国民の日本批判を封じ込めさせ、韓国でも軍事独裁政権が続いていた時代にはおなじ手口を使った。泰緬鉄道建設のアジア人労務者に対しては、それが表面化しなければ頬かむりを通した。

だが韓国で民主化が進み、さらに冷戦終結後に人権尊重が国際社会における普遍的な価値観として定着するにつれて、大日本帝国の植民地支配と戦争の犠牲にされた人びとへの責任と贖罪を明確にするように求める同国民の声が高まってくると、日本政府はうろたえ、一九六五年の国交正常化時の日韓請求権協定という説得力にとぼしい古証文を盾に、徴用工と慰安婦問題は解決済みと居直る。

現在のインドネシアでは、韓国のように日本が歴史の真実に正しく向かい合うことをもとめる動きは表面化していない。だからといって、東南アジア最大の国の国民が日本占領下の過酷な統治の歴史を忘れているわけではないことは言うまでもない。教科書にはこの時代のことがくわしく記されているし、首都ジャカルタ中心部の大統領官邸前にある独立記念塔の地下に展示されているジオラマには、オランダによる植民地時代以来の民族闘争の歴史のひとこまとして「ロームシャ」が登場する。肉体労働に従事するやせ細ったインドネシアの労働者に向かって、日本軍兵士が刀剣を振りかざしている光景だ。

裁判をつうじて日本企業の謝罪と賠償を求める元徴用工たちの背後には、彼らが意識しているかどうかは別にして、同じような運命を強いられてきたインドネシアや泰緬鉄道のロームシャたちの慟哭が渦巻いていることに私たち日本人は気づかねばならないだろう。日本政府に「心からの謝罪」を求める韓国の元慰安婦たちの悲劇は、インドネシアの「日本軍に棄てられた少女たち」、泰緬鉄道で戦火のビルマに輸送されていった日本、朝鮮、中国の「女人」たちと同じである。それらの声は、「反日」ではない。被害者と加害者双方の、人間の尊厳の回復を訴えているだけである。

だが私たち日本人は、アジアの鏡に自分の醜い像が映っているのに気づくと苛立ち、この鏡は実像を歪めて映し出す欠陥品だと鏡のせいにしがちだ。鏡が自分を「世界一の美女」と言わなくなったことに腹を立て白雪姫に殺意を抱く、グリム童話『白雪姫』の王妃のように。

東南アジア蔑視の構造

『マダム・商社』

日本を映し出すアジアの鏡からアジアを映し出す日本の鏡に目を移すと、そこには歪められたアジア像が一時期、多く見られた。ジャカルタで一九七〇年代の終わりから八〇年代の初めにかけて日本貿易振興会（JETRO）の経済・市場調査に従事してきた、小泉允雄は当時話題になった何冊かの本をとりあげて、日本人の東南アジア蔑視の構造を明らかにしている。

まず、谷口恵美子『マダム・商社』（一九八五年、学生社）。商社マンを夫にもつ著者がすごしたインドネシアを舞台とした体験記で、日本の新聞などでも話題となり版を重ねた。

谷口は、出発まえ、一足先に赴任していた夫からの、ジャカルタでは何でも揃っているという情報が信じられず、持参金数百万円をはたいて食料・日用品を買い集める。それでも、インドネシアではフランス語、テニス、ブリッジに上達しようと決意を固め、なんとかジャカルタに到着する。

そして「昼の暑い時はクーラーのある部屋で本を読んだりして過ごし、夕方、陽が落ちてから女中二人をしたがえて散歩に出かけたりする」（傍点、小泉）のだが、「夜は不安で、裏にいる使用人三人が、束になって襲ってきたらどうしよう」などと警戒する。そして自分の周囲の駐在員夫人たちがやっている「女中」に対する管理の「苦労」がこう書かれる。「冷蔵庫に鍵をかける方、鶏卵に1 2 3…と番号をつける方、まるで泥棒を飼っているみたいです」。マダム谷口自身もお手伝いを「試す」つもりで、お金を何週間もテーブルの上に置く。

そのいっぽうで、彼女はこうも書く。「（家主の）夫人はインドネシア人にしては、とても品のある顔立ちをしており、英語も話し」（傍点同）

「マダム」とほぼおなじ時期にジャカルタで暮らした小泉は、日本の読者にはにわかに信じられないことかもしれないが、本書に書かれていることは事実であると認める。彼自身もそうだったが、日本のジャカルタ駐在員たちはふつう最低二人のお手伝い、それに必要に応じボーイ、運転手など家事労働者を雇う。

日本人が集まれば「使用人」へのグチで、しかもこれは主婦にかぎらない。もう一冊のジャカルタ駐在体験記、第一勧銀の平岡英一『新じゃがたらぶみ』（学生社、一九八五年）で著者は、三カ月に四度「女中」をクビにした体験をとくとくと語り、こんなふうに書く。「ケーキを買って帰ったのを見つけたわが家のいずれも十六歳の二人の女中は、あわててコーヒー茶碗とフォークを用意する。主人から気の利かない奴と思われたらクビになるかもしれないから」。

小泉によれば、お手伝いの大半が一四、五歳から二〇代前半の娘たちで、多くは貧しい農村から来て、主人たちの邸宅の片隅の使用人コーナーで暮らし、一日働いて小さな木のベッドで眠る。彼女たちの給料は月額二、五〇〇円程度で、これにほぼ同額の食費がつく。

だがNHKジャカルタ特派員だった松村光典は、『ここはインドネシア』(日本放送出版協会、一九八一年)で、こうした日本人の態度を擁護する。「要は彼ら(注・お手伝い)を対等と思わず、有無をいわさず指示を与え、乗じるスキを与えないのがコツなのであるが、これには平均的日本人がもつ平等、人権意識が大いにわざわいするのであった」(傍点同)

一連の体験記の先輩格としてジャカルタ赴任者の多くに必読文献視される『援助する国される国』(日経新書、一九七四年)で、名古屋大学教授の経済学者飯田経夫は「女中」たちが給料の前借りをすることが多いという「次元の低い」話から飛躍して、インドネシアの一般論を展開する。「インドネシア人の単純労働はまだしも管理能力はゼロ」と書き、女中と同様に一か月の予算を立てる能力がない発展途上国の文化を論じる。

小泉はおなじエコノミストとして、飯田の経済を見る眼を疑問視する。お手伝いと故郷の結びつきは私たちの想像以上で、田舎の母が大病したり、大風で屋根が吹き飛んだりしたとき、一四、五歳の少女が送金してやるのである。ときには友人がそういう状況にあるとき、みんながなけなしの金を集める。飯田は給料の前借すら値切ったと自慢するが、「彼女たちの前借の理由にちょっとでも耳を傾けたら、そういう経済が必ずみえたのである」と、小泉は指摘する。

もちろん、すべての日本人の駐在者がおなじだというわけではない。篠塚英子『新じゃがたら紀行』

（東洋経済、一九八五年）の描くある風景は、読者をホッとさせる、と小泉は評する。著者の娘さんのもっている カセット・テープレコーダーにお手伝いが好奇心のあまり手をふれて、いろいろボタンを押してしまい、娘さんの音楽が消えてお手伝いの声が吹きこまれてしまう。著者は叱るが、相手の好奇心がわかる人なので、彼女に小さなラジカセを買ってやる。篠塚は日本を発つまえに、エコノミストとしての先輩である飯田の本を読んでいたが、帰国後は彼と自分とは違うと思ってしまう。それは、飯田夫妻と異なり、「女中との別れが一番つらかった」からである。

ジャーナリストもNHKの松村に代表されるわけではない。多くの日本人家庭が、門内には他人を入れてはいけないという鉄則を守っていて、このため故郷の村から母親が来ても娘の小部屋に入れてもらえず、門の外で立ち話してとぼとぼ帰るということもある。そんななかで、読売新聞の鈴木雅明と共同通信の山田道隆の支局の門はあけっぱなしだった。共同支局の中庭は、近所の職なき民が木陰でオイチョカブをやる場と化し、読売支局の屋内では国籍、貧富の別なく近所の子が三輪車などを乗り回していた。

それでも、何も盗まれることはなかったという。鈴木記者にいたっては、逆にインドネシア人からもらいつづけた。タバコを切らせば、オイチョカブをしている男性が手を休めて日本人記者に一本めぐむのだ。

小泉の家も、誰でも出入り自由だった。お手伝いコーナーは近所の娘たちのいこいの場所となった。これは年長のお手伝いのヤティの人気にもよるが、彼女たちが寝泊まりしても何もなくなりはしなかった。娘たちは小泉のインドネシア語会話の先生、さらにインドネシアを勉強する「コーネル大学」（東南アジア研究で権威のある米国の大学）みたいになった。

娘たちは、日本人の主人にクビになった話をしてもその主人の名を口にすることはけっしてなかった。ヤティによれば、それが使用人側のルールという。ヤティは、主人の小泉の頭に血がのぼるとき、いつも「どこの国にもいい人と悪い人がいる」といって慰め、わざわざインドネシアの成金たちのひどさもあげた。人間としての優しさと品性という点では、著書で使用人の実名まであげて悪口をいい、インドネシア人性悪説を述べたてる日本人を、彼女は超えていたと小泉は評する。

海を渡る「ジャパン・アズ・ナンバーワン」

小泉は、やり玉にあげた本を描いた個々の日本人を責めるつもりはない。初めての海外勤務、しかも戦後の日本の貧困と混乱をしらない若い夫婦がジャカルタにやってくるケースを想像すると、日本の平均的な主婦である「マダム」に同情の気持ちすらおぼえる。問題は、日本ではふつうに優しくニコニコしていた人が、インドネシアなど発展途上国にくると、なぜ一般に顔をこわばらせ、その国の人びとへの蔑視をむきだしにし、さらに「○○人はぜんぶ××だ」という決めつけをしてしまいがちになるのかである。

彼は大きな要因として、日本社会の価値観やシステムがそのまま海を渡るという構造を挙げる。たとえば、集団主義にもとづく管理思想。ジャカルタの大企業の日本人社会には、本国の上下関係の秩序や集団主義が見事なまでに再現される。とくにそれが、ご夫人がたのつくる狭い社会では幅をきかせる。この集団のなかで「マダム」だけがひとりで別の生き方をしたら、彼女は仲間はずれにされ、いじめに遭うであろう。こうして、日本人の仲間内で共有されたインドネシア人のお手伝いへの蔑視が、彼女たちへのいじめにつながり、インドネシア人全体の性悪説を生みだしていく。小泉によれば、「現在の日本社会全体の優しさの喪失が海を超えて再現される」と同時に、インドネシアの貧しい「小さな民」一人ひとりのなかにある本当の優しさについて、日本人駐在者を盲目にさせてしまう。

日本とインドネシアの関係を、オーウェルの『象を撃つ』になぞらえて、小泉は書評をむすんでいる。ここには、「支配するもの、威張るもの」が「支配されるもの、威張られるもの」より早く腐るという痛切なメッセージがある、と。

日本人の傲慢さはインドネシアだけの現象ではなく、他の東南アジア諸国においても同じだった。その背景にあるのは、小泉の指摘と関連するが、日本の経済大国化である。「マダム」の夫をふくめた若い人たちは、自国の経済的繁栄を誇りに思い、勇気づけられている。日本の戦後経済の高度成長の要因を分析し、日本的経営を高く評価した米国の社会学者エズラ・ヴォーゲルの『ジャパン・アズ・ナンバーワン』(一九七九年)が世界的ベストセラーになった。著名なエコノミスト長谷川慶太郎は『さよならアジア』(ネスコ・ブック、一九八六年)を書き、日本はアジアという「夢の島」(東京湾のゴミの埋め立て地)にそびえる霞が関ビルのような存在であり、怠け者の東南アジアとはさよならしようという「脱亜論」を主張した。

東南アジアに赴く若い日本人は、東南アジアとの関連を、まるで中高生を偏差値ではかるようにみるのが当たり前になっていった。一人あたりGNP、経済成長率、工業化率などのマクロ数字で、日本を頂点に、次に中進国、そしてASEANの国ぐにという偏差値ランク付けがなされる。

ＮＨＫテレビは、一九八三年一月二日に特集番組『'83アジアとの対話』を放映した。司会者は、〝ＮＨＫの顔〟として茶の間に親しまれている磯村尚徳である。磯村はインドシナ、中東、パリの特派員を歴任、さらにワシントン支局長、ヨーロッパ総局長として日本の国際報道で華々しい活躍をしてきたテレビ・ジャーナリストの代表格である。番組には東南アジアや韓国の「知日派」学者やジャーナリストが参加、京都大学教授の東南アジア学者矢野暢の司会によるパネル討論がおこなわれた。

そのなかで、磯村はアジア各国からのパネリストにこんな質問をする。「たとえば経済面で追いつくには何年ぐらいかかるとお考えですか」。この問いに対して、アジアが日本に、アジアからのパネリストは一様に戸惑いや疑問、反発を見せるが、磯村と矢野はそれにお構いなく、こうも言う。「日本が、経済だけでなく文化を輸出する『文明国』になったことに日本人は気づいていない」。

国際派ジャーナリストと東南アジア研究の権威は、輸出される日本文化の中にいじめや管理主義もふくまれていていることには気づいていていないらしい。

サミット（主要先進国首脳会議）が一九七五年から毎年開催されるようになると、日本の首相は開催前に「アジアの代表として、アジアの意見を反映させて、アジアのために論じてきます」と言うのが恒例となった。メディアも首相発言をそのまま伝える。だが本当にアジア諸国がそのような期待を日本に表明しているのかどうかは、報じられない。日本の政府とメディアが、アジア唯一の先進国である日本が戦前と同じように「アジアの盟主」たるべきだと思い込んでいるだけの話にすぎない。

「人間」不在のアジア像

「北人南物」論

大日本帝国が生み出した徴用工、ロームシャ、慰安婦らに対する日本政府の対応と、民主的な平和国家に生まれ変わり経済繁栄を謳歌する戦後日本からインドネシアに送り出されたビジネスマンやその家族らのお手伝いへの蔑視に共通するのは、人間不在である。私たちと同じ喜怒哀楽のなかで暮らしているアジア各地の生身の人々の姿が、多くの日本人には見えない。なぜなのかの答えは、明治以来の「北人南物」論に見出せるだろう。

岩倉具視を団長に木戸孝充、大久保利通、伊藤博文らを副使とする使節団が一八七一年（明治四年）から七三年まで米欧、中東、アジアを歴訪したさいの記録『特命全権大使　米欧回覧実記』には、（1）文明は西欧にあり、（2）アジアは資源豊かな国であるが未開であり、そこに住んでいる「土人」は怠惰であり、（3）西欧諸国はアジアの資源を求めて弱肉強食の競争をつづけている——という文明観がしめされている。日本がめざすべき道は西欧をモデルとした近代国家の建設であり、非西欧のアジアや中東から学ぶべきものはなく、したがってこの地域の人びとへの理解と尊敬はうまれない。

明治の開明論者で代表的オピニオンリーダーの福沢諭吉が、みずからの主宰する時事新報の社説（一八八五年）で説いた「脱亜入欧」論もその延長線上にある。

「脱亜入欧」を旗印に欧米の帝国主義まで見習おうとした日本は、アジアへの侵略を開始し、アジア太平洋戦争で敗北するが、戦争遂行に不可欠なのは敵、味方を問わず人間の非人間化である。米英は「鬼畜」とされ、アジア各地の抗日武装勢力は「匪賊」と呼ばれた。戦場の兵士たちは、自らが生き延びるためにも人間性を捨て去らなければならない。敵にも自分と同じように愛する妻や子どもたちがいることを忘れなくては、罪のない女性や赤ん坊にまで銃を向けることはできないだろう。人間性の剥奪は、徴用工、ロームシャ、慰安婦という形もとった。だが日本兵の多くも、消耗品として使い捨てられ、ついには仲間の屍肉を食べて生き延びようとする非人間的所業に手を染める者まであらわれた。

戦後日本は、米国を文明のお手本とする「脱亜入米」に衣がえしたが、アジアの隣人をはじめとする非文明世界から学ぶものはなく、そこに住む人びとの多様な文化、歴史、伝統への理解は必要ない、というのが、依然として多くの日本人の共通認識だった。アジアにも中東にも、ヨーロッパや米国、日本とおなじように喜怒哀楽をそなえた一人ひとりの人間が暮らし、それぞれに欧米や日本には見られない個性豊かな文化を育んできているのだという、あたりまえの見方は育ちにくかった。

戦後復興を果たした日本資本主義が東南アジアへの「新たな南進」を開始したときの先兵たちが、日本で「企業戦士」と呼ばれたのは不思議ではない。彼らの主たる関心は海外市場の開拓であり、しかも彼らは戦前と変わらぬ傲慢な態度をアジア人に対してとった。彼らは自分たちが日本社会の一市民であるにもかかわらず、まるで日本国を背負って立つかのような意識が強かった。

サーベルによるアジア支配を果たせなかった日本が、こんどは札束でその夢を果たそうとしているのではないかと、東南アジア各地の人々は反発を強めた。それぞれの国の事情にはおかまいなく集中豪雨的な経済進出を推し進める日本企業と、自国の独裁的政治指導者が結託して甘い汁を吸おうとしていることも、各国の学生、市民、知識人らのナショナリズムをかき立てた。その怒りが爆発したのが、一九七〇年代はじめのタイやインドネシアの反日運動の高まりだったが、日本の政府もメディアもそのような問題の根源を理解しようとはせず、反日への「早急な対策」論だけが熱を帯びた。

私たちは、アジアの鏡に映し出される日本の姿から目をそらさず自己省察を深め、アジアへの優越感から解放された相互理解をめざす機会を逃してしまった。

タイの反日運動で、同国社会科学協会の機関誌「サンコマサー・パリタット」（社会科学評論）の編集責任者として七二年四月の特集「黄禍」をつうじて学生、知識らに大きな知的覚醒をもたらしたスラック・シワラックは、八五年に来日したさいの朝日ジャーナルのインタビューで、「日本人に必要なのは深く考える時間だ」と訴えた。敬虔な仏教徒であるスラックは、現在の日本の経済成長至上主義による繁栄がアジアにおける力の行使によって支えられていることを指摘し、「力に頼れば、必ず腐敗し、滅亡する」とも警告する。その上で、とくに日本の若い人たちにこう呼びかける。「日本人が本当に平和を大切にしたいのであれば、もっと内面的な充実を図り、アジアとの交わりを深め、西欧への劣等感とアジアへの優越感から自身を解放すべきです」

現在の韓国の「反日」に対する日本政府と多くのメディアの姿勢は、基本的にはこのころの東南アジアの反日運動への対応と変わらぬ構図で展開されていると言えよう。問題の歴史的、政治的背景を客観的事実に基づいて掘り下げることで相互理解と和解の道を探っていく努力を怠り、日韓関係の「早急な解決策」をもとめる言説が政府にもメディアにも横行している。また、国とは政府のことではないことを理解できず、政府と国民をゴチャ混ぜにした論議にも事欠かない。そして何よりも、元徴用工、元慰安婦を私たちと同じ一人の人間として見る視点が欠落している。

アジアの隣人たちの人間の尊厳を踏みにじった事実を認めまいとすることで、私たちの人間としての品格が損なわれていることに、安倍政権もメディアと日本人の多くも気づこうとしない。客観的事実の否認を力づくで押し通そうとすることで、先のタイの国際的にも著名な知識人の言葉を借りれば、日本が「必ず腐敗し、滅亡する」危険性に無自覚でありつづける。

マルクス主義者の「アジア停滞」史観

では、「人間解放」をめざしたマルクス主義者をはじめとする社会主義、革新陣営の人たちのアジア認識はどうだったのか。それを中国、北朝鮮、韓国について見てみよう。結論から先に記せば、彼らの多くも人間解放を叫びながら、生身の人間が暮らすアジアの光景が見えず、一人ひとりの民衆の息づかいを感じることができなかった。

一九四九年の中華人民共和国の成立は、近代日本と東アジアの関係性を根本から覆す歴史的なできごとだった。それは、列強への抵抗からはじまり、抗日戦争へとつづく中国民衆の勝利を意味していた。中国革命の勝利は、中国人民にとって重大な歴史転機を画しただけではなく、日本にとっても明治以来の近代化路線を根本的に問い直し、アジア諸国との真の連帯の道に踏み出す好機となるはずだった。だが日本のマルクス主義者たちは、そのような理解ができなかった。なぜなら、彼らも西洋中心のアジア観に支配されていたからである。

明治以来、近代化とともに深刻化する貧富の格差の解消をめざす闘いが様々な立場の人々によって展開されてきたが、そのなかでも大きな役割を果たしたのが社会主義者であり、とくにマルクス主義の影響が強かった。その世界認識の大前提であるマルクスの理論によれば、人類の歩みは原始共産制から古代奴隷制、中世封建制、近代資本主義へと階級闘争をへて段階的発展を遂げていき、最後に社会主義・共産主義社会の実現によって人類の全面的な自由が獲得されるものとされていた。

そこで、学問的には幕末から明治維新への日本の変革をこの発展段階のなかでどのように位置づけるかが主たる関心事であり、中国はマルクスの唱えた「アジア的停滞」「アジア的専制」の理論にもとづく後進国とみなされてきた。したがって、マルクス主義者たちの中国への関心は低かっただけでなく、彼らの理論は侵略的イデオロギーの役割さえ果たした、と戦後、中国文学者の竹内好によって鋭く批判されることになる。

竹内は新中国誕生の一九四九年に発表した「日本人の中国観」で、日本へ輸入されたマルクス主義は、日本人の対中認識に関するかぎり、中国への侮蔑感を固定する役割を果たしたと指摘し、その理由として「生産力という単一な物質で歴史を割り切ることで価値を量る決定論として受け入れられたから」という。その結果、『学者たちは、中国がいかに日本より近代化に立ちおくれているかを『科学的に』立証し、（…）このマルクス主義によって武装された中国観が、客観的に見れば、日本の侵略を理論的側面から助けたことは否定されない」とされる。

日本のマルクス主義者たちは、社会変革の武器として進歩的な西欧思想を受け入れたが、それが西欧中心の世界認識という限界には気づかなかったのであろう。したがって、竹内の言葉によれば、「おなじ後進国でも、日本と中国では近代化の型がちがう。この型のちがいは、歴史を図式に還元する公式主義には見えない」のだ。

保革両陣営に共通する新中国認識

ところが戦後の民主化の高まりのなかで、マルクス主義者をはじめとする革新勢力が学会だけでなく政治、労働運動、教育、メディアなど各界で大きな発言力を発揮するようになる。日中友好運動に力を入れたのも彼らだった。しかし、その担い手たちが中国革命の意味をきちんと受け止めることでそれまでの中国認識を改め、それを戦後日本の平和と民主主義の原理に組み込んでいこうとしたかどうかは疑問である。なぜなら、彼らの親中姿勢はもっぱら社会主義中国へのイデオロギー的親和性にもとづくものであるからであり、それは米ソ冷戦の進展とともに「反米」とセットされていく。

マルクス経済学者の大内兵衛の『社会主義はどういう現実か』に目を通してみよう。大内は東大教授、法政大学総長を歴任した学会の重鎮であるだけでなく「進歩的文化人」として岩波書店発行の月刊誌「世界」などに多くの文章を書いた。この本は、日本学術会議の視察団の一員として一九五五年にソ連と中国を旅した日記とされている。

ソ連で社会主義がユートピアでなく科学であることがわかったという大内は、ソ連の計画経済を高く評価し、次の訪問地の中国に向かう。北京、上海、南京などで中国の学会トップらから歓待を受けて、社会主義建設の現状についての説明や現地視察であわただしい日程をこなしていく。大内は「ああ社会主義建設とは実にかくの如きをいうのであろう。彼らは『何からはじむべきか』を知っていた」

「そこに新しいアジアの力を感じた」と書く。経済の発展段階は日本より遅れているものの、「民心はひきしまっており興国の気にみなぎっている」、「町でも公園でも家庭の内でも、かれらは悠々としてノンキそうに歩き、生活について何の不安もなく暮らしているように、私はみうけました」と人民独裁を称賛する。

では、このような新生中国と日本の侵略がどう関係しているのか。大内は旅行中、「日本が中国を侵略した軍国的な誤謬について荊の冠をかぶって彼らの前に鞭を受けたいとの思いに、しばしば身を小さくした」というが、そのような反省に立って、自分をふくめた日本人が中国と今後どのようにつきあっていくべきかの記述はない。たとえば、竹内好が指摘したような戦前のマルクス主義者たちの中国観をどう総括するのか。周恩来首相はじめ各界のお歴々とさまざまな意見交換をしたと述べながら、日中関係の今後についてはどうだったのかはまったく明らかにされない。

日中友好運動を中心的に担ったのは社会党などの野党勢力であり、彼らには侵略戦争への贖罪意識があった点は評価すべきだが、社会主義神話の色メガネを通した中国理解はリアルな中国認識の目を曇らせ、やがて中国国内の政治的混乱に振り回されて自主性を失っていく。また、彼らの中国側の接触相手は政府、共産党の要人らが中心で、中国民衆の声に直接耳を傾ける機会は少なかった。

一方、日本の政府や保守勢力も新生中国の意味を理解しようとはしなかった。その大きな理由は、首相の吉田茂に代表される戦前からの中国人蔑視に加え、中華人民共和国の成立が社会主義革命とされたため、米国の冷戦政策によって中国が敵視されたからである。米国は、中国革命の衝撃が反共自由主義陣営の日本に及ぶのを封じ込めようとした。日本政府は米国に従い、毛沢東の中国を正当な中国国家とは認めず、蔣介石の台湾に国連の議席を与える政策を支持した。戦後大きな影響力を発揮したマルクス主義者をはじめとする左翼陣営も、基本的には東西冷戦の枠組みのなかで、米帝国主義に対抗する社会主義中国への連帯表明にとどまった。

両者に共通するのは、日中の歪んだ関係を根底から問い直す意思の欠如だった。そもそも日本は中国との戦争に敗れたのであり、中国にとっては「抗日戦争勝利」なのだという認識は希薄であり、敗因を私たちが主体的に解明していこうとする努力も十分にはなされなかった。それが、中国のみならず世界を見る私たちの目を曇らせることになった。

革新勢力の「親北」「反韓」

日本の侵略にたいする贖罪意識に社会主義神話が加わることによって、アジアの隣人を正しく理解する目が曇らされていくことになったのは、北朝鮮と韓国についても同じである。その点では、左翼・進歩勢力だけでなくメディアも例外ではなかった。

日本のメディアが北朝鮮をどのように報じたかを克明に分析した川上和久の『北朝鮮報道』によると、一貫しているのは、「地上の楽園」「偉大な指導者の下で進む社会主義建設の槌音」といった北朝鮮礼賛と、それと裏腹な「反韓」「韓国悪玉」の論調である。詳細は同著にゆずるが、いくつかの記事を見てみる。

一九七一年九月に金日成《キムイルソン》首相との単独会見に成功した朝日新聞は、「金日成首相『友好』を語る」「朝鮮統一の悲願果たす」「自民党使節団も歓迎」「対日交流は促進」「軍事同盟、相互に破棄を」の見出しで一面トップ記事を会見で飾り、その詳報を伝えた。会見をうけた社説は、金首相の意向をくみとり、日本政府が韓国一辺倒を改め北朝鮮との関係改善につとめる必要性を主張している。朝日につづき、読売、毎日も金首相との単独会見を競うように実現していく。

外国のトップの考えを聞いて自国の読者に伝えるのはメディアの大きな役割のひとつであり、会見自体はニュースである。問題は伝え方である。ご意見を拝聴して、それを無批判に垂れ流すだけなら、相手の広報機関にすぎなくなってしまうが、その後の単独会見でも朝日の編集方針には北朝鮮との蜜月関係を優先しようとする姿勢が目立った。この単独会見以後、これでもかというくらい、北朝鮮礼賛記事を続けていく。会見翌月には、「実りの秋たけなわ、チュチェ（主体）思想で進む建設、公害も非行もなく、税金廃止、医療も無料化」という見出しで、宮田記者の北朝鮮報告が載る。北朝鮮礼賛の現状報告はその後も繰り返され、読売や毎日の記事も基本的には同じトーンだった。

北朝鮮が日本の植民地支配と朝鮮戦争をへて今日の発展を達成したことを誇りたいのは当然であり、そこには私たちの想像を絶する困難があったに違いない。また日本は植民地支配に対していまだに謝罪と償いをしていないばかりか、戦後も非友好的な態度をとり続けている。だが、たとえば、社会のすみずみに浸透する「偉大な首領様」への個人崇拝に、民主主義国の記者なら違和感を覚えないはずはない。彼我の違いを指摘することは、けっして反共、反北朝鮮ではない。結構づくめの賛美より、光と影の〝ありのまま〟の姿を伝えることが両国の相互理解を深めるのだという、自明の理を欠いた北朝鮮報告が、メディアだけでなく訪朝する政治家、労組などから流された。

私は七九年に毎日新聞記者として北朝鮮を取材したとき、当局の規制の範囲内で、できるだけ平壌市民の声を拾いあげようとつとめ、北朝鮮を「近くて遠い国」にしないために何が必要かを「記者の目」欄にこう書いた。「長い目で見て真の友好につながるのは、こうしたふやけた朝鮮像に代わって、まず日朝国民のお互いに関する無知がいかにはなはだしいかを認識すること、そして常識的な日本人の目を通して等身大の北朝鮮像を描くよう努めることではないだろうか」

この拙文について、川上は先の書で「目からウロコの思いがする」と評し、「それだけ、七〇年代の北朝鮮報道が、魔力に取り憑かれたような妖しさを感じさせたのである」と書いている。

日本の北朝鮮世論の形成に大きな影響を与えたもうひとつのメディアが、革新・リベラル系の月刊誌「世界」（岩波書店発行）である。同誌は、安江良介編集長の金日成会見記を七二年から八五年まで四回掲載している。

植民地支配が清算されず、政府間交流がなく、日本政府は韓国の反共軍事政権との結びつきを強めて北朝鮮を敵視している状況のなかで、相手側の考えを日本の世論に伝える役割を果たそうとする同誌の努力は評価すべきである。だが一連の会談は、安江との問答形式ではなく金日成ひとりが延々と語り続けるものである。語る金日成は、悠揚迫らぬ大人のごとき風格を演出しているかに見える。安江は「〈金日成会見記〉歴史の転換を求めて」（「世界」九一年一二月）で、「首席閣下は、第二次大戦後今日まで一貫してトップリーダーとして民族を導き、国際政治の転換をみてこられた、世界に例を見ない政治家であります」と敬意を表している。

安江も、「北朝鮮では車の私有は認められていなく、そのためピョンヤンの街は実に美しい」などと北朝鮮の社会主義を礼賛する一方、韓国を北朝鮮にならって「南朝鮮当局者」と呼ぶ。そして、韓国における反政府勢力の弾圧を強く批判する金日成に感動しながら、北朝鮮の権力闘争で繰り返されてきた反対者の粛清などには触れない。

このような「親朝」「反韓」姿勢が、日本で奇妙な政治的動きとなって現れたのが、六五年の日本と韓国の国交回復への社会党など革新勢力の対応である。

国交回復のための日韓基本条約調印に対して、韓国民の多くが強い反対の声を上げた。日本政府が、日本の植民地支配への反省と謝罪をぬきにしたまま、経済援助によって難航を重ねてきた国交交渉に決着を図ろうとしたからである。だが六一年にクーデターで政権をにぎった朴正熙《パクチョンヒ》大統領は、冷戦下の北朝鮮との対決状態のなかで韓国が優位に立つためには、日韓関係の改善によって日本の資金を導入して経済発展をはかることが不可欠と判断し、反対運動を力づくで封じ込めようとした。

日本の革新政党や団体、学生、知識人らも日韓基本条約反対の声を上げたが、それは軍事独裁政権への反発が主たる理由であり、日本の植民地支配への謝罪が抜きとされたことに対してではなかった。社会党は、民主主義尊重の立場から韓国の軍事独裁政権に強い拒否反応を示しながら、当時まさに完成されようとしていた金日成独裁と個人崇拝には、七四年の訪朝団共同声明で「首領金日成主席の賢明な指導」として賛辞を呈していた。

ところが、日本の北朝鮮イメージは急変する。核問題や日本人拉致疑惑がメディアで報道され、さらに冷戦終結とソ連の崩壊で社会主義の威信が急速に色あせていくなかで、二〇〇二年の小泉首相の訪朝で北朝鮮が拉致問題を公式に認めたことが決定的な転機となった。北朝鮮は長くつづいてきたバラ色イメージから一転して、独裁政権が支配するテロ国家として暗黒イメージ一色に塗りこめられていく。脱北者らの情報にもとづく飢餓や生活苦にあえぐ残酷物語が一般化する。

変わらないのは、北朝鮮の人々の生きた姿が依然として見えないことだ。独裁国家にだって、私たちの国と同じように家族団らんのひとときや恋愛、結婚の喜び、進学の悩み、非行、不倫や家庭内暴力もあるという当たり前の姿は想像できないのだ。フーテンの寅さんは疑問としても、さくら、ひろし、おいちゃん、おばちゃんが北朝鮮にもいるはずなのである。

人間不在のアジア観は、やがて人間不在の中東にまでつながっていく。それが明らかにされるのが、米国のイラク侵攻への日本政府の対応とマスコミの報道、国民の行動である。

第2章　侵略戦争への新たな加担

「七〇年戦争」から対テロ戦争へ

戦争の大義を疑う

日本のアジア支配は、一八七四年（明治七年）の台湾出兵を皮切りに、一九四五年（昭和二〇年）のアジア太平洋戦争の敗戦に至るまで「七〇年戦争」として展開されてきた。そしてどの戦いにおいても、それを正当化する大義がともなっていた。

台湾出兵は、琉球人民の殺害に対する報復とされた。翌七五年の朝鮮江華島への砲撃は沿岸海域での日本艦の測量妨害への対抗とされた。七九年の「琉球処分」は古来、日本（薩摩藩）の管轄下にあった土地の日本への併合のためとして、軍を送って琉球王国を滅亡させた。さらに九四年には清国に対して、独立国朝鮮の内政に干渉し日本の権利、権益を損傷することで東洋の平和を危うくしているとして宣戦布告し勝利する。日清戦争の舞台となったのは朝鮮であり、この戦争の前後から朝鮮で東学党の乱（甲午農民戦争）、中国では義和団の乱（北清事変）などの外国に対する抵抗運動が起きていたが、日本駐屯軍は弾圧した。一九〇四年の日露戦争は、「若し満州にして露国の領有に帰せん乎韓国の保全は支持するに由なく極東の平和亦素より望むべからず」（宣戦の詔勅）とする自衛の戦いとされた。そして戦争の勝利後、日本は朝鮮各地の抗日運動を鎮圧して、一九一〇年に「帝国百年の長計」として韓国併合を断行した。

だがこうした戦争の大義は、多くの場合矛盾に満ちていて、戦争や軍事行動の実態とかけ離れている。台湾出兵の根拠とされた琉球人民はまだ日本国民ではなかった。琉球は、中国と日本に両属しながらアジア地域の貿易で栄えてきた独立国だった。江華島砲撃も朝鮮の開国を求め、朝鮮進出の足場を築くための挑発だった。「韓国皇室の安全を保障し、韓民全般の福利を増進するため」とする韓国併合の閣議決定を支持する韓国民は、ほとんどいなかったであろう。

一連のアジア進出を主導した明治政府の初代首相伊藤博文は、幕末の尊王攘夷論者吉田松陰の松下村塾における教え子である。松陰は、アジアにおける特別の国たる日本は西欧の脅威に対抗するため「朝鮮・満州・支那を切り随へ」と論じていた。伊藤はその師の教えを忠実に実行に移したのだろう。彼は初代韓国総督府総監に就任し、一九〇九年に朝鮮の独立運動家安重根《アンジュングン》にハルビン駅で暗殺された。

日本はその後も、一九一四年の第一次世界大戦を機にしたドイツ領の南洋諸島と青島の占領、一七年のシベリア出兵、一九年の朝鮮「三・一運動」弾圧、二七年の山東出兵、三〇年の台湾の反日蜂起（霧社事件）弾圧と各地で軍事力を行使した。そして三一年の満州事変を機に中国での戦火が拡大、三七年の盧溝橋事件で日中戦争に突入する。四〇年には北部仏印進駐、四一年に南部仏印進駐へと戦線を拡大し、これに反発する米英中蘭四か国（ＡＢＣＤ）の対日包囲網と泥沼化した中国戦線の打開を図るために、大東亜戦争の大バクチに打って出る。戦争の大義は「聖戦」である。東南アジア各地に日章旗が翻ったのもつかの間、日本軍は米軍を中心とする連合国の反撃と中国をはじめとするアジア各地の抗日闘争に追い詰められ、四五年の米軍による広島・長崎への原爆投下でとどめを刺される。

いずれの軍事行動にも、自衛戦争論のほかにアジアの独立と解放、東亜の平和、アジアとの共存共栄といった新秩序建設論や、シベリア出兵などにみられる同盟国、連合国の要請による共同出兵論が大義として掲げられた。しかしそれらは、基本的には日本のアジア支配という目的を正当化するためにすぎなかったといえる。

朝日新聞記者としてビルマのインパール作戦や東南アジア各地で従軍取材し、戦後も特派員としてアジア各地を歩いてきた丸山静雄は、こうした七〇年戦争を検証して「自存自衛の戦争であれば、アジア側の立場は顧みられなくてよかったのであろうか」と問う。「日本は自衛戦争といったが、戦場とされるのはアジアであり、アジア側からすればアジア諸国民の意思に反して外国軍が上陸してきたわけで、これは明らかに侵略戦争であった」。「戦いによって日本が求めたのは土地、資源、市場の獲得だった。現地の人たちにとって、これは財産を強奪されることだった」（『日本のアジア支配を考える』）

そして、この七〇年にわたる戦争に国民を駆り立てていったのは教育とジャーナリズムであった、と丸山は自戒をこめて記す。メディアは明治以来ほとんどつねに、時の政府、軍、権力者の主張する戦争の大義を疑うことなく、戦争の真の姿を国民の目から隠すとともに、アジアの人々の生命と財産、自然を破壊することに手を貸す共犯者の役割を果たしてきた。

では私たちは、戦後の平和と民主主義の新しい時代に正しい戦争観を形成することができるようになったであろうか。そこに、七〇年戦争の教訓、とりわけ侵略戦争と植民地支配への反省がきちんと組み込まれているか、あるいはそうでないのか。メディアは過去の過ちを繰り返さないために、国民に戦争の真実を伝えるジャーナリズム精神を発揮してきたであろうか。それを、平和国家がふたたび「戦争のできる普通の国」へと逆戻りする大きな分岐点となったイラク戦争への自衛隊派兵と新聞、テレビの報道で検証してみよう。

かつての大義が「聖戦」、今度は「国際貢献」である。

他者が見えない「国際貢献」

「日本の物語」としての成功報道

イラク戦争は、米国のブッシュ政権が「九・一一」への報復としてテロリスト殲滅を叫んで開始した「対テロ」戦争の一環として、二〇〇三年三月に開始された。イラク攻撃の大義として、フセイン政権が米国のニューヨーク貿易センタービルなどを攻撃した国際テロ組織アルカイダをひそかに支援し、さらに大量破壊兵器を保有していることが挙げられた。作戦は、民主主義を抑圧するフセイン独裁政権を打倒してイラク国民に民主化をもたらすものだともブッシュは主張した。

ブッシュ政権は国際社会に「米国につくか、テロ組織につくか」の踏み絵をせまり、こう言明した。

「これは米国のみの戦いではない。これは世界の、文明の戦いである」

米国議会と主流メディアは「正義の戦争」支持で足並みをそろえ、新聞、テレビには「愛国報道」があふれた。メディアに、政府情報の真偽を検証し、戦争の道義性を問う姿勢はみられなかった。

小泉政権がいち早くブッシュ政権を支持し、「国際貢献」と日米同盟の強化を旗印に、自衛隊をイラクに派兵したことはすでに述べた。自衛隊の任務は戦闘への参加ではなく、戦火で傷つくイラクの人々のための「人道復興支援」であり、その活動地域は戦火のおよばない「非戦闘地域」とされたが、憲法上の問題点はあいまいにされたままだった。多くの疑問をかかえながら、巨額の税金をつぎこんで展開される活動の実態を明らかにすることは、国民の「知る権利」にこたえるメディアの責務だった。

陸上自衛隊の主力部隊第一陣がサマワに到着する二〇〇四年二月前後から、マスコミは記者とカメラマンを多数派遣した。現地からは、地元の人びとが自衛隊の活動をいかに期待しているかというニュースが報じられた。

だが政府は、自衛隊の取材にさまざまな規制をくわえようとした。石破茂防衛庁長官は、防衛庁の記者クラブ加盟の報道機関に対し、「現地での取材は可能なかぎり控える」よう要請した。理由は「部隊の安全確保のため」とされ、自衛隊のサマワ入りの到着日時、経路は極秘にされた。日本新聞協会と民放連は防衛庁に「適切な情報提供」を要請したが、政府は、自衛隊のサマワでの活動に関する情報提供は、東京の防衛庁でのブリーフィングと同庁のホームページでおこなうと突っぱねた。アジア太平洋戦争中の「大本営発表」の復活を思わせるような情報統制である。

さらに、四月にファルージャ近郊で日本人ボランティア、市民活動家ら三人が武装勢力によって人質にされたという大ニュースが流れると、政府は治安悪化を理由にサマワ周辺で取材活動をする日本人記者に避難勧告を出した。マスコミ各社はこれに従って国外に退去してしまった。

この時点で、「非戦闘地域」であるはずのサマワも日本のジャーナリストが撤退しなければならないほど治安が悪化していたのであろうか。もし特派員をいっせいに引き揚げざるをえないような「危険地域」となったと認識するのなら、サマワを非戦闘地域と強弁しつづける政府の主張は事実に反し、イラク特別措置法にもとづいて、戦闘地帯での自衛隊の活動はできないことになる。だが、サマワに特派員を送っていた大手新聞に、「なぜ特派員を引き揚げたのか」「サマワ周辺の深刻な治安状態」について現地取材をふまえた詳細な記事は見当たらない。この点を社論として問題提起しようとする新聞もなかった。

マスコミ各社が「非戦闘地域」のサマワから取材陣を総引き揚げしたあとも現地で取材を続けた、日本電波ニュースのカメラマン前川光生によれば、「サマワ市内にいるかぎり安全だった」という。以後、新聞、テレビは防衛庁による東京での〝大本営発表〟を垂れ流すだけだった。そして、〇六年七月に陸上自衛隊が撤収すると、新聞とテレビは自衛隊の現地での取材を放棄したままだったにもかかわらず、人道復興支援を政府発表の口移しでいっせいに「成功」と報じた。大手紙の社説は、いずれも判で押したような同じ表現で始まっている。「なによりも1人の犠牲も出なかったことを素直に喜びたい。イラクの人々を傷つけることもなかった」（朝日、七月二〇日）、「1人の犠牲者も出さずに任務を終了したことは、国民にとって何よりの朗報である。1発の銃弾も発射しなかったことも評価したい」（毎日、一九日）、「小泉首相が言うように、『一発のピストルも撃たず、他人に銃口を向けず』、隊員に一人の犠牲者も出なかった」(読売、一九日)と、隊員の無事を喜んでいる。

この三紙の評価は、政府の主張とまったく同じである。政府の政策決定過程に事務方責任者としてかかわってきた内閣官房副長官補の柳澤協二は『検証　官邸のイラク戦争』で、「自衛隊の任務が成功だったかどうかと言えば、私は、迷わず成功だったと考えている」と自賛している。「成功と考える最大の要因は、自衛隊が一発の弾も撃たずに、一人の犠牲者も出さずに任務を終えたことだ」という、首相談話の直前に小泉首相にそのことを進講したと誇らしげに記している。三紙の社説は、官邸のブリーフィングをそのままコピーしたかのようである。

自衛隊員に犠牲者が出なかったことは、もちろん喜ぶべきことである。だが、きびしい環境のなかで汗水たらして奮闘したとされる、自衛隊による人道復興支援活動の成果は何だったのか。朝日の社説は、まず日米関係への貢献を挙げ、さらに自衛隊が学校の補修や通訳、宿営地の雑務などでサマワの人びとに仕事と賃金をあたえ、地元の期待に応えようとしたと評価する。だが、サマワの人びとが自衛隊の活動をどのように見ていたかは検証されない。そして「残念なのは、この間の自衛隊の姿が国民にあまり伝わらなかったことである」とつづく。では、なぜ伝わらなかったのか。「サマワ一帯を含むイラクには邦人退避勧告が出され、メディアの側も十分な報道ができなかった」からだ。政府の報道規制に屈せずジャーナリズム活動を貫こうとしなかったメディアみずからの弱腰は棚上げにされ、政府の報道規制にだけ責任があるかのようである。

毎日、読売の社説も多少の違いはあるものの、基本的には「日本の物語」としての成功報道という点では同工異曲である。三紙に共通しているのは、国際貢献を「する側」の日本側の視点、それも現場取材を放棄して政府発表のデータだけから自衛隊の活動の「成果」を評していて、貢献を「される側」のイラクの人びとの視点は無視されていることである。

「イラク日報」をめぐる「なぜ?」

政府が一貫してメディアの取材を規制しようとした理由について、柳澤は「日本は、政治的ポーズのために自衛隊を派遣している。出していること自体が目的であって、国民の支持を動員する必要はない。むしろ、報道が、政府に対する批判の種になることを恐れている」と述べている。「政治的ポーズ」とは、自衛隊のイラク派兵によって日米同盟最優先の旗幟を鮮明にすることであり、覇権国家米国の後押しで日本の国連安保理常任理事国入りを果たそうという目論見だった。「人道復興支援」なるものの正体は、こういうことだったのであり、その正体を見破られないようにするためには〝大本営発表〟、現在の用語でいえばフェイク情報の発信は当然の措置なのである。

ところが、二〇一八年四月に防衛省が「イラク日報」を開示すると、新聞、テレビはこれを一斉に大きなニュースとして報じた。それまで政府が存在を否定してきた文書が突然開示され、そのなかで日本以外の有志連合国の部隊と地元武装勢力との「戦闘」や「銃撃戦」などの文字とともに、自衛隊の駐屯地への度重なる砲撃やサマワ市民の自衛隊批判のデモなどがあった事実が明らかにされたからである。

では、「イラクの人々のため」の人道復興支援活動を行っているはずの自衛隊がなぜ砲撃やデモにさらされなければならないのか、活動は「成功」とされていたのではないか、自衛隊を敵視する武装組織とは何者なのか。日報報道に接した読者や視聴者は当然このような疑問をいだくであろう。だが新聞もテレビもジャーナリズムで最も大切とされる「なぜ」の解明には踏み込まない。自衛隊派兵地域を「非戦闘地域」としてきた政府の説明との整合性が問われることになったとして、メディアは政府の秘密主義を批判し、情報の全文公開を求めるだけである。

もうひとつの大きな問題、つまり政府が隠してきた人道復興支援の実態をなぜマスコミはこれまで報じてこなかったのかという自らの報道責任は頬かぶりされた。政府の情報操作に踊らされて「非戦闘地域」から撤退したのはなぜなのかを再検証して読者、視聴者に報告することも、自衛隊の活動地域は「非戦闘地域」と言い募ってきた小泉首相にあらためてインタビューして、対テロ戦争支持の根拠と自衛隊派兵をめぐる発言が正しかったのかどうかを質すことも、政府の主張を垂れ流した「成功」報道の誤りを認め、真実を明らかにすることもしなかった。

こうして政府とメディアは、国民に戦争の真実を伝えない共犯者となった。戦前・戦中と同じように。だがそれを見抜けなかったわれわれにも、何らかの責任があるのではないだろうか。その点を、つぎに探ってみる。

「親日」アラブ世論を敵に

「平和国家」が「侵略者の手先」に

自衛隊の人道復興支援活動の実態を政府とメディアが国民にきちんと知らせようとしなかったのは、ブッシュ政権が主張する「正義の戦争」の大義をどのように受け止めるかと関わっている。

その根拠とされたイラクの大量破壊兵器保有とアルカイダ支援については、開戦以前から国連安全保障理事会などで疑問視され、開戦翌年の〇四年の米議会上院の特別情報委員会と政府調査団の調査でも大量破壊兵器保有の事実はなかったことが報告された。テロリスト支援の事実もなかったことを、ホワイトハウスも認めた。だが日本の政府とマスコミは終始、同盟国政府の主張と主流メディアの情報を疑うことなく、テロに対する国際社会の結束への日本の協調を説いた。

国際法では国連安保理の承認を受けない外国への武力行使は「侵略」とされており、安保理では国連査察団による大量破壊兵器の有無確認を優先すべきだとする声が大勢を占め、仏、独などの欧州諸国も明確に武力行使に反対した。国連討議と並行して、〇三年二月一五日には、世界六〇か国で一〇〇〇万人の市民が「大義なき戦争」に反対する反戦デモ繰り広げた。これだけ多くの市民が開戦前に「戦争反対」を叫んだのは史上初のことだった。反対世論には、米国が掲げる大義に隠された本当の狙いはイラクの石油を支配下に置くことだとする見方が強く、デモ隊のプラカードには「石油のための戦争に反対」も目立った。だが米国は国際世論を無視して、英国とともに三月二〇日にイラク侵攻を開始した。

アラブ世界で圧倒的な信頼を得ているカタールの衛星テレビ局アルジャジーラは、最初から、イラク侵攻の合法性をはっきりと否定し、戦争を「対イラク戦争」、米英軍を「侵略軍」と呼んだ。この侵攻がイラクの民主化実現のための解放戦争だとは、一度たりとも認めなかった。イラク各地で激化する米軍への攻撃を、ブッシュ政権はサダムの残党、アルカイダ系のテロリストの仕業をみなしたが、アルジャジーラは武装勢力を「抵抗勢力」と呼んだ。

こうした基本姿勢はアルジャジーラ独自のものではなく、アラブ世界の世論の大勢を反映したものであった。彼らから見れば、「正義の戦争」は「不義の戦争」だった。

米軍は首都バグダッドを中心に大規模な無差別爆撃をつづけた。犠牲となったのはテロリストではなく、テロリストとは関係ない一般市民だった。アルジャジーラは、次々に病院に担ぎ込まれる負傷者、凄惨な遺体、患者の阿鼻叫喚を放映したが、米国のテレビや日本のテレビにはそのような戦争の真実はほとんど流されなかった。米国と日本のマスコミは、米英軍の空爆開始まえにバグダッドから撤退してしまっていた。

日本のメディアを支配したのは、攻撃する側の米軍の視点からの情報であり、攻撃されるイラク側の視点、とりわけ人的被害は軽視された。正義の戦争はブッシュ対フセインという枠組みにとじ込められて、その犠牲となる一般市民の肉声はかき消された。

日本の政府とマスコミが「成功」と評価した自衛隊の活動も、地元の人びとはけっして歓迎していなかった。サマワの人びとが自衛隊に反発したのは、彼らが当初期待した復興支援なるものがいっこうに目に見えるかたちで示されないことへの失望と不満が大きな要因とされるが、それだけではない。底流にあるのは、米軍のイラク侵略に「日本軍」(と彼らは呼ぶ)が加担したことに対する、多くのイラク国民の失望と怒りである。

イラクをはじめとするアラブ世界の人びとは伝統的に親日的だった。彼らは、ヒロシマ・ナガサキの廃墟のなかから平和的に経済大国として発展した日本に尊敬の念を抱いていた。こうした親日感情に支えられて、日本の企業はアラブ各国での経済発展に寄与してきた。またこの地域を植民地化した欧州諸国や、戦後、石油利権やパレスチナ問題で軍事介入を深めた米国とは異なり、日本は歴史的にアラブ世界で手を汚していない唯一の先進国とみられていた。

ところがその日本が、「侵略者米軍の傭兵」として軍隊、すなわち自衛隊を送り込んできたことへの失望と怒りがアラブ世界に強まった。だが日本の政府もマスコミもその事実に気づこうとしなかった。

「アラブ親日の崩壊」にいち早く注目したのは、東京新聞や一部市民ネットメディアだけだった。同紙は、〇三年一二月の臨時閣議で自衛隊派兵の基本計画が決定される直前にイラク北部で日本の大使館員二人が何者かに襲撃され死亡した事件を受けた一二月一日の特集記事で、在日アラブ人留学生やこれまで親日とされてきたアラブ世界のメディア関係者、日本のアラブ研究者らに「アラブ世界で『日の丸』が初めて標的になった」ことの背景を語らせている。

こうしたアラブ世論を積極的に紹介した市民サイト、日刊ベリタで、イラク戦争までイラクの各国駐在大使を歴任した元外交官で、イラクの抵抗勢力の動向に詳しい研究者のサラーフ・アル・モフタールは、「自衛隊のサマワ駐留をどう考えるか」という電子メールによるインタビューにつぎのような回答を寄せた（〇四年九月六日）
「われわれはもともと、この軍隊がサマワであろうとどこであろうと、イラクに駐留することに反対している。理由は日本がイラクの植民地化に参加し、イラクに敵対する行為だからだ。それにより、イラクのみならずモーリタニアからオマーンまでアラブ世界全土にわたり、日本にとって将来、深刻な問題を引き起こすことになるだろう。日本は、かつて一度も日本に敵対したことがない（アラブの）民衆に対する武装侵略の片棒を担いでいるのだ」
イラクの独立系有力ニュースサイト、バスラ・ネットは、北アフリカ、マグレブ地方の大学教授で、イラク問題、とくに抵抗勢力の研究者であるムハンマド・ゼイダーンの評論を掲載した（〇五年七月）。親日家としてしられる教授は、「イラク侵攻後、日本がアラブ世界で営々と築き上げた好印象をぶち壊し、中国人をはじめとするアジア諸国民に形成された日本観よりもさらに下劣な印象をアラブ人のあいだに新たに植えつけることに、日本の首相は成功したとでも言うのか」と述べ、自衛隊のイラク派兵が「人道復興支援」のためだとする主張は「日本による安っぽいプロパガンダである」と切り捨てる。そして、「日本のためになる最良の宣伝方法は、小泉が一刻も早く傭兵を撤退させることである」と提言する。
だがこうした声を知ってか知らずにか、小泉首相は〇四年一月三日にアルジャジーラで放映されたインタビューで、自衛隊派遣は「復興支援のためであり、戦争しに行くのではない」と繰り返した。インタビューは、くすぶりはじめていた反日感情を、火に油を注ぐように一気に燃え上がらせる役割を果たした。

ファルージャの惨劇

政府がサマワから日本のマスコミを全員撤退させる口実とした、ファルージャでの武装勢力による日本人ボランティアらの拘束事件はこうした状況の中で起きた。人質解放の条件として武装勢力が自衛隊の撤退を求めると、新聞には「人道支援に銃口」「小泉政権最大の試練」「自衛隊活動先行きに懸念」などの大見出しが躍り、テレビには専門家と称される人たちの解説があふれた。武装勢力はテロリスト視され、朝日は彼らの「冷酷な戦術」「愚かな行動」を非難し、読売は「卑劣な脅しに屈しない、断固たる姿勢」を訴えた。武装勢力は何者であり、彼らがなぜ自衛隊の撤退を要求するのかは追究されなかった。

日本人を拘束した武装勢力「サラーヤ・アルムジャヒディーン」(聖戦士軍団)は、アルジャジーラで紹介された声明で、「われわれイスラム教のイラク国民は、あなたたちと友好関係にあり、尊敬もしている」と述べ、「しかし」とつづける。「あなたたちはこの友好関係に対して、敵意を返してきた」。米国のイラク侵略の有志連合の一員として自衛隊を派遣したのである。「米軍はわれわれの土地に侵略したり、子ども殺したり、いろいろひどいことをしているのに、あなたたちはその米軍に協力した」。だから日本国民は、このような米軍に手を貸す自衛隊の撤退を求めて立ち上ってほしいと訴える。

ファルージャ住民に対する米軍の無差別攻撃は事実だった。米軍はバグダッドの西にある人口三〇万の小都市に対して、「反米武装闘争」「テロリスト」の拠点として〇四年四月から総攻撃を開始した。その凄惨さは米国主流メディアでも日本のマスメディアでもほとんど報じられなかったが、米国の独立系ラジオやファルージャ住民の医療救援活動を始めた欧米などの市民活動家らをつうじて次第に国際社会に明らかにされていった。

イラクの子どもたちにサーカスを見せようというアーティストと活動家のグループ「Circus 2 Iraq」の英国人女性ジョー・ウィルディングは四月一一日、医薬品や毛布、食糧などが積まれたバスで医療団とファルージャに到着した。大きな病院はなかった。米軍の爆撃で破壊されてしまったからだ。活動している医療機関は、無料で人びとを診察している個人医の診療所だけだった。麻酔薬はなく、血液バッグは飲み物用の冷蔵庫に入っていて、医師たちはそれを非衛生的なトイレのお湯の蛇口で暖めている。米軍の狙撃兵に撃たれたという女性や子どもたちが多かった。米軍は動くものすべてに発砲した。白旗を掲げた老女も、妊婦を運び込んだウィルディングらの救急車も。

向かいの建物のうしろ側で、空がさく裂しはじめた。数分後、診療所に一台の車が突進してきた。頭から足まで焼けただれた男がかつぎこまれた。クラスター爆弾だ、と医師は言った。夜通し、上空を飛行機が飛んでいた。無人偵察機の音、ジェット機の轟音、そしてヘリコプターの爆音がつづき、それらがときおり爆発音で中断された。

診療所の所長代理のマキは、「私はサダム（大統領）を憎んでいたが、今はアメリカ人の方がもっと憎い」と言った。

「こんな事態が世界の目から隠されて、メディアの目から隠されて進められている」ことに危機感を抱いたウィルディングは、バグダッドにもどるとファルージャで目撃した惨劇を手記にまとめ、イラクで反占領の活動を展開している市民団体をつうじて世界に発信した。「これは犯罪である。そして、私たち皆にとっての恥辱である」と。

「テロリスト」とされたファルージャのムジャヒディンの素顔は、親、兄弟姉妹、子どもらが米軍によって無差別に殺されていく絶望的な状況のなかで、やむなく武器を取って自らを守らざるをえなくなった地元の普通の男性たちが主体である。

だが小泉首相は、彼らの自衛隊撤退の要求をつっぱね、半年後にファルージャに対する米軍の第二次「テロリスト」掃討作戦が開始されると、「成功させなきゃならない」と明言し、「治安の改善がイラク復興の鍵だ」と述べた。

ファルージャの惨劇はアラブのメディアでくわしく報じられた。その実態が明らかになるにつれ、国際社会ではベトナム戦争のソンミ虐殺事件や前年にパレスチナで起きたイスラエル軍によるジェニン虐殺とおなじだ、という声が上がりはじめた。だが私たち日本人にきちんとした歴史認識が根づいているなら、ファルージャの虐殺はベトナムのソンミ、パレスチナのジェニンだけでなく、旧日本軍による南京大虐殺をはじめとするアジア各地での住民虐殺を思い起こさせてしかるべきだろう。

一九三七年十二月に南京を攻略した日本軍は、ファルージャを攻撃した米軍司令官が西側メディアに語った証言とおなじように、中国軍正規兵と市民の区別が難しかったため、非武装の市民にまで銃を向けることになったとされる。中国、マレー半島、フィリピンなどで日本軍によって肉親らを虐殺された人々は、抗日ゲリラとして立ち上がり侵略者と戦ったが、日本の政府は彼らを「匪賊」と呼び、メディアもこれにならった。ファルージャで米軍の蛮行から家族と土地を守るために武器をとったムジャヒディンは、米国によって「テロリスト」とされ、日本の政府とメディアもそう呼んだ。

匪賊は、八紘一宇、東亜の平和、神兵などと同じ国策語だった。中国での戦線拡大とともに、「暴支膺懲」「東洋平和」が叫ばれ、メディアは膺懲の剣を競った。大東亜戦争は「アジア解放」のための「聖戦」とされ、それを阻む「鬼畜米英」を敵とした。そして現代の国策語では、米国のイラク侵略への加担が「国際貢献」「人道復興支援」と名づけられ、メディアはそれを疑うことなく国民に垂れ流した。

新聞、テレビは、イラク武装勢力の卑劣な行為は批判しても、米軍に残虐行為を停止すべきであると求める論調を展開することはなかった。南京虐殺を戦時国際法に違反する戦争犯罪として裁いた極東国際軍事裁判（東京裁判）の判決は、米国の主張を受け入れたものであり、その正当性を認めるのなら、国際社会はイラクにおける米軍の無差別住民虐殺も戦争犯罪として追及してはどうかという問題提起もなされなかった。

「ポスト真実」の情報操作

そもそも日本では、小泉政権だけでなくマスコミや一般国民にも、米軍のイラク侵攻が侵略であるという認識は希薄だった。

読売新聞は社説で米軍の攻撃とこれを支持する日本の政府に熱いエールを送ったが、朝日の社説は「私たちはこの戦争を支持しない」と言い切った。「戦争をしなくても大量破壊兵器を廃棄させる可能性が残っていたのに、ブッシュ政権は制止を振り切るように武力行使の道を選んだ」からである。だが、戦争は始まってしまった以上、まずなすべきは、最大の被害者である民衆をはじめ戦争の犠牲者をできるだけ少なくするための一刻も早い戦争終結だ。「米英軍の攻撃は、軍事的な施設や大量破壊兵器の関連施設に絞られるべき」であり、いっぽうフセイン政権も「自衛の戦争だといって、徹底抗戦を選ぶ」ことで国民を犠牲にすべきでない。

国内での派兵論議は、もっぱらそれが平和憲法に違反するか否かと日米関係を中心に繰り広げられた。九条が歯止めとなって自衛隊の武力行使は認めず、「人道復興支援」によって日米同盟を重視することになった。だがそのような形であれ、日本の国際貢献なるものをイラクとアラブ世界の人びとがどう受け止めているのかについては、日本のメディアも多くの国民もほとんど無関心だった。

合憲であれ違憲であれ、あるいは人道という美しい大義によるものであれ、外国の軍隊が勝手に自国の領土に土足で踏み込んでくることに、イラクの多くの人びとは反対なのである。朝鮮の東学党、中国の義和団、そしてアジア太平洋戦争の舞台となった中国や東南アジアの人びとが、日本など諸外国の侵略に抵抗して立ち上がったのと同じである。先の丸山による七〇年戦争の検証にあるように、大東亜共栄圏の建設という日本の大義の実態は、侵略先の人々の無差別殺害であり、資源と市場の獲得が目的だった。大量破壊兵器を保有し、テロリストを支援する独裁政権の打倒という米国のイラク侵攻の大義の裏に隠されていた本当の狙いが、イラクの石油資源と市場の獲得であり、そのためにテロリストでない一般市民が無差別に殺傷されていったのと変わりない。

日本のメディアにそのような歴史認識が根づいているならば、国際法を踏みにじって自国に侵攻してくる米英両国軍に対して、先の朝日の社説のように、フセイン政権が「自衛の戦争だとして徹底抗戦して死者を増やす道を選ぶべきではない」と説いたりすることは、ありえないはずである。

米軍のイラク侵攻を「大義の疑わしい、形を変えた植民地主義」として、自衛隊のイラク派兵に批判的な見解を表明した政治家は、私が知りえたかぎりでは、後藤田正晴元副首相だけだった。後藤田は二〇〇四年二月七日の日本経済新聞でのインタビューで、フセイン政権下でイラク国民が圧政を受けたのは事実だろうと認めながらも、「それをよその国が軍事力で解放するというのは、新しい帝国主義であって、国連を使わずに一国を解放するなどということがあるのか、といいたい」と言い切る。そんな戦いに参加するために日米安保を軽々しく作動させるべきではない、とも言う。その上で、「最近の日本の傾向は危ないな。昭和五、六年ごろの状況に似てきた」と憂慮し、自衛隊のイラク派兵にともなう憲法改正論に警鐘を鳴らす。

自衛隊のイラク派兵が「平和憲法」に反するという主張は正しい。だが平和憲法は、アジア侵略への反省に立つ日本のアジアへの不戦の誓いでもあったはずである。そのことが私たちの平和意識のなかに定着しているなら、イラク派兵をめぐる論議で、護憲の主張とともに二度と侵略戦争への加担はご免だという声が高まってしかるべきだった。

にもかかわらず、イラク派兵論議のなかで、二度と侵略戦争への加担はご免だという声が高まらなかったのはなぜなのか。

戦後の平和と民主主義に「アジア」が欠落していたからではないだろうか。戦後日本の平和観については後の章で改めて詳しく検討するが、基本的には自国の戦争犠牲者をいかに弔うかから出発し、戦争の悲劇を二度と繰り返さないためには何をなさねばならないかが主たる関心事だった。日本の「聖戦」の犠牲となったアジアの人びとの声や姿にはきちんと向き合わないまま、平和憲法を護ることが平和と考えられてきた。小泉政権は、こうした国民の内向きで他者不在の平和観をたくみに利用して、米国の侵略戦争への自衛隊の後方支援という参戦の実態を、戦後日本の平和主義の理念に基づく非軍事的人道復興支援というイメージでカムフラージュすることに成功した。メディアはそのような世論形成の片棒をかつぎ、国民の多くはこのフェイク情報を信じた。

こうした情報操作は、「世論形成にあたり、客観的な事実より、感情や個人的な信条へのアピールの方が影響力をもつ状況」（英国オックスフォード大学出版局）と定義される「ポスト真実」（post-truth）の手口と言える。米国のブッシュ政権は対テロ戦争を推進するための世論形成をめざして、九・一一後のテロの恐怖におびえる国民感情とキリスト教世界に根強いイスラム教への偏見を利用した偽情報を流してイラク侵攻を正当化し、主流メディアはフェイクニュース発信の共犯者となった。日本の小泉政権は、平和憲法を護るべきだとする国民感情を配慮した世論形成をめざして、米国の侵略戦争への加担という客観的事実を非軍事的な国際貢献であると正当化し、新聞、テレビもそれに同調した。ほとんどの国民は、このような新たな大本営発表の翼賛報道の嘘を見抜けなかった。

その結果、自衛隊派兵によって、アラブ世界に築かれた「平和国家日本」という無形の財産が破壊され、先の親日派教授の「中国人をはじめとするアジア諸国民に形成された日本観よりもさらに下劣な印象をアラブ人のあいだに新たに植えつける」ことになるという指摘に私たちは気づくことができなかった。平和国家のブランドを傷つけないためにも、日本は自衛隊を撤退させるべきだという、イラクをはじめとするアラブのメディア、日本の民間人を拘束したファルージャの武装勢力らのうったえに私たちは耳を傾けることができなかった。

人間的共感と想像力の欠如

おなじ人間ならば、みずからが流した血と涙の意味をお互いに分かり合えるはずではないか、広島・長崎の被爆の惨禍を体験した日本人なら、バグダッドやファルージャの市民への米軍の無差別爆撃の意味を理解してくれるに違いない。それが、戦火に苦しむイラクの人びとの悲痛な訴えだったが、日本の新聞、テレビではほとんど伝えられなかった。私たちは、おなじ人間としての共感も想像力もアラブの人びとに働かせることができなかった。人間不在のアジア観は人間不在の中東にまでつながっていったのである。

アラブの人びとの声は、自衛隊の平和的国際貢献を阻止しようとする反米テロ行為の一環であるかのように受け取られ、世論調査では「テロには屈しない」「自衛隊は撤退させない」と叫ぶ小泉首相の支持率を増加させた。そもそも、人道復興支援の担い手がなぜ自衛隊という軍事組織でなければならないのかという素朴な疑問すら、ほとんど聞かれなかった。人間の目で世界を見る目が備わっていないために、メディアも私たちも正義の戦争と人道復興支援の嘘を見抜けなかった。そして、平和国家は土俵際に追いつめられてしまった。

戦前日本の軍事的アジア支配が、アジアの人々の尊厳を踏みにじると同時に支配者である日本人の人間性を損なうものであったという自覚は、戦後の私たちに乏しかった。イラク戦争で、日本は侵略の主役ではなかったが、アラブの人々からは「侵略者の傭兵」として支配する側の一員とみなされた。

だが私たちは、「人道支援」する側の人道意識が問われているとは思わなかった。同盟国米国の侵略に加担した自国政府の選択を、ジャーナリズムの役割を放棄して「成功」と報じたマスコミは、戦前・戦中と同じような権力との共犯者となることで、自らが腐敗・堕落していくことに無自覚だった。

再度、オーウェルに登場してもらうと、彼はすぐれた戦場ジャーナリストでもあった。戦争報道の傑作とされるスペイン内戦従軍記『カタロニア讃歌』にそれは示されている。

オーウェルは一九三六年、スペインで起きた人民戦線政府と独伊の支援をうけたフランコ将軍派との内戦で、ファシズムから民主主義を守るため人民戦線軍側に義勇兵として参加した。彼は勇敢に戦い負傷するが、属していたのが反スターリン主義のPOUM（マルクス主義統一労働者党）部隊だったこともあり、反フランコでは共同戦線を組むべきソ連をはじめとする共産党関係者からは疎まれ弾圧さえされる。

戦闘で瀕死の重傷を負い英国に帰還した彼は、主流メディアだけでなく左翼メディアでも内戦の真実がほとんど報じられていないことを発見する。左翼の報道はソ連一辺倒で、社会主義者として自分が戦ったPOUMの戦いは完全に無視されている。権力寄りであれ反権力を標榜しているメディアであれ、正しい事実が国民に伝えられなければ、何もなかったに等しい。ソ連共産主義への疑問を強めるとともに、ジャーナリストとして「正しい歴史の証言者」の役割を果たそうとして書き上げたのがこのルポだった。

オーウェルはその体験を振り返って、こう書いている。「戦争においていちばん恐ろしいことは、戦争について書きたてられることが、悲鳴も嘘も憎悪も、すべて自分は戦闘には参加しない人の口からでていることだ。（…）いつの戦争でも同じことだが、戦闘をするのは兵隊であり、叫ぶのがジャーナリストである。口で主戦論を称えた者が、ごく短期間の従軍旅行以外で、前線の塹壕まで来たためしはない」

日本の主流メディアの戦争報道は、昔も今も、この言葉の正しさを証明していないだろうか。

彼はまた、別のエッセイでこうも記している。「一つの正統思想からまたつぎの正統思想に変わってみたところで、かならずしも進歩したことにはならないのだ。真の敵は、そのときにかかっているレコードに賛成かどうかに無関係で、どんなレコードでもかけられる蓄音機のような精神なのである」

私たちのマスメディアは、戦中は「聖戦」、敗戦から半世紀経つころには「国際貢献」というレコードをかけていた。それが進歩だ、と信じているかのように。だが、私たちには心地よいメロディーを他者がどう受け止めているかには無関心のままである。

第3章　平成天皇「平和の旅」の空白

天皇外交の顕教と密教

政治的カードとしての訪中

戦前の日本のアジア支配の責任問題で日本人からよく聞かれるのは、われわれはもう十分謝罪したはずでないか、これ以上どうしろというのかという声である。その根拠として挙げられるのが、戦後アジア諸国にたいして行われた賠償や経済協力であり、これによって問題は決着済みとされる。韓国の元徴用工と元慰安婦についても、そのように主張する日本政府にマスコミも同調したが、韓国の政府と国民はそれに納得しなかったことはすでに見たとおりである。

戦後日本のけじめのつけ方としてもうひとつ指摘されるのが、平成天皇の平和外交である。天皇の退位がせまった二〇一八年から一九年にかけて、三〇年にわたる平成時代を振り返るメディアの報道では、平和を祈り世界との和解のきずなを強める皇室外交を称える特集が相次いだ。天皇はアジア諸国へのおわびの旅だけでなく、第二次世界大戦中に連合国軍の捕虜問題などで生じた英国やオランダとのギクシャクした関係の修復にもつとめた。

だがメディアが伝えるニュースが、それによってある出来事のより重要な真実を私たちに隠してしまう恐れは、自衛隊のイラク派兵報道で確認したとおりである。天皇外交の報道にも同じような検証が欠かせない。

日本のアジアへの侵略戦争と植民地支配、さらにアジア太平洋戦争は歴代天皇の名において行われた。日本軍は「皇軍」と自称し、陸海軍を統帥するのは大元帥陛下だった。だから当然のことながら、一九四五年の日本の敗戦後、昭和天皇裕仁の戦争責任を追及する声は連合国とアジアの国々で強かったが、連合国軍最高司令官の米軍元帥ダグラス・マッカーサーはそれらの声を抑えて、天皇を極東国際軍事裁判の被告席に座らせなかった。占領体制下で日本の非軍事化と民主化政策を進めるためには、天皇の権威を利用するのが得策とマッカーサーは判断した。天皇も戦争の責任をとって自ら退位を表明することなく、新しい日本国憲法で戦争放棄と引き換えに天皇制が維持されたことで、引き続き天皇の座にとどまった。

だが、こうした措置によって国際社会における昭和天皇の戦争責任追及の声が収まったわけではない。昭和天皇の死去にともない一九八九年に即位した平成天皇明仁が、九一年の東南アジア三国（タイ、マレーシア、インドネシア）を皮切りに中国、英国、オランダなどを次々に歴訪したのは、父親が果たせなかった戦争への謝罪を表明することでこれらの国々との和解と親善を進めるのが目的とされた。平成天皇は一連の国内外の旅を、憲法に定められた「国民統合の象徴」としての務めと位置づけ、退位前年の二〇一八年の最後の天皇誕生日での記者会見でこう述べた。「平成が戦争のない時代として終ろうとしていることに、心から安堵しています」

平成天皇が戦争を禁じた現行憲法の精神を尊重し、それを言動で示すことが象徴としての天皇と国民との相互信頼の回路をつくり、ひいては皇統護持につながると考えたことは間違いないだろう。また平和憲法に背いて日本を再び戦争のできる国に衣替えさせようとする安倍首相を反面教師に、天皇の株が上がり、天皇制を是認しないリベラル層にも好感をもって受け入れられるようになった。

「象徴天皇」の務めとは何かを深く考え抜き、それを全身全霊を傾けて実践しようとしてきたという平成天皇の言葉を私は疑わない。だが、それによって「戦争の昭和」がすべて清算されたわけではない。また、平成を「戦争のない時代」と規定していいとは思えない。

日本経済新聞の皇室担当記者を長年つとめてきた井上亮は、平成天皇の内外の旅への同行取材記をまとめた『象徴天皇の旅』で、「政治からまったく離れた天皇の外国訪問というのはありえない」というある外務省幹部の認識を紹介し、井上自身の見方をこう記している。「天皇の外国訪問は親善のみが目的であり、政治性はゼロというのはいわば顕教的見解であり、日本政府は密教的スタンスで『天皇外交』を政治的カードとして活用してきた」

「顕教」と「密教」とは、戦前の天皇制について哲学者の久野収が分析した用語で、前者は、天皇を無限の権威と権力を持つ絶対君主として国民に信奉させる建前のシステムであり、後者は、そうして動員された国民のエネルギーを国政に利用するために支配層が申し合わせた統治システム、すなわち立憲君主としての天皇の位置づけである。久野によれば、明治日本の国家は「この二様の解釈の微妙な運営的調和の上になりたっていた」。井上の記述は、平成の天皇外交についても、国民向けのプロパガンダ的側面とその裏に潜む冷厳な政治的側面を混同してはならない、ということであろう。

平成天皇の外国訪問が政治的カードとして活用された顕著な例が、一九九二年の訪中だった。訪中は国交正常化二十周年の友好親善が目的とされたが、その背後には日中両国の政治的思惑の一致があった。

天皇訪問を強く要請したのは中国側だった。中国は八九年の天安門事件を重大な人権弾圧と非難する西側諸国から経済制裁を受け、国際社会で孤立していた。国際的包囲網を突破するため中国は日本への接近を強め、その象徴的セレモニーとして天皇の招請を日本政府に働きかけてきた。天皇の訪中が実現すれば、過去の戦争について何らかの「お言葉」が公表され、侵略戦争を否定する日本の反中勢力の日中友好反対の根拠を失わせることになるとの読みもあった。一方、日本側も対中関係の重視と中国孤立の長期化による経済的デメリットを考慮して、欧米とは一線を画そうとした。そして、天皇訪中により「のどに刺さったトゲ」である歴史問題に区切りをつけようとした。

天皇訪中に対して、自民党の保守派には「天皇の政治利用だ」との反対意見が強かった。左翼勢力も「天皇訪中は戦争責任をうやむやに決着させるもの」と反対した。だが、日中の共通利害が反対論を押し切って、長い日中交流史のなかで初めての天皇訪中という画期的な出来事を実現させた。

十月二三日に北京に到着した天皇は、楊尚昆《ようしょうこん》国家主席主催の晩さん会でお言葉を読み上げた。「我が国が中国国民に対し多大の苦難を与えた不幸な一時期がありました。これは私の深く悲しみとするところであります」。席にもどった天皇に、楊主席は「温かい言葉に感謝します」と声をかけた。「お言葉」全文が翌日の人民日報に掲載され、テレビでも伝えられると、天皇、皇后の車に沿道の市民が手を振り、拍手も起きるようになった。

日本の各メディアも天皇訪中は大成功と評価するものが多かった。各紙の社説を追うと、毎日は訪中を日中新時代の幕開けとして「陛下のお言葉とお人柄が、中国国民に好ましい印象を残すことを期待」し、お言葉を受けた読売は「中国国民がお言葉の真意を理解してくれることを願わずにはいられない」と書き、朝日は天皇、皇后の帰国を控え「訪問は中国の人々の天皇観を大きく改めるきっかけとなり、相互理解を広げる成果を生んだ」と評した。

天皇訪中を同行取材した日経の井上も、「日中の様々なわだかまりも、今回の両陛下の訪問で解消されたのではないか」と思った。だがそれは、「いま思うと、若さゆえのナイーブな期待であった」と、平成時代の終わりを間近にした先の著書で述懐し、天皇訪中による歴史問題の一発解決など幻想にすぎないという。「成功」報道には、中国の一般市民の声がほとんど伝えられていなかったからだ。

日本からの一八〇人の大取材陣は、訪中前の外務省ブリーフィングで、北京ほか天皇の訪問先の街頭での一般市民の取材は不可と念を押された。中国政府からの要請だという。記者が天安門広場を歩くことは許されたが、そのさいも中国政府の「記者接随員」がぴたりと寄り添い市民からは隔離された。天皇、皇后の行く先々で歓迎の手を振っていたのは、中国政府が動員した「官製市民」だった。よく見ると、そのなかに能面のように無表情な人びとがいたことを井上は記憶している。だが、同行記者ではない、北京駐在の特派員には市民への取材のしばりがなかったため、朝日新聞には「お言葉」に対する北京市民のさまざまな声が北京支局電として伝えられた。

国営商店の従業員（三七）は「過去を謝りたいという気持ちは、この言葉でもわかる」としながら、東北地方（旧満州）に天皇が行かないと知って不思議そうな顔をした。「東北が一番長く占領されたのに」。繁華街、王府井の個人経営者（二四）は「民間賠償や従軍慰安婦の問題にまったく触れていない」と不満そう。列車を待つ安徽省の会社員（三二）は「昭和天皇は皇軍を指揮した最高責任者だ。昭和天皇の時代に誤りを認めて謝罪すべきだった」。旧満州の黒竜江省から来た主婦（五四）は「謝る、謝らないの言葉の問題よりも、今後、二度と戦争を繰り返さないことを行動で示すことが大切だ」。戦時中、同胞が日本軍に殺害されるのを数回見たという農民（七〇）は「天安門で一言『すみません』と頭を下げれば、中国人の気はすむんだ」。米国系企業に勤める女性（三八）は「謝罪の気持ちはあると感じます。しかし、中国人が負った傷は深すぎましたので、これで完全にいやせるもんではない」。

スピーチで隠された歴史の事実

日本政府が訪問先政府とおぜん立てし、メディアの取材の段取りも取り仕切った天皇訪問が「平和の旅」として新聞、テレビで「客観報道」されるが、そこに何か重要な事実が隠されてしまうというパターンは、毎度繰り返された。

天皇は二〇〇六年六月にシンガポール、マレーシア、タイを歴訪した。シンガポールでは、天皇は大統領夫妻主催の晩餐会でスピーチを行った。天皇は両国の四十年間の友好関係に言及したあと、こう述べた。「しかしながら、私どもは、それに先立つ先の大戦に際し、貴国においても、尊い命を失い、様々な苦難を受けた人々のあったことを忘れることはできません。わが国の人々は、この歴史に思いを致し、東南アジア地域の安定と発展、さらには世界の平和と繁栄に貢献すべく力を尽くしてまいりました」

同行取材した井上によれば、彼をふくめた若い世代には「なんとなく過去の戦争はたいへんだった」というふうにしか聞こえず、日本の各メディアはこのスピーチを報じたものの、先の大戦においてシンガポールで何が起き、人々がどのような「苦難」を受けたのか、具体的に言及したものは少なかった。

真珠湾攻撃とともに英領マレーに上陸した日本軍は、南下する先々で華僑（中国系住民）を「反日分子」として多数虐殺し、さらに英軍の軍事拠点だったシンガポールを占領。ここでも反日分子とみなした華僑の大量「粛清」を行った。その犠牲者の数は定かではないが、数千人から四、五万人ともいわれている。

天皇夫妻の滞在中、シンガポール側は両国の親善を配慮し、華僑粛清事件にはいっさい触れなかった。同国には日本占領時代に犠牲になった市民を追悼する「血債の塔」といわれる慰霊碑があるが、天皇夫妻がそこを訪れることもなかった。

二〇〇七年二月のベトナム訪問は、天皇の強い意向によって実現した外国訪問のひとつだった。内閣の判断より天皇の意思が優先されるのは、ひと昔なら問題視する声もあったかもしれないが、このときはとくに反応はなかった。平成も三十年近くを経て、天皇、皇后への国民の敬愛は絶大なものになり、カリスマ性が高まっているため、天皇の意向がストレートに実現するケースが増えている、と井上は解説する。

天皇は、ベトナム国家主席夫妻主催の晩餐会でのスピーチで、日越の交流の歴史にふれてファン・

ボイ・チャウの東遊（ドンズー）運動を挙げた。チャウは、フランスからの独立をめざし、日露戦争で西洋の大国に勝利したアジアの国の近代化に学ぼうと一九〇五年に来日、中国の革命家、孫文らとも接触しながら多数のベトナム人留学生を日本に送り込んだ。これが東遊運動である。

大隈重信や犬養毅らがチャウの運動に理解を示すが、日本は〇七年に日仏協定を締結、日仏両国は互いの帝国主義的利益を守るためにベトナム人活動家らの弾圧に転じる。日本から国外退去させられたチャウは、「同じアジア人で手本としていた日本が欧米列強と手を結び、自分たちを抑圧する側に回る」と小村寿太郎外相に抗議文を送った。だが天皇のスピーチは、そのような史実には言及せず、失意のうちに帰国せざるを得なかったベトナムの独立運動家を日越の友好の歴史のシンボルに祭り上げる。

天皇のベトナム訪問の「最大イベント」とされていたのは、元残留日本兵家族との面会だった。

一九四〇年に北部仏印（ベトナム）、翌四一年に南部仏印（カンボジア、ラオス）に進駐した日本軍は、終戦時に約九万人いた。約六百人が戦後に帰国せず、ホー・チ・ミンの率いるベトミン（ベトナム独立同期会）軍の抗仏独立戦争に参加、現地で家族をつくった。彼らは対仏戦争終結後の五四年以降に、事実上の国外追放処分によって帰国するが、ベトナム人妻子の帯同は許されなかった。日本軍占領時の記憶やベトナム戦争で日本が米国側に立ったことから、元日本兵家族は差別に苦しんだ。

天皇夫妻が一五人の残留日本兵家族と懇談し、彼らにねぎらいの言葉をかける光景は日本のメディアで大きく報じられた。だが、このような戦争の悲劇を生み出した日本軍の仏印進駐が、ベトナムの人々の記憶に今なおどのように刻み込まれているのかはほとんど伝えられなかった。日本軍は各地で人々の生活を苦境に陥れ、農産物の徴発などにより二〇〇万人が餓死したとされる。日本軍は、日仏のファシスト帝国主義からの祖国解放をめざすベトミン軍の掃討作戦も行った。これらの事実はベトナムの教科書に記されている。

平成天皇が、アジア諸国訪問によって昭和の戦争の後始末に一定の役割を果たした事実は否定できない。しかしそれは、政府間の謝罪と和解への努力であって、正しい歴史認識にもとづいた国民同士の相互理解と和解を意味するものではない。中国とベトナムは共産党の一党独裁国家、シンガポールは反共国家ではあるが事実上は人民行動党による一党支配体制であり、いずれの国でも民意が国政に反映されることは難しい。いま見てきたように、天皇の平和の旅にはいくつかの重要な空白部分があるが、メディアもそれに気づかずにかあるいは気づいていてなのかは分からないが、その空白を埋めるような報道は乏しい。

日本の戦争と植民地支配に対してきちんとした責任をとり、それをつうじてアジアの人々からの信頼をかちとり、和解と友好親善を進めていく努力は、一人ひとりの国民が担うべきものであり、天皇のおわび行脚とお言葉に任せればよいことではない。事実、天皇の旅の空白を埋めるべく草の根レベルでそのような努力をアジア各地の人々と続けている日本の市民は少なくない。しかし新聞やテレビでは、それらの地道な活動がニュースとして取り上げられることは多くなく、天皇の「平和の旅」があたかも問題解決の切り札であるかのような大ニュースとなる。多くの国民は、メディアの報道によって、日本の戦争責任問題が解決されたかのような錯覚にとらわれる。

それとともに、日本国憲法で「政治的権能を有しない」ことになっている天皇が、天皇外交という形の政治カードに利用され、しだいに政治的行為の拡大容認をまねくことになっていないだろうか。

　平成天皇の平和の旅を称える一連の報道で、もうひとつ不思議な空白がある。それは、天皇が在位中、ついに韓国を訪問しなかった事実に目を向け、それがなぜなのかを問う報道がほとんど見られなかったことである。韓国の植民地支配は、七〇年戦争の流れのなかで起きたことであり、それは天皇の名によって昭和の時代まで続いたにもかかわらず、である。

　ところが、平成最後の二〇一九年二月に、従軍慰安婦問題で天皇の謝罪を求める韓国の文喜相《ムンヒサン》国会議長の発言が伝えられると、安倍首相はじめ日本の世論に韓国批判が高まった。文議長は米通信社ブルームバーグのインタビューでこう述べた。「一言でいいのだ。日本を代表する首相かあるいは、私としては間もなく退位される天皇が望ましいと思う。その方は戦争犯罪の主犯の息子ではないか。そのような方が一度（元慰安婦の）おばあさんの手を握り、本当に申し訳なかったと言えば、すっかり解消されるだろう」。

　安倍首相は衆院予算委員会で、この発言に関し「多くの国民が驚き、怒りを感じただろう。極めて遺憾だ」と述べ、謝罪と撤回を求めたが、文議長は「謝らぬ」と応じた。文藝春秋（四月号）は、「陛下の謝罪まで要求する常軌を逸する国家」との「断交」をテーマに各界の識者による特集記事を組んだ。天皇が文発言をどのように受け止めているのかを聞いてみようとするメディアは、私の知るかぎり、なかった。

平成は「戦争のない時代」だったか？

自衛隊派兵の拡大と同時進行

二〇一八年の後半ごろから、メディアではあらゆることが「平成最後の」という枕詞をつけて報じられるとともに、天皇が在位最後の誕生日で述べた「戦争のない時代」という言葉が平成のキーワードとされるようになった。平成の三〇年間に日本国内が戦火にさらされることはなかったのは、事実である。だがこうした報道は、「国際貢献」の旗印のもとで自衛隊の海外派兵がしだいに拡大し、対テロ戦争では日本国憲法に反して米軍の後方支援活動に自衛隊が参加するようになったのが、まさに平成時代だったという事実から国民の目をそらさせてしまう。

平成元年の一九八九年は米国とソ連が冷戦の終結を宣言した年である。これによって平和な時代の到来を期待する声が世界に高まったのもつかの間、翌九〇年にイラクがクウェートに侵攻する湾岸危機が発生、危機は九一年明けに米軍中心の多国籍軍とイラク軍による湾岸戦争へと発展する。

日本では、ペルシャ湾岸の事態への対応をめぐって日本の「国際貢献」のあり方が議論されるようになる。自民党の海部俊樹内閣は多国籍軍の作戦に一三〇億ドルの「戦費」を拠出、さらに戦争終結後、史上初めての自衛隊の海外派兵として、海上自衛隊の掃海艇がペルシャ湾の機雷除去に派遣された。戦前の軍都・広島県呉市から出航する掃海部隊は、軍歌「戦艦マーチ」の演奏に送られた。

自衛隊の海外派兵はその後、九二年のカンボジアＰＫＯ（国連平和維持活動）への陸自の参加や各地の災害救援活動などの目的で展開されていったが、二一世紀の最初の年に起きた「九・一一」を機に、ついに外国の「戦地」への展開という戦後日本の安全保障政策を根本的に転換させる形となった。イラクに派遣された1次隊の番匠幸一郎群長は、部内の報告書で「(活動は)純然たる軍事作戦であった」と明記している。イラク国民の多くは日本軍(自衛隊)を、テロリストではない一般市民の殺戮を繰り返す「米侵略軍の傭兵」「殺戮者の手先」と見なしていた。

集団的自衛権の限定的行使容認をふくむ安保法案が二〇一五年の国会で審議されたさい、安倍首相は「日本が米国の戦争に巻き込まれるようなことはない」と断言し、野党や国民の同法案への反対論をはねのけたが、アルジャジーラはじめアラブ世界のアラビア語メディアの多くは、「日本は第二次大戦後初めて海外の戦闘のために出兵を認める安保法案を可決」と報じた。自衛隊派兵は「同盟国である米国の支援のため」と説明されている。中東から見れば、戦闘の舞台となる海外とは自分たちの足元と受け止められている。

アジアの人びとが自衛隊のイラク派兵をどうみていたかについては、後の章でくわしく確認するが、多くの国民は日本を参戦国とみなし、平和国家とは認めていなかった。

平成天皇が自らの在位期間を「戦争のない時代」として「心から安堵しています」というとき、対テロ戦争の戦場はいまや世界各地に拡大し、日本がそれに軍事的に関わったために何人かの日本人が「テロリスト」に殺されたり、拘束されたりしている事実は「戦争」とはみなされないのであろう。それによって、憲法で戦争放棄を謳った「平和国家」が戦争のできる「普通の国」へとこの三十年間で大きく変貌した事実は、後景に追いやられてしまう。その一方で、天皇は対テロ戦争に関して米国に寄り添う発言を行ってきた。

九・一一を受けて、天皇はベーカー駐日米大使を通じて、ブッシュ大統領への「弔意」を伝えた。異例の政治的行為だが、天皇はその後の会見で「事件そのものが異例だった。皇室が前例を重んじることは大切なことですが、各時代に前例のないことが加わっていることも考えに入れなければなりません」と述べた。

朝日新聞によると、〇四年四月、訪日した米副大統領チェイニーが天皇との会見で、「イラクではなかなか難しい状況になっていますが、日本の果たしている役割に感謝しています」と語ると、天皇はこう述べた。「自衛隊は給水、学校の復旧、医療活動など地元の人々のための作業を通じて復興を支援するために派遣されたものです。無事にイラクの人々の幸せに貢献することを願っております」。また副大統領がファルージャで起きた日本人人質事件について「米国も様々な形で（人質解放に）協力しています」と語ると、天皇は「たいへん心配しています。一刻も早く無事に解放されることを願っています」と述べた。いずれの発言も、違憲の疑いが強いという国民の声がある、自衛隊のイラク派兵を追認、権威づけたものと言えよう。

戦争と日々背中合わせの沖縄

こうした「戦争のない時代」観は、アジア諸国訪問とともに天皇の重要な慰霊の旅とされる沖縄訪問にも示されている。

天皇は一九九三年に、歴代天皇として初めて沖縄県を訪れ、皇后と共に「ひめゆりの塔」に献花した。敗戦から四八年後の天皇来訪に、県内は「戦後の区切りになる」との期待と「戦争責任がうやむやにされる」との批判が交錯した。「歓迎」の提灯行列と、「反対」のデモが市街地を練り歩いた。米軍との地上戦で県民の四人に一人が犠牲となった沖縄戦が終結した六月二十日の「慰霊の日」には、天皇は毎年、皇居で祈りをささげた。退位前年の二〇一八年十二月の誕生日記者会見では、「沖縄の人々が耐え続けてきた犠牲に心を寄せていくとの私どもの思いは、これからも変わることはありません」と声を震わせた。

しかし、沖縄への深い思いを胸に秘めているとされる一連の天皇報道に、現在も巨大な米軍基地を押しつけられ、県民が戦争と背中合わせの日々を送っている現実への天皇の言及は、私の知る限り見当たらない。「戦争のない平成」とは、日本が戦場にならなかった時代というだけでなく、その日本も沖縄を除外した本土だけを指した現実認識なのだろう。

国土面積の〇・六％に過ぎない沖縄に在日米軍基地の七〇・六％が存在し、米軍は沖縄基地からベトナム戦争、湾岸戦争、イラク戦争に出撃した。ファルージャの住民虐殺には沖縄から出撃した米軍も参加した。そのたびに多くの県民が「戦争反対」と「基地撤去」を叫びつづけた。彼らは、出撃した米軍がそれぞれの「敵地」で多数の一般市民を殺すことを、沖縄戦の体験に重ね合わせて理解できた。だから、そのような殺人への加担に多くの県民はいたたまれない気持ちになるのである。

湾岸戦争のときには、戦争に反対する二四時間のハンストをはじめさまざまな抗議行動が展開された。遠い異国の戦争とはいえ、沖縄戦で「鉄の暴風」と形容されるほど激しい米軍の無差別砲爆撃にさらされた体験をもつ沖縄の民衆には他人事とは思えなかった。ハンストの現場に足をはこび、「あのときわれわれの頭上に降りそそいだ砲弾が、今、アラブ民衆の上に降りそそいでいるかと思うと、居ても立ってもいられない」と語る市民もいた。

ファルージャへの米軍の第二次総攻撃が伝えられると、沖縄選出の糸数慶子参院議員は参院財政金融委員会でこの問題を取り上げ、「米軍のこのファルージャ攻撃、そして住民への無差別攻撃に沖縄の海兵隊が直接参加しているということは、沖縄県民にとって本当にいたたまれない状況であります。また沖縄がテロ攻撃の対象になる危険性もふくんでいる」と述べた。そして「沖縄からファルージャ攻撃参加が行われていること、今のその沖縄が置かれている現実についてどう思われるか」と、谷垣禎一財務相の見解をただした。谷垣は「私自身は、具体的に沖縄の海兵隊がファルージャの掃討作戦に参加しているかどうか承知はしておりません」と答えた。

九五年には米兵の女児暴行への県民の怒りが爆発し、イラク戦争開始から間もない二〇〇四年には米軍普天間基地近くの沖縄国際大学に米軍ヘリが墜落、炎上した。ヘリ墜落に対する県民の怒りは全県に高まり、事故現場の宜野湾市の伊波洋一市長だけでなく、自民党県連はじめ各政党は相次いで事故に抗議するとともに、普天間基地の早期返還を政府に要請した。宜野湾市民大会には三万人（主催者発表）が参加し、同基地の早期返還や全米軍機の民間地上空での飛行停止などが決議された。

平成天皇が戦後も沖縄でつづく「戦争」について発言しなかったのは、「天皇メッセージ」と関係しているのかもしれない。

同メッセージは、日本国憲法が施行された直後の一九四七年九月に、昭和天皇が側近を通してGHQに伝えたもので、米軍による沖縄の軍事占領の継続を希望し、それが「米国に役立ち、また、日本に保護を与えることになる」としている。また沖縄の統治方式にも言及して、「天皇がさらに思うに、アメリカによる沖縄の軍事占領は、日本に主権を残存させた形で、長期の、二五年から五十年ないしそれ以上、貸与をするという擬制のうえになさるべきである」とも述べている。一九七九年に明らかにされた同メッセージは、日本の安全のためには沖縄を犠牲にしてもいいという考え方が、沖縄戦から戦後の現在まで続いていることを示すものとして、沖縄県民に大きな衝撃を与えた。

キーンの衝撃的手紙と辺野古

平成の終わりが間近にせまった二〇一九年二月、米軍普天間飛行場の名護市辺野古移設にむけた沿岸部の埋め立てについて、沖縄県民の七割が県民投票で「反対」を表明した日、日本文学研究者のドナルド・キーンの訃報が伝えられた。二つのニュースに直接の関連はないが、私は一九八七年の琉球新報のある記事を思い出した。筆者は大田昌秀琉球大学教授。

沖縄戦や戦後の米軍政について米国で資料収集をつづけてきた大田は、米軍の日本語通訳官だった若きキーン・コロンビア大学教授の手紙の中に「ショッキングな事実が記録」されているのを知った。キーンは戦時中、沖縄にも来たことがあり、同じテントに起居していた一米軍中尉との会話を記したものだった。「真実の苦さ　非人道的悪業の戦争　証拠資料が語る衝撃の真実」という見出しがついた大田の「日曜評論」（一九八七年八月二三日）には以下のようなことが書かれている。

その中尉は、日本人は生来邪悪だから絶滅すべきだと主張し、その一例として、ニューギニアその他で行われた「人肉食」を挙げた。中尉が日本軍の捕虜に対して恐ろしい行為じゃないかと話したところ、日本人捕虜はこう答えたという。「もしあなたの戦友が、自分は死ぬことを知っていて『おれの肉を食って生きのびてくれ』と言ったらどうします。おおぜいの人が生きるために個人を否定する犠牲的精神に打たれませんか」。

これについてキーンは、「もちろん、ニューギニアで食われた人たちが、そんなふうに頼んだかどうかは分からないが、共同の利益という形でなら一群の人が生きるためには、人間の肉を食ってもいいと日本人は考え得るという事実は残る」と述べている。

そして、大田が「とりわけキーン氏のつぎの記録に、私は、戦慄を禁じえなかった」として明らかにされるのが、日本軍が生きのびるための人肉食で最初の犠牲とされたのが沖縄人だったという事実である。キーンの記録によると、その事実はグアム島で起きた食人事件の裁判で二人の日本兵捕虜が証言したもので、犠牲者は日米戦争前からグアムにいた沖縄人と十二、三歳になる沖縄人の少年だった。この事実は、「沖縄戦から戦後にかけての『日本』と沖縄とのいびつな対応関係を示唆して余りある」と大田は書いている。

大田は、沖縄師範学校の学生のとき、沖縄戦で鉄血勤皇隊に動員され多くの学友を失った。彼は生涯、反戦・平和の姿勢を貫き、一九九〇年に知事に当選してから二期八年にわたり米軍基地問題の解決を訴えつづけた。大田知事の遺志は、辺野古移設反対の翁長雄志知事、玉城デニー知事へと受け継がれ、今回の県民投票の結果となった。

奇しくもその同じ日に九六歳の生涯と閉じた「反戦主義者」キーンに、琉球新報は九五年の同紙主催の講演会でキーンが語った言葉を紹介して弔意を表している。キーンは沖縄戦について「無意味に大勢の人が死んだ。生涯忘れられない」と語り、沖縄の友人との思い出を振り返った。沖縄戦で亡くなったすべての人びとの氏名を国籍や軍人、民間人の区別なく刻んだ、糸満市摩文仁の「平和の礎」では、「いつの時代も戦争を始める理由はたくさんあるが、戦争は大変な誤りだ。二度とあってはならない」と平和の大切さを強調した。

先のキーンの手紙の一節、「共同の利益という形でなら一群の人が生きるためには、人間の肉を食ってもいいと日本人は考え得るという事実は残る」に、引用者の大田はわざわざ原文にはない傍点をふっている。

沖縄は、日本のアジア侵略と連動する「琉球処分」以来、本土から差別され、アジア太平洋戦争末期には本土防衛のための〝捨て石〟として米軍との地上戦の舞台とされ、さらに戦後も天皇メッセージで日本の安全のための米軍の軍事占領を正当化された。そしていま、安倍政権は沖縄の民意を無視して米軍の新基地の建設を強行することで、「辺野古」を新たな沖縄の犠牲リストに加えようとしている。平成天皇も、この現実を「戦争」とは認識しない。

こうした沖縄の運命をアジアがどのように見ていたかも確認しておこう。平成天皇が日越友好のシンボルとしたベトナムの独立運動家ファン・ボイ・チャウは、来日前年の一九〇四年に『琉球血涙新書』を著した。日本に滅ぼされた琉球亡国の惨状をえがき、ベトナム民族の独立を論じ、琉球の悲劇に陥らないための対仏植民地闘争への決起を訴えたものである。彼は、日露戦争で大国ロシアに勝利したアジアの国の近代化に学ぼうと東遊運動をはじめたが、その一方で沖縄を植民地的支配によって苦しめる日本のもうひとつの姿を見落さなかった。日本は、みずからの帝国主義的利害を守るために日仏協定を締結すると、チャウを日本から追放したことはすでに述べた。

一九四〇年、日本軍はチャウの故郷である北部仏印（ベトナム）に進駐、日仏両帝国主義からの解放をめざすベトミンと戦うが、日本の敗戦とともに撤退。しかし、第二次大戦後に独立を達成したベトナムに米国が六〇年代以降に軍事介入を強め、それがベトナム戦争へと拡大すると、日本政府は米国の侵略戦争を支持し、沖縄は米軍のベトナムへの出撃基地の役割を担わせられた。そして沖縄は、七二年の本土復帰後も米国の軍事的植民地に等しい地位を押しつけられ、湾岸戦争、イラク戦争でも米軍の出撃拠点となっていく。つまり日本最南端の地は、本土のアジア侵略政策に翻弄されつづけてきたといえよう、明治以降は琉球処分、そして戦後は米国の侵略戦争支援の軍事基地として。

過去との対決を避ける日本のメディア

GHQによる天皇とメディアの戦争責任免罪

日本のメディアは戦後一貫して、昭和天皇の戦争責任を問うことを避けてきた。その理由はいくつかあるだろうが、メディアも天皇とともにマッカーサーによって戦争責任を免責されたことと無関係ではないだろう。

マッカーサーの補佐機関として占領政策を進める連合国軍最高司令官総司令部（GHQ）は、日本の非軍事化と民主化のために政治、経済、社会の諸制度の改革政策を矢つぎ早に打ち出していった。

改革の波はメディアにもおよんだ。一九四五年九月二九日、GHQは新聞、映画、通信に対する一切の制限法令の撤廃を指示、十月四日には治安維持法廃止、天皇制批判の自由、政治犯の即時釈放などの指令をだした。これで日本側の言論統制のしくみはほぼなくなった。

しかし、民主主義を上から権威主義的な方法で実現しようとするマッカーサーのやり方は、いくつかの矛盾をはらんでいた。

おなじ敗戦国でもドイツで採用された直接統治の軍事支配と違って、日本の占領は、既存の政治組織をつうじて「間接的に」行われた。このため、敗戦以前の日本の政治体制のなかでも最も非民主的、かつ総力戦の中心的役割を担った制度を支持することにならざるをえなかった。天皇制と官僚制とメディアである。GHQが日本政府をつうじて占領政策を円滑に進めていくためには、天皇の権威の利用と行政機構が不可欠だった。占領政策の日本人への宣伝・啓蒙活動という緊急課題のためには、メディアの戦争責任を追及してそのシステムを混乱させるよりは、戦時の宣伝・報道を担ったメディアの仕組みをそのまま利用するほうが望ましかった。

その結果、天皇は戦争の責任をとって退位することなく、四六年五月からはじまる極東国際軍事裁判で戦犯の被告席に座ることもまぬかれた。内務省は解体されたものの、官僚制は本質的に手つかずのままとされ、日本の官僚は、戦争にむけて国家総動員を進めていた絶頂期よりも実際にははるかに大きな権限と影響力を獲得することになった。総力戦体制の一翼を担うために、軍・政府によって再編された新聞の全国紙・ブロック紙と一県一紙の併存体制は、戦後もそっくり維持され、経営基盤は温存された。実質的には国営放送として戦争遂行政策に大きく加担してきた社団法人日本放送協会へのちにＮＨＫと改称）についても、ＧＨＱは若干の組織改編を指示するにとどめ、ラジオ放送の宣伝力を活用すべく存続を認めた。

こうして日本の新聞は、地上戦がおこなわれた沖縄の「沖縄新報」が戦争で消滅した以外は、五七の日刊紙すべてが戦後も存続しただけではない。経営陣も記者も敗戦後、政府・軍部とともに国民を無謀な「聖戦」へと駆り立てた責任を取ることなく、少数の例外を除いてそのまま新聞製作にたずさわった。そして「鬼畜米英」「徹底抗戦」を叫んでいた新聞は、一転してＧＨＱによる日本の平和国家、民主国家としての再建への参加を国民に呼びかけた。ジャーナリストたちは、かつて自らが掲げた「正義」の根本的な検証は棚上げにしたまま、新たな権力者の「正義」の旗振り役に転身したのである。情報を発信する主体が、大日本帝国から、占領軍と、占領軍に統制された日本政府にシフトしただけとも言えよう。

メディアが天皇の戦争責任の追及に及び腰だったのは、天皇制・官僚制・メディアというマッカーサーによる三位一体の免責共同体の一員だったことと無関係ではないだろう。

昭和天皇は、初の訪米を終えて帰国したあとの一九七五年十月三一日、皇居でおこなわれた記者会見で、訪米の成果について問われると、「日米両国の友好親善が深まると信じている」述べた。しかし、天皇の戦争責任について問われると、「そういう言葉のアヤについては、私は文学方面を研究していないのでわかりません。したがってそういうことにはお答えできません」とかわした。つづいて、「原爆投下の事実を陛下はどうお受け止めになりましたでしょうか」との質問に対しては、「遺憾に思っているが、戦争中のことでもあり、市民に対して気の毒だったが、やむ得ないことだと思っています」

と述べた。

戦争責任について質問したのは、英国メディアの記者だった。原爆投下の質問者は、広島から上京した中国放送記者だった。いずれも在京の日本のマスメディアではなかった。

内外記者五〇人が出席した会見の様子は、同日夕のテレビで放映され、新聞は翌十一月一日付朝刊の一面トップで報じた。だが、朝日、毎日、読売は、戦争責任と原爆投下に関する天皇発言について社説で論評することはしなかった。

そして一九八八年九月の天皇重体報道とともに、全国に「自粛」ムードが広がり、翌八九年一月七日の天皇死去を報じる新聞、テレビは、昭和天皇を「慈悲深い平和主義者」に仕立て上げた。開戦防止は立憲君主として不可能だったがその制約を超えて終戦の「ご聖断」を下した苦労や、戦後の平和と繁栄への象徴としての貢献、天皇の人柄の賛美、そして新天皇への期待とそのもとでの国民統合が各紙の基本的なトーンだった。

海外メディアのヒロヒトの死報道

昭和天皇の死去は世界のほとんどの国のマスメディアでトップニュースとして流されたが、多くはヒロヒトの戦争責任を問うものだった。

韓国の東亜日報は、アジア諸国に対する日本の支配が「天皇」の名で行われたことは厳然たる事実であると指摘、「にもかかわらず、彼の戦争責任は峻厳に問われていない。ドイツやイタリアとは異なる戦後処理だ」と書いた。英紙タイムズは、天皇だけでなく日本人の戦争への向き合い方にも目を向けた。ヒロヒトの死は、彼の名の下で行われた侵略戦争の犠牲者に哀悼の気持ちよりも苦痛に満ちた記憶を呼び起こすだろうから、「その死を喜びとさえ感じる人がいるかもしれない」。また「ヒロヒトが戦後も天皇であり続けたことは、日本人の戦争への罪悪感を軽減させ」、ヒロヒト個人が果たした役割について今も覆い隠されたままなのは、「西洋の目では集団的な責任隠しと映る」と手厳しい。

米紙ニューヨーク・タイムズは、歴史家や日本国民自身の間では、ヒロヒトが戦争中に果たした役割の詳細な点については意見が分かれているとしながらも、「彼はその後、日本が目覚ましい勢いで繁栄し、大国となっていく過程で、国民統合の象徴としての役割を果たしきった」と評した。

こうした海外メディアの論調も日本の新聞にわずかながら紹介されたものの、圧倒的な「平和主義者」昭和天皇の報道によって片隅に追いやられてしまった。

国内でも沖縄のメディアは本土とは異なっていた。沖縄タイムスは「『天皇メッセージ』の真相」と題する社説を掲載した。天皇メッセージの真相について一九八八年の天皇の記者会見で記者が質問しようとしたところ、宮内庁に「尋問のような質問にお答えいただくわけにはいかない」と拒否された事実を明らかにし、「直接、ご本人からお伺いする機会は永久に閉ざされてしまった」と記す。そして「平成の時代に移ったが、沖縄は昭和を忘れるわけにはいかない。住民を巻き込んだ悲惨な沖縄戦、戦後も安保条約の下で膨大な米軍基地を押し付けられている沖縄。二度と沖縄が本土防衛の〝捨て石〟になるようなことがあってはならない。沖縄戦の体験を抜きにして平和は語れない。時代が変わっても、沖縄が『昭和』を問い続ける理由である」とむすぶ。

他者の鏡（沖縄も本土日本の中心部から見れば周辺の他者扱いされがちである）に映し出された自己像

からは目を背け、「日本の物語」が優先されるというメディアの基本姿勢はその後もさまざまな形で繰り返され、私たちの戦争の記憶と戦争責任認識をますます貧困にしていく。天皇報道も例外ではない。

平成から令和への天皇の代替わりと足並みを揃えるようにして進行したのが、日韓関係の悪化だった。そういう状況だからこそ私たちは、日本の植民地支配、朝鮮人虐殺、天皇制などについて議論を活発にし、二一世紀の新しい共生のビジョンを考える好機とすべきだった。だが政治家もメディアもそのような重いテーマは素通りし、平成天皇の「戦争のなかった時代」発言と平和の旅を疑うことなく、「令和の新時代」の歓迎ムードを盛り上げた。天皇の慰安婦への謝罪を求める韓国国会議長の発言は、あたかも〝不敬〟であるかのようなヘイト発言を浴びせられた。世界の流れとは無関係に、元号の改称によって新しい時代が到来するかのような内向きのナショナリズムに国民は踊らされた。

第4章 荒れ野を脱する

過去を直視するドイツの国民とメディア

他者の鏡の中の自己像に向き合う

アジアの隣人たちが私たちに求めているのは、他者の鏡に映し出される自己像と向き合いながら、自国の負の歴史を謙虚に問い直し、謝罪と和解の道を歩むことである。日本になぜそれが出来ないのか、それを可能にするにはどうすればよいのかを探るために、そのような努力をつづけてきた欧州とアジアの国の具体的な歩みをメディアの果たした役割とともにたどってみたい。

ドイツは、日本と同じ第二次大戦の敗戦国であり、戦後復興と国際社会への復帰が最大課題だった。両国とも平和と民主主義を尊重する国に生まれ変わり、経済発展に成功した点では変わりなかったが、戦争の病根を剔抉することで国際社会において尊敬される地位を占めるに至ったかどうかとなると、対照的である。

連合国の米国占領地区、西ドイトでは、ナチス協力者を新聞界から排除するため、いったんすべての新聞の発行を禁止し、厳重な資格審査のすえ、新しい新聞の発行を認める措置がとられた。許可は、ナチ党員およびその他の国家社会主義団体のメンバーであった者、党員でなくても第三帝国の新聞に積極的に協力した発行者や記者には与えられなかった。このようにして過去の膿を出し切ったうえで、一九四八年に成立したドイツ連邦共和国（西ドイツ）の基本法（憲法）で、国民の知る権利、出版・報道の自由、検閲の禁止などが規定され、新聞の自由がよみがえる。

米国の直接統治下にあったドイツと間接統治だった日本という違いはあるものの、新生ドイツは政治指導者もメディアも過去と果敢な対決を続けてきた。

ドイツは、ナチスの戦争犯罪を裁いたニュルンベルク国際軍事裁判のあとも、しばらくは自国の負の歴史を自らの手で明らかにして責任者を追及しようとはしなかった。だが、日本よりはやく五〇年代に「奇跡の経済」を達成し、高度経済成長による社会変容が進むとともに新しい世代に担われた新しい価値観が生まれる。大きな転機となったのが、六〇年代後半からの学生反乱である。若者たちは、罪を認めないドイツに対する周辺国の猜疑心から目をそらさなかった。既成の価値観に激しく反抗する若者たちの反乱の嵐は欧州各国や日本でも吹き荒れたが、ドイツの若者たちは親の世代の戦争責任もきびしく追及した。

公共の場では知識人らの歴史論争も展開された。ホロコーストに関わった収容所幹部を裁くため六三年から六五年にかけて行われたアウシュビッツ裁判を皮切りに、ドイツ人自身の手による戦犯裁判が軌道に乗っていく。そしてドイツは、みずからの歴史に正面から向かい合うことをつうじて戦争責任への対応だけでなく、戦前からの権威主義的な社会のありかた全体がおおきく変わった。平和と民主主義が定着したのである。

学生反乱の中心となった「六八年世代」が、その後のドイツ社会、とくにマスコミと教育の領域で影響力を広げていき、過去との対決をつづけるメディアの姿勢は不動のものとなった。

東京裁判で戦勝国によって戦争犯罪を裁かれたあとは自身の手で戦争責任を追及する努力を怠り、侵略戦争で手を汚した指導者らが保守政権に君臨し、保守派の人びとがメディアなどでこの裁判を「勝者による政治裁判」と批判するだけの日本と、ドイツはこの点で異なる。

六九年のヴィリー・ブラント政権の登場は、戦争責任問題をめぐるドイツと日本の相違をこれまで以上にはっきり印象づけた。東方政策を展開する社会民主党のブラント首相は、七〇年にポーランドを訪れ、ワルシャワのゲットー蜂起記念碑にひざまずいて頭を深くたれた。ブラントは、反ナチ活動によって戦争中は北欧への亡命を余儀なくされ、個人的には戦争責任とはまったく無縁である。その彼が、ナチスドイツの戦争犯罪を謝罪する姿はメディアをつうじて世界に感銘を与えた。ブラントはドイツが侵略した国々や人びととの積極的な和解政策を評価され、七一年にはノーベル平和賞を受けた。

一九八五年五月八日の終戦四〇年記念日には、リヒャルト・フォン・ヴァイツゼッカー大統領が、議会で演説し、「過去に目を閉ざす者は、結局のところ現在にも盲目となります。非人間的な行為を心に刻もうとしない者は、またそうした危険に陥りやすいのです」と訴えた。この一節は、戦争責任の受けとめ方のドイツと日本の違いを示すものとして、日本でも大きく報じられた。

ヴァイツゼッカーは、ブラントのような反ナチ活動の経験がある革新陣営の政治家ではなく、保守のキリスト教民主同盟の指導的政治家である。父親は開戦時の外交官で、戦後はニュルンベルク裁判で戦犯として有罪判決を受けた。ヴァイツゼッカー自身も、一九三〇年のポーランド侵攻に従軍したさい、同じ連隊にいた兄を失っている。そのような個人的体験と深い葛藤をかかえる人間として、大統領は演説で、どこの国民であれ自らの過ちに正面から向き合うことの難しさがあることを認めながら、過去の非人間的行為を「心に刻む」ことの大切さを強調した。それなくしては、正しい未来も築けないからである。この真摯な態度が、大きな感動を呼ぶ名演説を生み出したのである。

大統領退任後の二〇〇一年にヴァイツゼッカーにインタビューした毎日新聞ベルリン支局の篠田航一は、老政治家の執務室に、一八世紀末に『永遠平和のために』を書いたドイツの哲学者イマヌエル・カントのミニチュア像が置いてあるのに気づいた。元大統領はカント像を指さして、孫ほどの年齢差のある日本人記者にできるだけ多くの本を読むようにすすめ、「特にカントは読んでほしい。私はこれ（カントの前掲書）をナカソネ（中曽根康弘元首相）にも贈ったことがある」と述べた。

「地球の未来」について語るヴァイツゼッカーが、こぶしを振り上げて熱を込めたのは、意外にも日中関係だった。「簡単な関係ではないのは知っている。だがもっと改善できるはずだ」と強調した。

元NHK記者の在独ジャーナリスト熊谷徹は、「この国ほどメディアが自国の戦争犯罪について頻繁かつ詳しく報道する国は、世界のどこにもないと感じている。ドイツのメディアは、過去との対決の中で極めて重要な役割を果たしている。その内容、頻度は日本とは比べ物にならない」と書き、その一例として、ユダヤ人などナチスの暴力支配の犠牲者を追悼して二〇一三年一月三〇日に連邦議会で行われた式典を挙げている。アウシュビッツ強制収容所がソ連軍によって解放された一月二七日に合わせた毎年恒例の催しだが、同年はヒトラーが政権奪取した一九三三年一月三〇日から八十年にあたるため、この日に日程を変更した。

連邦議会のノルベルト・ラマート議長は、「ナチスの台頭は事故ではなかった。偶然に起きたものでも、避けられないものでもなかった」と述べた。ヒトラーという犯罪者が最高権力を握ったのは、国民が選挙という民主的な手段で彼の政党を積極的に選んだ結果だった。「ヒトラーを選んだドイツ国民も、責任を免れない」というのが、同議長のメッセージだった。

式典に関する記事は、多くの新聞の一面トップに掲載された。式典には、ナチス支配下のベルリンに潜伏して虐殺を免れたユダヤ人女性イング・ドイッチュコルン（九一）が、アンゲラ・メルケル首相をはじめとする閣僚、議員らの前で自分の経験について講演した。保守派の高級紙フランクフルター・アルゲマイネは、この講演の全文で一ページすべてを埋めた。ニュース専門の放送局フェニックスが式典の模様をテレビで生中継した。

熊谷は、「我が国で、太平洋戦争の被害者が日本によって迫害された経験を交えながら国会で演説し、新聞がその全文を掲載することはありうるだろうか。今の日本ではまず不可能だろう」と書き、この事実ひとつ取ってみても、おなじ敗戦国である日本とドイツが過去六八年間に歩んできた道がいかに異なるかを強く感じるという。

このようにしてドイツは、政治指導者も国民、メディアもナチスの過ちに対する自らの責任を明確に認めて謝罪し、それを欧州諸国と国際社会に行動によって示すことでドイツが再び欧州の一員として迎え入れられる道をひらき、さらにEU（欧州連合）に至る地域の平和と経済発展に主導的な役割を果たすことを可能にした。一方、日本は、同じ敗戦国として戦後再出発しながら、いまだにアジア諸国に対して戦争責任のきちんとした謝罪ができず、東アジア共同体構想でも歴史認識で関係国との足並みがそろわず入り口でもたついている。

イラク侵攻反対で戦後最大の平和行進

両国の違いは、米国のイラク侵攻への対応でも明確となった。日本政府は積極的に支持し自衛隊を派兵したが、ドイツは政府、国民ともに国連の承認なしの侵略戦争に反対した。米国のいうフセイン政権の大量破壊兵器保持にたいして、ドイツはフランスとともに国連による査察の継続を主張し、ゲアハルト・シュレーダー首相はテレビ演説で「イラクの独裁者の脅威は、罪のない多くの人びとを間違いなく殺す戦争を正当化できるほどのものなのか？　私の答えはノーだ」と述べた。

米英軍のバグダッド攻撃が開始された二〇〇三年三月二〇日、ベルリンでは五〇万人の市民が「大義なき戦争」に反対の声を上げる戦後最大の反戦平和行進が行われた。中高生らも授業をボイコットして多数参加した。中学生たちは、授業で学んできた基本法（憲法）の「国際法は国内法に優先する」（二五条）、「侵略戦争の禁止」（二六条）を実践したのである。東京でも反戦の集会と行進があったが参加者は五千人ほどで、ましてや中高生の姿などは見られなかった。自国の過去と対決した国とそうでない国との違いであろう。

メディアも開戦時のバグダッドに踏みとどまり、取材をつづけた。公共放送ZDF（第2ドイツテレビ）は、四月九日のバグダッド陥落の前後にイラク側から撮影した戦闘の映像を放映した。画面には真横に線を引いて飛んでくる銃弾、そのなかを猛スピードで後退するイラクのパトカーが映し出された。薄暗い部屋には銃を手にするイラク兵が虚ろな目で座り込んでいる。ＺＤＦはその後も米軍の管制から離れた取材でスクープを放つ。四月一二日、米軍に投降する直前のサーディ大統領顧問（科学技術担当）に独占インタビューし、「いまのイラクに大量破壊兵器は存在しない」との証言を引き出した。

日本の新聞、テレビは、開戦前に米国メディアとともにバグダッドから退去してしまっていた。

ドイツではいまも、ナチスの戦犯に時効はない。基本法の第一条は、自国の過去の犯罪への反省にもとづいて、「人間の尊厳は不可侵である」と記している。政府と経済界は、ナチス統治下のドイツ企業で強制労働をさせられた人々を補償するため、計百億マルク（約五三〇〇億円）を供出して基本財団「記憶・責任・未来」を二〇〇〇年に設立した。強制労働に従事した人はソ連や東欧で約八〇〇万人に上り、財団発足時の生存者は一二〇～一五〇万人とされる。強制労働の犠牲者は、一人あたり五〇〇〇マルク（約二七万円）から一万五〇〇〇（約八〇円）の補償金を財団から受け取ることができる。

韓国の「記憶の戦争」

「反共聖戦」の神話に挑む

ナチスの罪を直視することを通じて「過去に目を閉ざす者は、現在も見えなくなる」と訴え、世界の人々に深い感動を呼び起こしたドイツのヴァイツゼッカー大統領の名演説は、「荒れ野の四〇年」と題されている。この演題に関連して、彼は旧約聖書の次の一節を引いている。「イスラエルの民は、約束の地に入って新しい歴史の段階を迎えるまでの四十年間、荒れ野に留まっていなくてはなりませんでした」。敗戦国ドイツの国民が自国の負の歴史を心に刻み込むまでには、多くの時間を要したのである。

そのドイツと同じように、いまアジアで、荒れ野を脱して新しい歴史の段階に入ろうとしている国がある。韓国である。

韓国は、日本の植民地支配に苦しめられた国であり、その歴史的真実から日本が目をそむけないよう求めつづけている。その韓国民が直視しなければならない自国の歴史の真実とは何なのか、またそれを記憶として心に刻む行為がどのような約束の地へと人々を導こうとしているのか。

韓国のメディアと市民が新しい歴史を切り拓くために取り組んでいるのは、ベトナム戦争に派遣された韓国軍による民間人虐殺の真相究明である。彼らは、その真実理解の上に立って、ベトナムの民衆への謝罪と和解の活動を進めている。それは、日本帝国主義の「被害者」が同じアジアのそれも、やはりフランスの植民地支配に苦しんだ国に対して「加害者」でもあったという苦い発見から出発しなければならなかったという点で、ドイツとは異なる屈折した道をたどった。

韓国は、一九六五年から七三年までに、計三二万人以上の部隊をベトナムに派遣した。

その時の光景は、当時を知る世代の国民の記憶にはいまも残っている。小説家のキム・ナミルはこう記している。「雨降る釜山港、太極旗（国旗）を打ち振る女子高生、花輪を首にかける恋人、自由の十字軍に断固として勝利を命ずる背の低い大統領（朴正熙）、広場に鳴り響いたファンファーレ、自由大韓のためにお前たちは集まった、その名前は猛虎部隊、勇士たちよ。……まもなく船は離れ」。こうした光景は、政府が制作した映像ニュース「大韓ニュース」や新聞などのメディアで人々に伝えられた。

韓国にとってベトナムは、ほとんど未知の熱帯の国だった。そこに次つぎと大部隊を送り込んだのは、共産主義の敵から南ベトナムを守るためという米国のベトナムへの軍事介入の大義を支持するためとされた。韓国は北朝鮮の共産主義と対峙する国であり、韓国軍のベトナム派兵は国益の点からも異論はないはずだった。「反共聖戦」という大義への疑問や批判の声は上がらなかった。

南ベトナムにおける韓国軍は、その勇猛ぶりとともに、南ベトナム解放民族戦線（ベトコン）とは無関係な民衆を各地で虐殺する残忍さで戦争中から現地では話題になっていた。しかし韓国では、住民虐殺の事実は知られることはなかった。米軍がクアンガイ省ソンミ村で女性と子どもをふくむ無抵抗の村民五〇四人を虐殺した事実が六九年に米国メディアで大きく報じられ、反戦の声が米国だけでなく世界各地に広がっていった後も、韓国での戦争認識は基本的に変わらなかった。

自分たちは日本の侵略と戦ってきた国民であり、その被害国民が外国で加害者になるなどということはあり得ない話であった。五千人前後の韓国の将兵が遺骨となって無言の帰国をしても、彼らは共産主義の悪との戦いで祖国に殉じた英雄であり、自由の戦士たちが米軍のソンミ虐殺に勝るとも劣らない戦争犯罪に手を染めているはずはないと信じられてきた。酒席などは、帰還兵らのベトナムでの武勇伝が花盛りだった。

この「神話」に風穴を開けたのが、ハンギョレ新聞の発行する週刊誌「ハンギョレ21」の九九年五月六日号に掲載されたスクープ記事だった。「ああ震撼の韓国軍」と題され、筆者は通信員の具秀姃《クスジョン》。韓国軍がベトナムのニントゥアン省とビンディン省で行った住民の虐殺事件を資料と現地調査にもとづいて明らかにした内容だった。

ベトナムのホーチミン市の大学院でベトナム現代史の勉強をしていた彼女がこの記事を書くきっかけとなったのは、ある日入手したベトナム共産党政治局の資料だった。最初はそこに記されている韓国軍の住民虐殺の事実をにわかには信じ難かった。これまでの韓国政府の公式見解や世論とはかけ離れた内容であり、もしこれが真実なら、それまで自国の軍隊はどこの国でも悪事をはたらいたことはないという韓国民の誇りを傷つけるものだったからだ。

具がこの記事を書く少し前の同年四月に、韓国軍のベトナム戦争中の行動を明らかにしようとするNGO「ナワウリ」の代表、金賢娥《キムヒョナ》らがベトナムにやって来た。具はナワウリのメンバーらに入手した資料を見せ、通訳を兼ねてその資料をもとにした調査旅行に同行した。最初に訪れたのは、ニントゥアン省ファンランにあるリンソン寺だった。

六九年一月に僧侶が四人殺され、一人だけ生き残った僧侶から虐殺の様子とそれに対する周辺地域の学生と僧侶らによる激しい抗議行動について聞くことができた。ナワウリのメンバーから、ビンディン省博物館が編纂した虐殺に関する資料の存在も知らされた。両省の資料と現地調査をまとめて、ハンギョレ21に記事を送った。

編集部で彼女の記事に注目した高曔兌《コギョンテ》記者は、この問題を単発記事で終わらせるのではなく、シリーズ物のキャンペーン企画として展開しようと思った。具はこれに応えてさらに多くの地域をまわって証言を集め、連載記事を書いた。ハンギョレの記者たちは、参戦軍人たちへのインタビューや米国の公開資料、具のベトナムでの現地取材によって虐殺事件の全体像を明らかにしていくと同時に、虐殺報道への国内の知識人や人権活動家、作家、医師グループなどの取材を重ねた。それをふまえてハンギョレ21は、ベトナム戦争に参戦した韓国軍の虐殺行為に対してベトナムに謝罪しようとするキャンペーンを九九年九月から開始した。

反響は、予想を超える大きさだった。参戦軍人たちを中心とする保守勢力は、ハンギョレの一連の報道とキャンペーンを亡き戦友と自分たちの栄誉を冒とくするものとして猛反発した。ベトナムへの謝罪キャンペーンが開始された翌年六月には、迷彩色の軍服を着た元従軍将兵二四〇〇人がハンギョレ新聞の社屋を包囲して抗議デモを行い、一部が内部に乱入した。彼らはパソコンや地下駐車場の車を破壊、同紙の幹部数人を監禁した。警察官二〇〇〇人以上が出動して彼らを排除、四〇人以上が連行され、逮捕者も出た。デモは翌日、翌々日も繰り返され、私服で社内に侵入した参戦軍人が「社屋を爆破する」と予告したため、警察犬を導入して捜索する事態となった。

しかし、ハンギョレは屈しなかった。同紙の報道に対する多くの市民の強い支援があったからである。ベトナムへの謝罪キャンペーンの募金には、一億一千万ウォン（約一千万円）が寄せられるなど幅広い共感を呼んだ。

韓国軍のベトナム民衆虐殺の真相究明へ

ハンギョレ新聞は、朴政権時代に民主化を主張したために朝鮮日報や東亜日報を解雇された記者たちによって、自由な言論活動をめざして八八年に創刊された。長年の民主化闘争が勝利をおさめ、八七年に盧泰愚《ノテウ》政権が「民主化宣言」を発表、軍政に終止符が打たれた翌年のことだ。

「ハンギョレ」とは「一つの民族」の意味で、民族の和解と統一、民主化への尽力、労働者・農民・都市貧困層の利益の代弁が編集の基本方針とされた。この新興紙の特筆すべき点は、こうした理念を紙面づくりで貫徹するためには「権力と資本からの独立」が不可欠として、立ち上げ資金を国民一人ひとりが株主になってもらうことで賄うという世界に例を見ない方式に依ったことである。あらゆる階層、職種の市民が出資し、株主は六万人を超えた。

軍政から民政に政治体制が変わっても、軍事政権下で権力を握っていた保守勢力は依然として各界に影響力を行使し、民主派勢力との対立はつづいていた。それでも、民主化の進展とともに、開発最優先の独裁国家の下で置き去りにされてきた人権、貧困、環境などの問題に取り組むＮＧＯ、市民活動、労働運動などが着実に成長していった。

ハンギョレ新聞はこうした時代の新しい流れに呼応して、政治、経済、労働、社会などのさまざまな問題について軍政時代のタブーに挑戦する報道をつづけることで読者数を増やしていき、九九年に新たに切り込んだ聖域が韓国軍のベトナム民衆虐殺である。「私と私たち」を意味するナワウリも、その前年に設立された。

ベトナム戦争中の韓国軍の虐殺事件の真相究明の動きは、こうした歴史的転換期のうねりの中から生まれてきたことをまず確認しておく必要があるだろう。

ハンギョレと共に運動で中心的役割を果たしたナワウリの金代表はそれを、「戦争の記憶」をめぐる「記憶の戦争」と位置づけている。それまで国家によって国民の脳裏に刷り込まれていた「公定の記憶」を問い直し、それとは異なる新たな戦争の記憶を国民が共有していこうとする挑戦である。そしてそれは、自分たちのナショナル・アイデンティティの再構築につながるはずである。運動の展開を、金賢娥がまとめたナワウリの活動記録と、この問題に関心を持った日本のベトナム研究者伊藤正子の調査研究で追ってみる。

「ごめんなさい、ベトナム」

「もうひとつの記憶」に出会う

ベトナムの「ドイモイ」(刷新) 政策に乗って外資の参入が進み、首都ハノイやホーチミン市 (旧サイゴン) などの大都市では韓国の企業も増えてきたが、地方の民衆にとっては、ナワウリの一行はベトナム戦争後三十年以上ぶりに見る韓国人だった。韓国市民団体にとっても初めての訪越だった。六七年生まれの金はじめメンバーはこの戦争をほとんど知らない若い世代である。戦争の記憶といえば、親の世代から受け継がれてきた「自由の十字軍」の武勇伝が支配的だった。だが一行が出会ったのは、「もうひとつの記憶」だった。

フーイエン省のブンタウ村で、ルオン・ティ・フォイは六五年一二月一〇日の朝七時ごろに起きた惨状を話してくれた。

突然村にあらわれた韓国軍は、村民にいきなり発砲しはじめた。ルオンは臨月だった。五歳になった二番目の子を抱いて広場に座っている、お腹が大きい彼女にも銃が放たれた。赤い血が噴き出し、子どもは胸のなかで息絶えた。悲鳴をあげて逃げる彼女の耳もとを銃弾がかすめた。鼓膜が破れるような銃声、悲鳴、わめき声、聞いたことのない異国のことば……。気を失った。

村の住民は五〇〜六〇人、そのうち四五人の命が奪われた。大部分が女性と子ども、老人だった。家族を全員失った人もいた。この事件を機に解放戦線の遊撃隊員になったチュオン・ヴァン・ホアは、「私たちは韓国軍の敵ではなかった。なぜわれわれが殺されたのか、わからない」という。

ヴァイスアン村のグエン・トイは、村長と人民委員会主席同席の場で、金たちが韓国人であることを知ると表情を変えた。五集落で百余名が殺された。生き残った彼は、民間人だったがベトコン容疑で韓国軍に逮捕され、銃で殴られて片目を失明、さらに南ベトナム政府軍に引き渡され三年間の獄中生活を送った。「私は今も韓国軍が憎い」とはっきりと言った。

クアンガイ省では、村の唯一の生存者というトアン・グイに会った。彼は虐殺の日はまだ生後三か月だったので惨劇の記憶はない。薬きょうの火薬で盲人となり孤児として育てられた彼は、二児の父親となり、明るい笑顔で韓国人の一行を迎えてくれた。息子につけた「ビン」（平）、娘のアン（安）の名前に、彼の願いが込められていた。「解放」後に建てられた村の憎悪碑には、「米帝国主義と南朝鮮の軍隊が犯した罪悪を永遠に骨の髄に刻み込み、人民の心に鳴り響かせるだろう」と記されている。それなのに、彼は遠来のかつての敵国からの客を温かく優しく迎えてくれた。なぜなのか、と金は自問する。「柔よく剛を制すというのか、見えないものの方が見えるものより多くを知っているからだろうか」

他のいくつかの省の村々でも、生存者たちの話は同じだった。普通の生活を送っている貧しい農民たちの前に突然現れた韓国軍が、銃で無差別の虐殺を繰り返していく。生存者の多くは、いまも心身に深い傷をかかえているが、「なぜ韓国軍が村人を殺したのかわかりません」と口をそろえる。戦争中に遊撃隊の活動をしたり、活動で死亡した人のいる家族には、ベトナム政府から烈士補助金が支給されているが、ナワウリが会った人たちには受給者はいなかった。彼らが完全な民間人だったという証拠である。どこの村にも、死者の霊を弔うとともに、虐殺をけっして忘れないと誓う憎悪碑が建ってある。

韓国から来た若いNGOメンバーには、信じられない残酷な話ばかりだった。「一度もよその国を侵略したことがない平和を愛する白衣民族（白い衣服を好む朝鮮民族のこと）という神話が、事実を事実として認めることを、私のなかで拒ませていたのかもしれない」と金は記し、「韓国軍の民間人虐殺」と自分の口でいうのに、長い時間がかかった。

では、このような非人道的戦争になぜ韓国は参戦したのか。ベトナム人は一様に、「韓国軍は米軍の傭兵だったからだ」と説明した。だから韓国軍による虐殺も米軍によるものだ、というのだ。当時北ベトナムの将校だった退役軍人は、米国とちがって植民地の経験がある韓国民が同じ経験で苦しんだよその民族を侵略しようとは思わないはずであり、「私は韓国が自発的にベトナム戦争に参戦したとは思っていない」と言った。

だが、こうしたベトナム側の見方にも金は同意しない。当時の状況や米国側の資料などを調べていくうちに、韓国はけっして米国によって戦争に引きずりこまれたのではなく、自発的に参戦したのだということが分かってきた。

軍事クーデターによって権力を握った朴政権は、政治的正当性を欠き、国民からの支持はぜい弱だった。くわえて経済は、外貨不足と物価高で危機に瀕していた。政権の存亡は米国の支持にかかっていたが、その頼みの綱は無償援助を借款に切り替えようとしていた。危機打開策として朴政権が選択したのが、ベトナム派兵だった。これによって生じる莫大な特需が、不況からの脱出と経済発展をもたらし、政権への支持拡大につながるものと期待された。

派兵開始の六五年には、米国の後押しで日韓基本条約が締結され、日本からの経済援助も供与されるようになった。つまり、「ベトナム派兵は米国の圧力による不可避の選択というより、当時の内外危機から抜け出すための積極的な政策だった」と金は見る。同政権下で韓国はその後、「漢江の奇跡」と呼ばれる高度経済成長を達成していく。

派兵とともに展開された「反共聖戦」という大義のキャンペーンに、メディアも知識人の多くも共犯者あるいは傍観者であった。北朝鮮の共産主義の脅威にさらされている国にとっては、国内はもちろん国外の「アカ」もすべて敵である。ベトコンもその一味と見なされる。「アカは殺せ」の上官の命令に逆らえない兵士は、解放戦線とは無関係の民衆も無差別に虐殺した。ベトナム戦争で韓国軍が殺害した敵は四万一四〇〇名とされるが、ハンギョレの具通信員は、さまざまな資料と現地調査をもとに、民間人虐殺事件は八〇余件、犠牲者は九〇〇〇人以上と推定している。

しかし、「戦争の不道徳で醜悪な裏面、国家という名で強要された殺人を語ることは禁止され、特に権力集団の記憶だけが、公式の記憶として、公定の記憶となった。戦争を企て引き起こし、莫大な利益を獲得した集団が、戦争の記憶まで独占する」(金)状況がつづいてきた。だが現在、戦争の正体が明らかになってきたからには、国民はこのような歪曲された記憶の再生産に終止符を打ち、戦争の真実と向き合うことを通じてベトナム国民への謝罪と和解と友好の発展をめざして立ち上がろうではないか。ハンギョレとナワウリのこの訴えに共感の輪が広がっていった。

謝罪から和解、友好へ

九九年一二月、「人権と平和のための国際民主連帯」が韓国軍によるベトナム民衆虐殺謝罪のための路上キャンペーンをソウルの公園で一か月間行った。「あなたと和解したいです」とのテーマで、虐殺犠牲者たちの写真を展示し、韓国市民に虐殺地の住民への手紙と募金を呼びかけた。

二〇〇〇年七月には、ソウルの崇実《スンシル》大学で「サイゴン、その日の歌」と題する平和文化祭が開かれた。会場の外では枯葉剤戦友会の車両による妨害があり、警察の警護を受けながら「回想の街角」、「野蛮な歴史」、「和解と共存」などをテーマとした歌が披露された。ハイライトは、順天(スンチョン)大学教授の音楽家パク・チウムが作曲した「ごめんなさいベトナム」の合唱だった。

美しく出会うこともできたのに、あなたと向かい合ったのは、さびしいアジアの戦場。私たちは加害者として、あなたは被害者として、歴史の陰に明日の夢を投げすてて。

ごめんなさい、ベトナム。ごめんなさい、ベトナム。暗闇であなたが流した涙それぞれに、暗闇で私たちが残した恥ずかしい傷跡それぞれに。

子どもたちも共演した合唱は、一二〇〇人の観客を感動させた。ナレーションと映像でベトナム戦争の様子も紹介された。

ベトナム国営放送から、この公演の記録を特別放映したいとの提案が寄せられた。虐殺事件について学んだ韓国の小学校五年生たちからは、胸が張り裂けそうになったと、ベトナムの友人たちに謝罪する手紙がハンギョレ21に届いた。この問題の報道に力を入れていたベトナムの全国紙トゥイチェーの記者は、子どもたちの真摯な手紙の内容に思わず目頭が熱くなったという感想を同誌で送ってきた。

読者からの様々な声とともに、匿名ながら、自身の虐殺行為を告白する複数の元将兵の記事も出始めた。公共テレビ局MBSは、参戦軍人も出席してベトナム戦争について討論する番組を組んだ。イ・マリオ監督は、虐殺の生き残りの人びとや遺族の証言を記録するドキュメンタリー映画「狂気の瞬間」を製作した。

ハンギョレ21は、キャンペーンに賛同した市民からの寄金をいかす活動に乗り出した。トゥイチェーのアドバイスもいれ、虐殺があった地域に学校を建設する計画が立てられた。さまざまな市民団体も動き始めた。「ベトナム戦争真実委員会」のもとには、日本軍の慰安婦だった文明今《ムンミョングム》が訪れ、韓国政府から受け取った生活支援金の全額四三〇〇万ウォンを手渡した。「再び戦争の苦痛を受ける人がいてはならない」と。もう一人の元慰安婦金玉珠《キムオクジュ》も二一〇〇万ウォンを委員会に寄託した。真実委員会は、この基金をもとに、ベトナムの民間人虐殺地域に平和歴史記念館を建設する事業に着手した。医師と歯科衛生士がベトナムの被害地域で無料の診断活動を行う「和解と平和のためのベトナム診療団」というNGOも現れた。

一方、ハンギョレの報道を転載したトゥイチェー紙には、ホーチミン市周辺の読者たちから激励の電話がひっきりなしにかかってきて、少額だが寄付金も送られてきた。「私は、今まで米国や日本が私たちに謝罪して補償するどんな姿も新聞紙上で見たことはありません」という大学生の感想は、ハンギョレに転載された。こうした反響を受けてトゥイチェーでは、虐殺とともに韓国軍が破壊したままになっている集落の井戸を修復する財源を記者たちが拠出しようという話や、両紙の記者が虐殺地域を共同取材して国民義援金募金運動を展開しようという提案が持ち上がった。

民主化運動の闘士であった金大中大統領は、二〇〇一年に韓国を訪問したベトナムのチャン・ドゥク・ルオン国家主席に、「私たちは不幸な戦争（ベトナム戦争）に参与し、本意ではないがベトナム国民に苦痛を与えたことを申し訳なく思う」と公式謝罪した。

「記憶の戦争」はまだ続いている。ハンギョレの「左翼偏向報道」に反発する参戦軍人団体や保守勢力は、正義の戦争の仮面がはがされても、真実を認めようとはしない。ハンギョレ21のキャンペーン期間中、他の主要紙はこの問題を積極的に取り上げようとはしなかった。二〇〇〇年九月に一年におよぶキャンペーンを終了するに際して、同誌は「ベトナム戦争から完全に『撤退』するわけではありません！」と書き、「ベトナムでの恥ずべき歴史が小中学校教科書に登場するその日まで！」ベトナム戦争の報道を続けると宣言した。

「二度と間違った戦争への加担を許すな」

われわれは二度と間違った戦争に加担してはならない、という世論は、二〇〇三年の米国のイラク侵攻作戦に盧武鉉《ノムヒョン》大統領が韓国軍の派兵を決定したとき、広範な市民の反対運動となって現れた。盧は、民主派勢力の支持で誕生した進歩派の指導者のはずだった。その大統領が、ベトナム戦争への参戦とおなじように、ふたたび米国の戦争に自国軍を送ろうとしていることは、民主勢力には驚きだった。イラク派兵をめぐる賛否で国論は二分された。

盧大統領の派兵理由は、北朝鮮の核問題の平和的解決のためには、米国との同盟関係を悪化させるような選択は避けたいというもので、五百～六百名規模の工兵隊と百五十名規模の医療中隊の派遣方針を発表した。保守勢力はこれを支持した。

ところが、大統領に反発する声は予想外の高まりと広がりを見せた。まず全国教職員組合が学校で「平和教育」を展開し、大学生や市民団体による「イラク派兵反対」の反戦デモが起きた。このため政府は、派兵動議の国会提出を延期せざるを得なくなった。労組のナショナルセンターである韓国労総は、派兵に賛成する議員を翌年の総選挙で落選させる運動を発表、もうひとつのナショナルセンターの民主労総も同じ運動の展開計画を明らかにした。国家人権委員会の金昌国委員長がイラク戦争に反対する意見書を提出するという、政府内の足並みの乱れも出てきた。さらに、大統領選で盧武鉉を支援してきた市民団体「参与連帯」は、首都圏の工兵部隊兵士とその家族に、派兵を拒否するよう訴える文書を送った。

姜禎求《カンジョング》・東国大学教授は、インターネットサイト「民衆の声」で、「ベトナム戦争派兵の過ちを繰り返してはならない」と訴え、イラクへの韓国軍派兵反対の理由を述べた。イラク戦争は名分なき戦争であり、そのような戦争に韓国の国益という「実利」のために韓国軍を派遣して、何も罪のないイラクの人々を殺傷するという犯罪行為に参加することは、ベトナム参戦と同じ反道徳的行為である。また参与連帯の平和軍縮センター諮問委員のソ・ジェジョン米コーネル大学教授は、参与連帯のサイトで、①米国のイラク侵攻の大義がウソであることが明らかになっている②韓国憲法は「大韓民国は国際平和の維持に努力し、侵略戦争に反対する」と宣言していて、韓国には派兵の法的根拠がない③派兵はイラクの民衆の助けにならない——などと主張している。

朝鮮日報、東亜日報、中央日報などの大手紙は、安保と経済的実利のために派兵を支持したが、ハンギョレ新聞は戦争反対の論調を掲げた。同紙は「野蛮の時代」と題する社説で、米国が軍事力を行使してイラク国民を殺さなければならない「理由」はない、と述べた。政府の派兵動議は反戦世論を押し切って可決されたが、ハンギョレ新聞はこれを「恥ずべき選択」だとする社説を掲げた。

東亜日報の世論調査によると、派兵に「賛成」は四八・二%、「反対」四五・一%で、前者は後者を若干上回るものの大差ではない。先の姜は、戦争の反道徳性に異を唱えるのは四〇歳代以下の若い世代であり、ベトナム戦争に関する真相調査と謝罪、過去清算に立ち上がった若者たちが「イラク派兵反対闘争の主役となり、堂々と歴史の舞台に登場している」と分析している。

こうして韓国が荒れ野からぬけ出していく道筋は、ドイツと基本的には同じである。

まず、自国の戦争の記憶と他者の鏡に映し出される自己像とのギャップに気づき、なぜなのかの疑問を抱くのは若い世代である。彼らは自国の経済成長とともに育ってきた新しい価値観の持ち主である。若者たちは、親の世代から受け継がれてきた戦争の記憶にまつわる神話を問い直し、歴史の真実を明らかにしようとする。この挑戦に対して、旧い世代を中心として権力層からの反発が巻き起こるが、彼、彼女たちは屈しない。親の世代との対立をつうじて自己省察を深め、内面的葛藤を克服しながら自国の新しいナショナル・アイデンティティを追求していく。

もうひとつの類似点は、真実追究の動きが民主主義の進展と連動していることである。民主主義とは、支配的な秩序から排除、疎外されている諸問題や言説、情報にも目を向け、それに代わる別の意味や価値観を見出していこうとする営為ともいえる。その努力の先に、歴史と人生に関する新しい解釈と姿が立ち現れてくるだろう。この若い世代の行動にメディアも加勢し、メディア上で論戦が繰り広げられる。旧世代からも共鳴者が出てくる。自国の負の過去との対決から生まれたさまざまなうごきが社会を前進させ、さらにそこから引き出された教訓が、世界を見る自分たちの目を曇りのないものにしていく。

米国のイラク侵攻作戦に対して、ドイツでは政治指導者と広範な国民が一致して反対の声をあげ、メディアは、大義なき戦争の中止を求めて街頭デモに繰り出した世界各国市民の声を「世界世論」と呼んだ。ドイツ政府はもちろん自国軍のイラク派兵はしなかった。韓国では、政府のイラク派兵を阻止することはできなかったものの、賛否をめぐり国論を二分する論争が展開された。

ヨーロッパとアジアの二つの国のこうした動きを知ると、当然浮かんでくる疑問は、民主主義を尊重する経済先進国である平和国家の日本は、なぜいまだに負の過去を克服できないのか、また米国の侵略戦争に反対できなかったのかである。

この疑問への答えをさぐっていくにあたり、少し遠回りをしてみたい。

第5章　アジアと共に「もうひとつの日本」をめざす

宮崎滔天の「世界革命」論

西洋文明への懐疑

安倍首相は、二〇一八年の明治維新一五〇年を祝う政府の記念式典で、「明治の人びとの勇気と英断、たゆまぬ努力にならい、現在の国難を乗り切らなければならない」と訴えた。首相には、近代日本の歩みは輝かしい歴史と認識されている。「成功」と表裏一体の、「失敗」の歴史は無視される。だから、同年の政府主催の全国戦没者追悼式でも「戦争の惨禍を二度と繰り返さない」と述べながら、日本の加害責任には例年通り言及しなかった。そして、「強い日本」を取り戻そうと叫び、経済大国の再建と軍事力増強、自衛隊の地球規模の米軍支援を進めてきた。

私たちが明治以来の負の歴史をくり返さないためのビジョンは、自称「愛国者」の暗愚な指導者の頭にはないのだろう。いま問われるべきは、世界の表舞台に遅れて躍り出たアジアの小国が急速な近代化を遂げただけでなく、欧米列強をモデルにアジアにおける帝国主義国家をめざしてアジア太平洋戦争で破滅するに至ったのはなぜなのか、これ以外の進むべき道はなかったのかどうかである。本章では、アジアとの関係のなかで「もうひとつの近代日本」の実現をめざして時代を駆け抜けた、三人の先覚者たちが現在の私たちに何を問いかけているのかを見ていきたい。

宮崎滔天、金子文子、穂積五一である。いずれも、日本ではそれほど知られた人物ではないが、アジアではそうではなく、また近年国内でも新しい光が当てられようとしている。

宮崎滔天（本名・寅藏）は、欧米列強の進出に対してアジアは連帯して対抗すべきであるとする「アジア主義者」の一人か、アジア主義者に多い右翼との見方もある。あるいは、孫文と生涯の友情を結んで中国革命を献身的に支援して最後まで裏切らなかったロマンチックな大陸浪人というあたりが一般的なイメージである。

ノンフィクション作家の加藤直樹は、『謀反の児』でこうした既存のイメージとは異なる滔天の実像を、彼の残した膨大な文章と研究書を読み解き、波乱に満ちた活動を内外の動きとともに追うことによって、私たちの前によみがえらせてくれる。それは、明治、大正期に「世界革命」と「世界一家」という理想に生きた稀有な巨人の姿である。

滔天の思想的核心は、彼の代表作『三十三年の夢』（一九〇二年）で、自ら「一生の大方針」と呼ぶ政治目標に記されている。「余は人類同胞の義を信ぜり、故に弱肉強食の現状を忌めり、余は世界一家の説を奉ぜり、故に現今の国家的競争を憎めり、忌むものは除かざるべからず、憎むものは破らざるべからず、然らざれば夢想に終わる、是に於いて余は腕力の必要を認めたり、然り、余は遂に世界革命者を以て自ら任ずるに至れり」。帝国主義に反対するための「腕力」、つまり政治革命に立ちあがる決意だが、彼はそれだけではなく、近代化にともなう世界的な貧富の格差を廃絶する社会革命の必要性も訴える。

このような世界革命の拠点として滔天が飛び込んでいったのが中国だが、そこに至るまでには国内外のさまざまな人びとの出会いがあった。

宮崎寅藏は、一八七〇年(明治三年)に熊本県荒尾村(現・荒尾市)に郷士の末子として生まれた。滔天とは、勢いが天までみなぎるほど盛んな状態を表す「滔天の勢い」からとった号である。

兄の宮崎八郎は、中江兆民の翻訳をつうじてルソーの人民主権の思想に目を開かされた「熊本民権党」の指導者だったが、西南戦争(一八七七年)で西郷軍に参加して戦死する。寅藏がのちに自らを「謀反の児」と称するのは、尊敬する自由民権活動家であった兄から引き継いだ反逆精神によるものである。

寅藏は、「自由民権」を掲げて徳富猪一郎(後のジャーナリスト・徳富蘇峰)が熊本に開いた私塾「大江義塾」で欧米の革命史や自由思想を学んだのち、一五歳で東京に出て、啓蒙思想家の中村正直が設立した私塾同人社、さらに東京専門学校(現・早稲田大学)英語学科で学んだ。首都は、自由民権の熱気は消え失せ、文明開化と欧化主義で華やぎ、若者の多くは立身出世を夢見ていた。

彼はたまたま訪れた教会の西洋人宣教師から聖書とキリスト教の教義を学び、神の前では誰もが平等な一人であり、民族や国家ではなく普遍的な人間の救済を説く教えに衝撃を受ける。だが帰郷すると、全国的に進む農民の困窮化が荒尾にもおよび、小作人たちが集団で地主の宮崎家に押しかけ、小作料の値下げを訴える光景を目にする。

必要なのは、福音の前にパンではないか。それが、「人権の大本」を回復することだと思った。彼の関心は、しだいに「社会主義」「社会革命」へ移っていった。また長崎で出会ったスウェーデン出身の老アナキストは彼に、欧米諸国の労働者がむき出しの資本主義の下でいかに悲惨な生活を強いられているかを説明した。寅藏は、日本の知識層が政府と民権派の別なく欧米を文明開化のお手本として仰ぎ見ていたような時代に、西洋文明が民衆に与えるこうした現実をしり、荒尾村の貧農の窮状が海を越えて世界につながっていることを理解した。老アナキストは、国家とは戦争という名の殺人を奨励する存在だとも批判した。「文明」とはいったい何だ?という疑問が、一八歳の日本の若者に沸いた。

では、めざすべき革命をどのようにして実現するのか。その答えとして、中国を根拠地として世界をまるごと変えるという「大方針」を寅藏に説いたのが、兄の弥蔵だった。

世界中で多くの人びとが貧困に苦しんでいるのは、「西洋文明」が生み出した資本主義のためである。またその欧米諸国は、キリスト教の博愛主義や人権思想を唱えながら弱小国を侵略する弱肉強食の争いを演じている。格差と侵略という二つの問題は世界規模で考えなければ解決しない。「世界革命」が必要である。なぜ中国が世界革命の根拠地になりうるかといえば、中国は近代世界の矛盾が集中しつつあるアジアの大国であり、革命の機があるからである。疲弊した清朝の専制政治の下で人民が苦しみ、列強の侵略にさらされるなかで、知識人たちは祖国の変革を摸索し始めている。

中国革命によって人民主権の国家が樹立されれば、それを突破口にして中国だけでなく世界の貧民を解放し、侵略のない世界をつくることが可能になるのではないか。植民地支配に苦しむインド、ベトナム、フィリピン、エジプトなどの諸民族を励まし、世界の人びとの人権を回復する新しい世界が生まれるであろう。それはまた、天皇制国家体制の日本の変革をも促すはずである。

孫文の中国革命への献身的支援

気宇壮大な志をいだいて寅藏は、一八九二年に上海に渡航、初めて中国の土を踏んだ。二一歳のときだ。現地の言語習慣を身に着けながら革命派人士らとの接触を求めていくのが目的だった。弥蔵は横浜の中国人商店に勤務するが、志半ばでまもなく病死する。

そして滔天が孫文との運命的な出会いを果たすのは一八九七年、横浜においてだった。孫文は清朝打倒をめざした広州での決起に失敗し、日本に亡命していたが、滔天は初対面で彼の識見と人格に魅了された。中国の若き革命家は、清朝を打倒して中国を共和制国家にするのは、自国人民を救うためだけではなく、列強の侵略にさらされるアジア黄色人種の屈辱をそそぎ、世界に人道を快復するのが目的であると説いた。「我国人士中、彼の如きもの果たして幾人かある。誠に是東亜の珍宝なり」と、滔天は感銘した。

滔天は孫文を進歩党の代議士犬養毅や右翼の源流とされる玄洋社の頭山満、内田良平らに紹介し、中国革命への助力を求めた。彼らは孫文支援を約束したが、滔天は日本の政治家や「アジア主義者」と称されるようになる民間活動家たちとは一線を画していた。

西欧の侵略からアジアを守るための連帯を叫んで中国や朝鮮で活動していた日本の民間人の多くの

基本姿勢は、アジアでもっとも「近代化」「進歩」した日本が遅れた中国や朝鮮を指導しようというものだった。「連帯」の実体は日本の国策に沿うかたちであり、孫文支援も日本の国益のために中国革命を利用するのが目的だった。これに対して、滔天らがめざす中国革命とは、日本製の「近代化」「進歩」を中国で実現することではなく、むしろ近代化と進歩によって世界に広がっている矛盾、すなわち欧米をふくむ民衆の貧困や帝国主義国による侵略を克服することで「人権の大本」を回復する「世界革命」の始まりである。

滔天は、右翼の天皇崇拝主義からも自由だった。「日本の所謂忠君愛国家は、私を目して売国奴と言ふかもしれませんが（…）私こそ真の愛国者」（「炬燵の中より」）であると、こっそり「忠君」を外している。

このような基本姿勢の違いを承知しながら、滔天がこれらの日本人有力者と手を結んだのは、革命に必要な資金や政治力、人的ネットワークを彼らに頼らざるを得ないと判断したためである。一九〇〇年に広東省恵州で挙兵し革命派政権を樹立する計画を孫文が立てると、日本人協力者らは資金と武器の支援を約束し、滔天は孫文の指示で中国に向かった。だが蜂起は、武器調達を約束した日本人の裏切りによって敗北する。

自己の甘さにより中国の同志たちを見殺しにしてしまったことは、滔天を失意と悔恨のなかに陥れたが、中国革命支援の志を捨てたわけではない。恵州蜂起と同じ年に農民を中心とした「義和団」が列強の進出に抗して立ち上がった姿に、「中国人」として新しいナショナリズムが生まれようとしていると見て取ったのである。

日本の政治家や大陸浪人たちに頼らぬ資金稼ぎの方法として彼が思いついたのは、なんと浪曲師への転身だった。浪曲で中国革命の事業について聴衆に語り聞かせながら少しずつでも金を稼ぐことに成功すれば、政治的思惑がらみの資金に頼らず自前で革命資金をつくれるであろう。滔天は周囲の反対を押し切って桃中軒雲右衛門に弟子入りし、桃中軒牛右衛門としてデビューした。

滔天は浪曲に、金稼ぎの手段としてだけではなく、彼独自の見解をもっていた。演目の多くは、弱者を虐げる武士の横暴に対して生死を度外視して戦いを挑む侠客ものである。その姿に快哉を叫ぶ客の下層労働者たちのなかに、滔天は権力者への怒りを見出し、浪曲を「平民芸術」と呼んだ。下層労働者を客とする浪曲の世界で労働者の中に革命的気分を醸成し、さらにそれを通じて革命資金を得る。こうした考えは、講談や浪曲の世界で武士道を持ち出して戦争と国家主義をたたえる当時の風潮への対抗でもあった。

浪曲師デビューの話題づくりに「二六新報」に連載しはじめたのが、今も自伝文学の傑作として読み継がれている滔天の主著『三十三年の夢』だった。そこには、彼の生い立ちから思想形成、孫文との出会い、恵州蜂起の顛末に至るまでの波乱万丈が躍動感あふれる筆致で記され、大正デモクラシーの理論的指導者吉野作造は、読み物としての魅力だけでなく、明治文化研究上「大なる価値を有する」文献と評している。

滔天が各地の巡業で好んで唄った「落花の歌」に、国家主導・官僚主導の「上からの近代化」政策の下で進む資本主義と軍事力強化に苦しむ民衆の姿と、彼がめざす理想の世界像がよくしめされている。

一将成りて万骨枯る、国は富強を誇れでも、下万民は膏《あぶら》の汗に血の涙、飽くに飽くなき餓鬼道を、辿り辿りて地獄坂、／世は文明じゃ開化じゃと、汽車や汽船や電車馬車、廻る轍《わだち》に上下は無いが、乗るに乗られぬ因縁の、からみからみて火の車、／推して弱肉強食の、剣《つるぎ》の山の修羅場裡、血潮を浴びて戦うふは、文明開化の恩沢に、溺れし浮き世の迷ひ児の、死して余栄のあらばこそ、下士卒以下と一と束《たばね》、／生きて帰れば飢えに泣く、妻子や地頭に責め立てられて、浮き瀬もなき窮境を、憐み助けていざさらば、／非人乞食に絹を衣せ、車夫や馬丁を馬車に乗せ、水呑み百姓を玉の輿、市民平等無我自由、万国共和の極楽を、斯世《この》に作り建てなんと、心を砕きし甲斐もなく、／計画破れて一場の、夢の名残の浪花武士、刀は捨てて張り扇、／たゝけば響く入相《いりあい》の、鐘に且つ散るさくら花、／響きなば花や散るらん吉野山　心して撞け入相の鐘。

下手な浪曲をうなりながら各地を放浪する滔天の客席に、職工や車引きらに混じって中国人留学生の姿が目立つようになる。彼らは『三十三年の夢』の愛読者だった。この本はいつの間にか海を渡り、中国の革命派知識人らによって発禁の目をかいくぐりながら数種類の中国語訳本が出ていた。孫文の思想と人物、行動を生き生きと伝える書物として、若者たちの間にひそかに読み広がり、孫文の理想実現に献身的支援を惜しまない日本人滔天の姿は、義和団戦争を経てようやく革命を模索し始めた知識人たちを鼓舞した。

滔天が浪曲をうたい終わって楽屋にもどると、留学生たちは楽屋に押しかけて、本物の宮崎滔天に会えることに感激しながら、高揚した表情で革命への思いを口々に訴えた。滔天にとってそれは、これまでの孫文や彼の盟友のような少数精鋭の革命党員とは違う、新しい種類の中国の若者たちとの出会いだった。その中の一人に、故郷の湖南省で蜂起を企てて失敗し日本に逃れてきたばかりの黄興がいた。

黄興らとの出会いは滔天の四年間の放浪生活に終止符を打ち、彼をふたたび中国革命のために奔走させることになった。だがそのかかわり方は、これまでとはまったく異なる。日本の有力者たちの力を借りながら自分が中国革命を成功に導くけん引役を果たそうというのではなく、革命の主役はあくまで中国人であり、日本人である自分はその支援者でしかありえないという自覚である。彼はそのころの心境を、「我が友人に支那革命の志士あることは我が終生の誇りである」と記した。

一九〇五年に東京にもどってきた孫文と再会した滔天は、黄興を紹介する。孫文と黄興を中心とする華興会系のメンバーが合同で「中国同盟会」を結成、孫文を総理、黄興を副総理に清朝打倒をめざす、中国全土を網羅した統一組織が誕生した。滔天は同盟会の「日本人会員」として迎えられた。

滔天は同盟会の月刊誌「民報」の発行人を引き受けた。民報社と宮崎邸には多くの留学生や中国の革命家、活動家たちが出入りし革命論議をたたかわした。創刊号の冒頭には、初めて「民族」「民権」「民生」の「三民主義」を主張する孫文の文章が掲載された。革命派の留学生たちは幸徳秋水ら日本の社会主義者との交流も深めていった。

滔天はさらに新しい挑戦として、中国やロシアの革命の進展を伝える隔週新聞「革命評論」を刊行する。彼は、日本の国益にもとづく関心ではなく、中国革命に対する真正の思想的共感を喚起することで、支援のすそ野を広げたかった。それが中国同盟会に対する日本人支援者としての貢献になると考えた。同紙は政治家や各界の名士、社会主義者らにも一部が寄贈され、革命評論社には堺利彦、大杉栄ら多くの社会主義者が訪れた。滔天と社会主義者が行動を共にすることはなかったが、両者のすれ違いは、社会主義者の多くにもあった中国人蔑視によるものとみられる。北一輝も「革命評論」の同人として中国革命に関わっていくが、彼は孫文より宋教仁を評価し、滔天らとは袂を分かつ。

亡国の果ての日本再生

滔天が中国革命にむけて再度の新しい挑戦に立ち上がったころ、彼の言葉によれば日本はますます「理想の存在を許さぬ国」になろうとしていた。日本は日露戦争（一九〇四〜〇五）の勝利によって帝国主義的膨張の道を歩み出し、韓国の保護国化につづいて併合がなされた一九一〇年、大逆事件により幸徳秋水らが死刑に処せられた。中国革命派や他のアジア留学生らの活動に対する日本政府の締め付けが強化され、孫文にも日本からの退去命令が出される。民報も発禁となり、東京の同盟会本部は事実上機能停止状態に陥った。しかし、中国革命の動きは加速した。

一九一一年の武昌での革命軍決起が各地に連鎖拡大し、革命軍は南京に臨時政府を樹立する辛亥革命が起きた。革命成功の報を受けて、中国人の同志と共に上海に到着した滔天のもとには連日、東京で彼に世話になったかつての留学生たちがあいさつにきた。彼らはみな、革命軍や革命政府の幹部となっていた。

翌一二年元旦、孫文が臨時大総統に選ばれ、中華民国が成立した。清朝の専制体制に代わって、アジアで最初の共和国が生まれたのである。孫文は就任演説で、共和の確立、民生の福利拡充、友邦諸国との親睦、国際社会における中国の地位向上とともに、「世界を漸次、大同（平等で平和な理想社会）に赴からしめんとする」と、革命の理想を語った。就任式に招待された滔天は妻の槌に、「かかる喜ばしき元旦は生来初めての事に候」と手紙を送った。

一方で滔天は、日本の出方を注視していた。孫文の率いる南京の革命政府が、北京の清朝最強の北洋新軍を率いる袁世凱に北上を阻まれ、袁世凱政権が成立すると、日本は袁世凱を新政権の指導者に押し立て、満州に日本の勢力圏拡大をめざし始めた。さらに、一九一四年に第一次世界大戦が始まると、日本は日英同盟を理由に参戦、ドイツの拠点占領を掲げて山東省に出兵して青島と膠済鉄道を占領した。そして翌一五年、大隈重信内閣は袁世凱に帝国主義的野心をむき出しにした対華二十一カ条要求を突きつける。

対華二十一カ条要求は中国の人びとに衝撃を与えた。知識人の中にまだ残っていた日本への親近感や信頼は吹き飛び、彼らは日本帝国主義が革命中国の最大の敵と考えるようになった。革命によって生まれた中華民国を日本の侵略から守るという抵抗のナショナリズムが、広範な人びとの心をつかんでいった。日本製品のボイコット運動が広がった。

日本が中国への帝国主義的介入を深めていけば中国民衆によって持久戦に引きずり込まれて自滅の道をたどることになろう。恐ろしい流れを絶対に食い止めなければならないという滔天の焦りを嘲笑うように、日本は袁世凱の死去、軍閥割拠の時代へと中国革命が迷走し混乱するのに乗じ、反革命、侵略の野心をむきだしにしていく。

滔天は一九一七年、黄興とともに訪中、孫文と上海で会った。滔天が黄興がかつて教鞭をとった湖南省長沙の明徳学堂に招かれ講演したとき、校長は彼を、日本は我が国の仇敵だが宮崎先生は我が国の元勲である、本国の虐政に反対し民族主義をもって我が民国を支持してきたと紹介した。湖南省では学生の招聘を受けて第一師範学校でも講演した。滔天を招聘した学生の名は、毛沢東。この年、中国のとなりのロシアでは、ボリシェヴィキ革命によってソビエト政権が樹立していた。

だが滔天の肉体は、長年の東奔西走と大酒で衰えを隠せなくなった。もはや動き回ることができなくなった彼は、一九一九年、上海日日新聞に「炬燵の中より」のエッセイを連載しはじめた。これまでの活動の振り返りながら、彼は「日本問題」について論じている。それは、訪問者との対話をつうじて自問自答するという形式で進められる。

訪問者は言う。「日本を恨むはそりゃ無理じゃ。第一君の出発点が間違っているじゃないか」「何ぼ藻掻いても、支那問題の解決は日本問題の解決に待たざれば、結局無理じゃないか」。中国革命―世界革命の前に正面から立ちはだかっているのは、今や日本なのだ。それを放置してきた結果が、今の状況ではないか。「何故日本の改善を先にして、支那革命を後にしなかったのか。正当な順序を逆にして、支那革命を阻害する日本を恨む前に、自家の不明を恨まねばならぬ」というのだ。これは、日本の変革を放棄して中国で革命が成功すれば日本もおのずと変化するであろうして、中国だけに全力を傾注してきた滔天の自省の弁ともいえる。

だがその日本は、アジアの現実を直視できずますます孤立を深めている。このエッセイが開始された一九一九年、朝鮮では日本の植民地支配からの独立を求める三・一運動がおこり、中国では二十一か条の撤廃などを要求する五・四運動が全国的な抗日行動へと拡大していった。いずれに対しても、日本は過酷な弾圧で臨むだけだった。ロシア革命に干渉するためにシベリアに出兵した日本軍部隊がパルチザンの反撃にあい全滅したとの報も入ってきた。こうした情勢を受けて、滔天は上海日日新聞の「東京より」の連載でこう書いた。「今や我が国に一つの友邦無し。(…)罪を軍閥にのみ帰する勿れ。総て是れ国民の不明に基づく罪也。国民今に於いて自覚せずんば、遂に亡国なるのみ」

日本の行方に「亡国」の警告を発するのは、日本が中国革命への介入で泥沼に引きずり込まれて自滅するからだけではない。その場合、日本は中国とだけではなく、「他の一国」とも戦わざるを得なくなろうからだ。「他の一国」とは米国である。第一次大戦でドイツの軍国主義と戦った米国は、日本軍国主義の中国での膨張も阻止するであろう。「此点に於て、彼等(米国)と支那人と、共鳴点あるを忘れる可からず」。日本の中国侵略は日米戦争に発展し、日本は対中、対米の二正面戦争を闘わなくてはならなくなるだろうというのだ。

もちろん滔天は、自国の亡国を望んでいるわけではない。だがその一方で、一度、亡国の運命に陥らなければ、日本は世界の人びと共に「人権の大本」を回復するという理想をめざすことができないのではないかという冷徹な見方を捨てきれない。「顧みれば我が民族は余りにも驕慢なりき。鳥なき里の蝙蝠にて東洋の同胞に無礼を働けり。若し因果応報なるものが天地自然の約束事とすれば、一たびは亡国の惨を嘗めさせられるべき運命を有す。(…)国民此の惨を嘗めて鮮民に対し、台民に対し、若しくは支那南洋印度の同種族に対して真誠の同情を喚起するを得ん。而して始めて人種問題を論ずるの資格を得ん、更に進一進して世界人類と手を握るを得ん」(「東京より」)

滔天が波乱にみちた五十三年の生涯を閉じた二年後の一九二四年、孫文は最後の来日で、有名な「大アジア主義」講演をおこない、「日本は西洋覇権の番犬となるか、東洋王道の干城となるか」と問うた。日本は前者の道を突き進み、亡国へと坂道を転げ落ちていった。

「人権の大本」回復は道半ば

それから九十年以上経った二〇一七年に、『謀反の児』で滔天の「世界革命」の生涯を追った加藤は一九六七年生まれ。加藤が滔天と〝出会った〟のは、二〇〇五年に起きた小泉純一郎首相の靖国神社参拝に反対する中国各地のデモのときだった。日本のメディアは、この「反日デモ」の背景にある中国共産党の思惑や中国の若者の不満について、くわしく報道と解説をした。だが、このニュースの重要なテーマを一つだけ迂回し、見て見ぬふりをした。デモの背景には侵略の歴史を直視しない日本に対する怒りが存在するという点だ。若いノンフィクション作家はそのことに暗澹たる思いを覚えた。

そのころ、滔天の「東京だより」を読み、その強烈な日本批判や鋭い情勢分析に引き込まれた。「さらに、彼が歯ぎしりしている日本のあり方が、二〇〇五年の空気とあまりに地続きであることに驚かされた」という。

もうひとつのより大きな理由は、彼の思想の射程の長さである。滔天は情熱的な行動の人だが、単なる夢想家ではなく、晩年の「東京より」に示されるように、その行動は鋭敏な知性と世界の状況についての深い思索に裏打ちされたものだった。だから加藤は、滔天の著作を読み進めていくうちに「まるで二十一世紀の私たちに向けて投げかけられているかのような言葉に触れ、ハッとすることもたびたびだった」と記している。

滔天が生まれ育った日本は、文明社会の一員となろうとして西洋をモデルに遮二無二に近代化路線を突っ走ろうとしていた。彼は西洋近代文明をまるごと否定しようとはしない。西洋近代が生み出した科学の進歩は交通の便の発達をもたらし世界の人びとをお互いに隣人として近づけた。学芸は新しい展開によって多くの成果を生み出し、自由、平等、博愛の精神を実現するための政治制度も整ってきた。だが、それは同時に資本主義による貧富の格差拡大をもたらし、欧米列強が弱肉強食の争いを世界各地でくり広げる帝国主義の時代を招来した。各国は技術の発達を兵器の開発に利用して、軍事力でアジアなどの国々を植民地化していっている。それとともに、貧富の格差は欧米諸国内部だけでなく世界全体に拡大している。そうした現状を指して滔天は、「今の文明は野蛮的文明なり」(「孫逸仙」)と批判した。

この野蛮的文明に代わる「四海兄弟万邦帰一の理想郷」を実現しようというのが、自由民権の児として生まれ育った滔天のいう「人権の大本」の回復であり、彼はその理想を現実のものとしようとして孫文の中国革命を献身的に支援したのである。そしてその先には、野蛮的文明の道を進む日本の変革が想定されていた。

滔天にかぎらず明治初期の民権論者や国粋論者には、西洋民主主義が帝国主義的侵略と人種差別という非人間的な顔をあわせもっている現実を見抜く目がそなわっていて、日本はそれとは異なる近代化の道をめざそうとする健全なナショナリズムが主張されていた。だが日本が西洋と同じようにアジア分割戦争に突き進むようになるとともにアジア人差別思想が強まり、それが忠君愛国と一体化して進められることで、「もうひとつの」ナショナリズムの道は閉ざされてしまった。「私こそ真の愛国者」

と自負する滔天も、ともすればそのような国権の対外拡張型ナショナリストと混同されがちとなるが、彼の志は別であったことはすでに確認したとおりである。

滔天の真のすがたを中国の革命家たちは見誤らなかった。一九一七年年、病死した滔天の盟友、黄興の国葬が長沙で行われたとき、参列した滔天に長沙第一師範学校の学生だった毛沢東は同級生といっしょに滔天に手紙を書いた。以下の文面である。「先生は黄公に対し、生前は精神的支援を行い、死後は涙で弔った。きょうは万里の波頭を超えて葬儀に臨んだ。その厚誼は歳月を問わず貫徹し、その精神は天の神々をも感動させた。このようなことは、この時世においては珍しく、古今においても希である」

南京にある中国近代史遺址博物館（かつての中華民国総統府）には、孫文と滔天が並んで歩く銅像が立っている。銅像のタイトルは「赤誠友誼」。偽りのない友情という意味だ。中国の人びとは今も、国家と民族の枠を乗り越えてひとつの理想で結ばれた彼らの友情を忘れてはいない。

列強の帝国主義に苦しめられていた中国はじめアジアの国々、中東、アフリカ、ラテンアメリカの国々は第二次大戦後にあいついで独立を果たした。中国では毛沢東の率いる共産党が中華人民共和国を成立させ、社会主義による新中国の建設が始まった。滔天がめざした帝国主義からの非欧米地域の人びとの解放という政治革命は一定の成果をあげたものの、世界的な貧富の格差の根絶をめざす社会革命はいまだに険しい道を歩み続けている。新興国の多くでは、国民の貧困問題は解決されず、民主主義も十分に保障されていない。

現在の中国が孫文と滔天のめざした理想を体現しているとは言えない。とくに、冷戦終結とソ連崩壊後の市場経済のグローバル化によって、富が一握りの富裕層に集中し「下万民は膏の汗に血の涙」という状況が世界的な規模で急速に進み、いまや中国もその例外ではなくなろうとしている。国民の民主的権利は共産党独裁下で抑圧されている。

そうした二一世紀の現状のなかで、日本の指導者たちは依然として野蛮文明を克服する道を歩もうとしているとは思われない。滔天のめざした「世界革命」と「世界一家」の実現は、まだ道半ばである。

それともうひとつ、滔天らが私たちに残した課題がある。国外に覇をもとめない健全な日本のナショナリズムをいかに追求していくかである。欧米諸国のあとを追って帝国主義の仲間入りをめざした日本は、アジアの抵抗のナショナリズムと欧米列強の帝国主義的利害に挟撃されて敗退した。その支柱だった忠君愛国も否定された。アジア太平洋戦争の敗北によってアジアの植民地と侵略で獲得した利権を失った戦後日本は、新しいナショナリズムをつくりあげていくチャンスを手にした。それは、軍事力に頼らないだけでなく、欧米崇拝とアジア蔑視から脱した国づくりをめざすはずであり、「人権の大本」の回復は避けて通れない課題であろう。真の愛国とは何か、が問われよう。

金子文子と朴烈の天皇制批判

国家を超えた同志愛

関東大震災（一九二三年、大正一二年）の発生直後に、恋人の朝鮮人朴烈《パクヨル》とともに投獄され、皇太子（のちの昭和天皇）暗殺を計画したとして死刑判決を受けたアナキスト、金子文子が日本で広く知られるようになったのは、二〇一九年初めに日本で公開された韓国映画『金子文子と朴烈』によるところが大きい。

国家を超えた同志愛でむすばれ、国家権力の弾圧に対して一人の人間としての尊厳をかけて敢然と立ち向かう日本女性がいたこと、その文子を演じるチェ・ヒソの凛としてチャーミングな表情は、観客に驚きと感動をもたらした。日本の植民地支配、朝鮮人虐殺、天皇制などの重いテーマを扱いながら、観終わったあとにさわやかな風が吹き抜けたように感じさせるイ・ジュンイク監督の力量も高く評価された。

韓国で数々の賞を獲得し、新人女優賞受賞のチェ・ヒソを一躍スターの座に押し上げたこの映画（原題『朴烈――植民地のアナキスト』）は、二三五万人の観客を動員し、それまでほとんど知られることのなかった日本人女性の発見はやはり驚きと感動の渦を巻き起こした。

『金子文子と朴烈』の日本公開が二〇一九年だったことは、偶然ではないかもしれない。この年は日本の植民地支配からの解放をめざす「三・一独立宣言」から百年目にあたることから、文在寅大統領の記念演説が注目されていた。日本では平成天皇から新しい天皇への代替わりを控え、天皇制の過去と将来について論議する好機だった。日本と韓国との関係を歴史的に問い直し、新しい共生の道に踏み出すのにふさわしい節目の年でもあった。

ところが安倍政権の韓国敵視政策によって、両国関係は悪化の一途をたどっていった。日本のほとんどのメディアは、文政権の日本への対応を「反日」か「親日」かのレッテル貼りでしかとらえようとせず、そのような単純な二分法を超えようとする映画がなぜいまの韓国に生まれたのか、それと同政権誕生の政治的背景がどのように関係しているのかには関心はなさそうだった。

文喜相国会議長の「天皇謝罪」発言が伝えられると、知日派として知られる同議長がなぜこの時期にあえてこうした発言をしたのかを立ち止まって考えようとする政治家はなく、マスコミもほとんど思考停止に陥った。自民党の二階俊博幹事長が「無視！無視！」と感情をあらわにする映像が流れ、「天皇に謝罪とは無礼だ」と発言を不敬視するような反応が多く紹介された。

こうした光景を、金子文子ならどう思うだろうか。

彼女の生い立ちから朴との出会いまで、そしてなぜ日本の植民地から来たアナキストに日本人女性が惹かれたのかは、文子が獄中で書き上げた自伝『何が私をこうさせたか』に詳しく記されている。彼女に関する書籍もいくつかある。まず、獄中手記によってその思想形成を追ってみる。

文子は一九〇三年（明治三六年）に横浜市で生まれたが、貧困と両親の人間関係のもつれから出生届を出してもらえなかった。無籍者のため学齢期になっても小学校に行けなかった。九歳のとき文子は、養女として朝鮮に住む祖母と叔母に預けられた。この親戚の家で彼女は尋常小学校を卒業させてもらったが、女中のように酷使された。日々の行動は制限され、激しいいじめを受けつづけた。高《コウ》という朝鮮人の下男に対する祖母の露骨な差別意識も、文子のこころを傷つけた。

高の家族は夫婦と三人の子どもだった。働き者の彼は、休みも取らず安い給料で一家を支えていたが、子どもたちが腹いっぱいご飯を食べることはできなかった。ある日、高は祖母に「すみませんが明日一日休ませていただきませんか」と申し出た。彼は着物を一枚しか持っていないので、それを洗濯する日には仕事ができない。それを知りながら、祖母は「それなら女房にやらせりゃいいじゃないか。お前も随分甘いんだね」と言い、叔母と二人でキャッキャッと笑った。そして、別に着物をやろうとも言わずに、休暇願だけはゆるした。

文子は、「子どもながらに、いや、子どもなればこそ私は、叔母と祖母とをこの時ほど純真な正義感の上から憎んだことはなかった」

そんなある日、叔母に叱られて朝から一食も与えられず空腹を抱えてさ迷っている文子に、朝鮮人のおかみさんが声をかけてくれた。文子が朝からご飯を食べていないことを知ったおかみさんは、「まあ、可哀そうに！麦ご飯でもよければおあがりになりませんか」と家に誘ってくれた。文子は思わず声を出して泣いた。「朝鮮にいた永い永い七年の間を通じて、この時ほど私は人間の愛というものに感動したことはなかった」

叔母の家の「地獄」の日々に耐えかねて、ついに文子は自殺を決意する。白川の淵に飛び込むつもりだったが、突然、頭の上でじいじいと油蟬が鳴きだした。

「私は今一度あたりを見まわした。何と美しい自然であろう。何という平和な静かさだろう」「ああ、もうお別れだ！　山にも、木にも、石にも、花にも、動物にも、この蝉の声にも、一切のものに……」そう思った瞬間、急に悲しくなるとともに、死んではならぬと考えるようになった。「そうだ、私と同じように苦しめられている人々と一緒に苦しめている人々に復讐をしてやらねばならぬ」

一九一九年、三・一独立運動が起きた直後の四月、一六歳の文子は祖母の家から追い出されるように、山梨の母の実家にもどされる。さらに浜松の父のもとに引き取られ、裁縫学校に通わされるが父と衝突、翌二〇年に一人で東京へ向かう。「私は私の生活を自分で拓り開き、自分で創造しなければならぬ」と。

上野公園前での新聞売り子、神田神保町界わいでの粉石鹸の露天商などでとぼしい生活費を稼ぎながら、その合間を縫って正則英語学校と研数学館に通った。そのうち学校で二人の社会主義者に出会う。一人は朝鮮人だった。彼らのグループの機関紙やパンフレットを読むうちに、社会主義の思想や精神がしだいにはっきりとつかめるようになった。

「社会主義は私に、別に何らの新しいものを与えなかった。それはただ、私の今までの境遇から得た私の感情に、その感情の正しいということの理論を与えてくれただけのことであった。私は貧乏であった。今も貧乏である。そのために私は、金のある人々に酷《こ》き使われ、責《さい》なまれ抑えつけられ、自由を奪われ、搾取され、支配されてきた。私は、そうした力をもっている人への反感を常に心の底に蔵してきた。と同時に、私と同じような境遇にある者に心から同情を寄せていた。朝鮮で、祖母の家の下男の高に同情したのも、哀れな飼い犬にほとんど同僚《カムレード》といったような感じを抱いたのも、圧迫され、苛められ、搾取されていた哀れな鮮人に限りなき同情の念を寄せたことも、すべてそうした心のあらわれであった。私の心の中に燃えていたこの反抗や同情に、ぱっと火をつけたのが社会主義思想だった」

だが彼女は、社会主義による変革には醒めた見方をしていた。「民衆のために」と言って社会主義は動乱を起こし、民衆は自分たちのために立ち上がってくれた人々と生死を共にするだろう。「そして社会に一つの変革が来ったとき、ああその時民衆は果たして何を得るであろうか。指導者は権力を握るであろう。その権力によって新しい世界の秩序を建てるであろう。そして民衆は再びその権力の奴隷とならなければならないのだ。（…）それはただ一つの権力に代えるに他の権力をもってするにすぎないではないか」

だから文子は、これという理想を持つことはできなかったが、と言って社会から逃避しようとは思わなかった。たとえ私たちが社会に理想を持てないとしても、私たち自身には私たち自身の真の仕事というものがあり得ると考えた。「それが成就しようとしまいと私たちの関したことではない。私たちはただこれが真の仕事だと思うことをすればよい。私はそれをしたい」

私自身の仕事を求める文子は、朝鮮人の社会主義者やアナキストらと交流するうちに、月刊誌「青年朝鮮」の校正刷りでひとつの詩に出会う。詩は「犬ころ」と題され、作者は朴烈。その作品の主人公に、文子は「宿無し犬のようなみすぼらしい日々を送りながら、王者のようなどっしりした態度」を見出し、強くこころを動かされた。

しばらくして、彼女が働く通称「社会主義おでん屋」にひょっこり姿をあらわした朴に、文子はいきなり求婚する。そのさい彼女はこう質問した。「私は日本人です。しかし、朝鮮人に対して別に偏見なんかもっていないつもりですが、それでもあなたは私に反感をおもちですか」。朴は答えた。「いや、僕が反感をもっているのは日本の権力階級です、一般民衆ではありません。殊にあなたのように何ら偏見をもたない人に対してはむしろ親しみさえ感じます」

朴烈は一九〇二年に朝鮮慶尚北道の地主の家に生まれたが、家が傾き小作人となった。一〇年に日本の植民地支配がはじまり、「皇民化教育」の中で育った。三・一運動に参加したが、やがて彼は民族運動から手を引く。支配者が変わったところで、民衆には何のかかわりもないと思ったからだ。運動が大日本帝国によって弾圧されてから間もなくして、彼はその宗主国に新たな活動と勉学の機会を求めてやってきた。東京で新聞配達、人力車夫、日雇い労働者などの底辺生活を送りながら朝鮮人アナキストたちと交流をはじめた。

下駄屋の二階六畳間を借りて同志的同棲をはじめた朴と文子は、アナキズムに共鳴する団体、黒濤会を創設、会の機関誌「黒濤」を創刊した。同誌は日本帝国主義に対して闘う朝鮮人の心を心ある日本人に紹介し、日朝両国の民衆、ひいては世界の民衆の解放に役立てるのが目的だった。朴は新潟県中津川の発電所建設現場で起きた朝鮮人虐殺事件を現地調査して同誌に寄稿するとともに、在日朝鮮人の講演会で、虐殺事件の根底にある「資本家的社会制度の根本的破壊」を呼びかけた。

二人の生活は家賃の支払いにも事欠くほど苦しかったが、在日朝鮮人と日本人にアナキズムを宣伝するための不逞社という集まりも組織し、「太い鮮人」を創刊した。

朴は朝鮮時代から日本の文学者の書いたものなどを読んでいて、来日後、文学者で社会主義者の秋田雨雀とも交流した。秋田は朴について日記で、「仙人のような、それでいて熱情のある人だ。日本の青年たちよりよほどまじめで人間的だ」と評した。

権力の陰謀を逆手に

映画『金子文子と朴烈』は、文子がいきなり朴に求愛する場面からはじまり、関東大震災後の日本政府の政治的陰謀に巻き込まれて二人の運命が大きく変わっていく様子をダイナミックに描き出す。作品はドラマ仕立てになっているが、イ・ジュンイク監督は当時の日本の新聞、検察の尋問調書、裁判の公判記録など多数の資料を日本から取り寄せ、できるだけ事実を忠実に再現しようとつとめた。日本語が堪能なチェ・ヒソは、文子の獄中手記を読み込み役作りにのぞんだという。

一九二三年九月一日に関東大震災が発生すると、まもなくして「朝鮮人が殺傷、略奪、放火した」とか「朝鮮人と社会主義者が放火した」という噂とデマが流れ、軍隊と警察、住民自警団による朝鮮人虐殺が起きた。犠牲者の総数はいまだに不明だが、内閣府の資料では、朝鮮人だけでなく朝鮮人と間違われた日本人、中国人を含めて「一〇〇〇人〜数千人」とされている。

震災発生の三日後に、警察は金子文子と朴烈を保護検束の名目で、つづいて不逞社の参加者たちを次々に逮捕し、東京地裁検事局は文子や朴ら一六名を治安維持法容疑で起訴した。

二四年に東京地裁で尋問を受けたさい、文子は皇族や政治の実権者に対して爆弾を投げるために朴烈と相談の上、朴が知り合いのアナキストに上海からの爆弾入手を依頼したことがあったと陳述した。その結果、検察は朴と文子を爆発物取締罰則違反で起訴、さらに被告の行為は「天皇をはじめとする皇族に危害を与えようとする者は死刑に処す」と定めた刑法七三条（大逆罪）に該当すると判断した。

この条項の適用者は大審院の裁判にまわされ、死刑を宣告されることは確実だった。

文子は尋問調書の中で、天皇制反対の考えを述べていた。「自然的存在たる人間はすべて完全に平等である」として、「天皇が実際は一介の肉の塊であり、所謂人民と全く同一であり、平等であるべき筈のもの」と彼女は言う。だが日本の国家組織は、第一階級―皇族、第二階級―大臣その他の実権者、第三階級―一般民衆に分けられ、「皇族は政治の実権者たる第二階級が無知なる民衆を欺く為に操って居る可哀想な傀儡であり、操り木偶であると思います」と主張する。

予審判事は天皇制批判をやめ転向するよう求めたが、彼女はそれを拒否した。

朴と文子は爆弾入手を計画したが実現はせず、目的も漠然としたものだったようだが、長期の取り調べのなかで供述が誘導されて皇太子暗殺を謀ったという話に膨れ上がったらしい。震災による人心不安が治安悪化につながるのを防止するために、「不逞鮮人」の存在をクローズアップするのが政府の意図だったとみられる。新聞は「帝都で大官の暗殺を企てた」と書きたてた。二人は二五年に大逆罪で起訴された。

朴と文子はそうした権力の陰謀を逆手にとり、内外で注目される大審院裁判の場を自分たちの主張を世界に知らせる天皇制批判の舞台としようとした。二人は朝鮮の伝統衣装を着て法廷に立ち、朴は朝鮮語で人定質問に答えた。弁護人は、朝鮮人の独立運動活動家の弁護で活躍してきた布施辰治だった。

二六年に開廷された大審院の審議で、文子は天皇の名において苦しめられている朝鮮民族の独立運動について昂然と言い放つ。「私は朝鮮に居て朝鮮の独立騒擾の光景を目撃して、私すら権力への反逆気分が起こり、朝鮮の方のなさる独立運動を思うとき、他人のこととは思い得ぬほどの感激が胸に湧きます」。朴は自己の確信を堂々と述べた。「（天皇の暗殺は）日本人にとっては大逆でしょう。朝鮮人としてするべきことをするのが大逆なら、喜んで罪人となります」

その朴の方を見て、文子は「私は朴を知っている。朴を愛している。彼におけるすべての過失とすべての欠点とを越えて、私は朴を愛する。私は今、朴が私の上に及ぼした過誤のすべてを認める」と述べ、「どうか二人を一緒にギロチンに放り上げてくれ。朴と共に死ぬるなら、私は満足しよう」とむすんだ。

若槻礼次郎首相は摂政宮（のちの昭和天皇）に朴烈と金子文子の恩赦申立書を提出、二人は死刑から無期懲役に減刑された。渡された恩赦状を文子は破り捨て、朴は受け取りを拒否した。その後、宇都宮刑務所に移された文子は、二六年四月に独房で首をくくって自殺しているのが発見されたと発表された。二三歳だった。

朴烈は刑務所で生き延び、四五年八月一五日の日本の敗戦を受けて出獄した。彼はその後、在日朝鮮居留民団（民団）の委員長に就任、五〇年に韓国に帰ったが、朝鮮戦争のさいに北朝鮮に連行され、しばらくして粛清されたと報じられた。

「いまこそ民衆同士のチャンネルを」

『金子文子と朴烈』の製作意図について、イ・ジュンイク監督は「アナキストである朴烈の人生は民族主義者の生き方とは大きく違います。彼は人間対人間という視点に基づいた価値観をもっていましたから、本作も〝悪の日本、善の朝鮮〟という二項対立の思考で描きたくなかったのです。朴烈の世界観、社会観、国家観は現代社会にも通じるものだと思います」と、この映画の紹介パンフレットで述べている。

『王の運命』『空と風と星の詩人』などの作品で〝歴史映画の魔術師〟と讃えられ、多くの観客を感動させてきたイ監督が、朴烈を知ったのは二〇年ほど前という。朝鮮独立運動史に関する資料を読み込むなかで、数多くの独立運動家のうちに朴烈が目にとまった。「残虐行為の歴史を隠蔽しようとした日本政府に抵抗した朴烈のことを、恥ずかしながら私は知りませんでした」。他の独立運動家とは違うアナキストとしての信念に生きたその生涯にも興味を覚えた。それを映画をつうじてできるだけ多くの人々に知ってもらいたい、と二〇年の準備をへて世に送り出したのが本作である。

監督はアナキズムについても、キネマ旬報の対談で独自の見方をしている。この言葉は韓国でタブー視されてきた。共産主義と混同されたり、「無政府主義」と訳されることで暴力的イメージもともなってきた。だがそれは単語の誤用にすぎないという。「実際に韓国人の政治や権力にたいする志向性をみると、アナキズム的な思考があります」として、朴槿恵《パククネ》大統領を権力の座から引きずり下ろした二〇一六年の「ろうそくデモ」を挙げる。

「日本には天皇制が存在することもあり、比較的、権力にたいする尊重意識や服従をよしとする傾向があるように思いますが、韓国では絶対権力を否定しようとする気質がとても強い」と指摘し、ろうそくデモも組織がどうこうというよりも、個人の意思を社会に直接反映させようとする「アナキズム的な集団行動」とイ監督は分析する。それは、フェミニズムや環境運動、反原発などにもみられ、「今後も朴烈や金子文子のようなアナキズム的表現や発想は繰り返されていくのではないか」とみる。

文子を演じたチェ・ヒソは同誌のインタビューで、彼女の獄中手記を読んだときの驚きと感動をこう述べている。「『こんな女性が存在した』ということ自体に驚きました。あの時代に『人間平等』を主張し、自分の思想について詳しく述べることができただけでなく、その思想を行動に移し、アナキストとして死ぬまで懸命に生きた方。それは本当に衝撃的で感動的なストーリーだと思いました」と指摘する。

韓国で金子文子がものすごい人気となった理由として、イ監督は「フェミニズムの影響が大きい」ろうそくデモ以降、フェミニズムが盛り上がるなかで、金子文子のキャラクターが好感をもたれるようになった。「文子の生き方が、現在の韓国のフェミニズムが達成しようとする方向性と一致したということなのだろう」という。

イ監督は現在の韓日関係が微妙であるからこそ、この映画が反日感情を呼び起こすものにならないように、できるだけ理性的、論理的に作ろうと慎重になったという。たとえば、裁判で朴烈が堂々と戦うのに作家の中西伊之助のサポートがとても大きかったことも描かれている。「国家を超えて、平等な人間同士の温情みたいものを分かち合える日本人が当時もいたし、いまもいるであろうことを描きたかったし、それを日本の観客にも観てもらいたい」

映画では描かれていないが、金子文子と朴烈の裁判を支援したのは、弁護士の布施辰治や作家の中西伊之助、不逞社の同志たちだけでなく、多くの朝鮮人と在日朝鮮人、朝鮮人留学生たちだった。朴と文子が大審院裁判で着用した民族服は、主として在日朝鮮人と朝鮮人留学生のカンパによるものだった。

朝鮮の新聞はこの裁判に大きな関心を示した。東亜日報は社説で、「朝鮮人も人間であるように、日本人も人間である」として、「日本人は朴烈の罪を論議する前に日本人自身の罪を論議しなければならない」と主張した。朝鮮日報の記者は獄中の文子を訪問し、「金子文子の半生」を掲載、社説は被圧迫民族の一員である朴と運命を共にしようとする文子の姿勢を高く評価した。

朝鮮民族の叫びに耳を傾け、日本の植民地支配に批判的な日本人は、裁判で朴と文子を支援した中西や布施以外にも少数ながらいた。

朴烈と金子文子が大逆罪で死刑判決を受ける四年前、一九一九年三月一日に首府京城で二九人の独立運動代表が「われらは、ここに朝鮮の独立と、朝鮮人民の自由民なることを宣言する」で始まる「朝鮮独立宣言」を読み上げた。宣言は「これをもって世界万邦につげ、人類平等の大義を明らかにし、且つこれを子孫におしえ、民族独立を天賦の権利として永遠に保持させるものである」との高い理想を掲げ、日本人に呼びかける内容もふくまれていた。

「朝鮮独立万歳」を叫ぶ巨大なデモが瞬く間に全土に広がっていった。朴もその中にいた。

宮崎滔天はこの報にすぐさま強い反応を示した。日本政府が「三・一暴動」と呼び、多くの新聞が外国人宣教師に扇動された暴徒と決めつけるなか、滔天は三月五日の「東京より」に運動を高く評価する記事を書いた。「朝鮮全道に亙る此の大示威運動が二三か所に警官憲兵との衝突を演じ候以外、その運動が一揆的暴動に出でずして、至極秩序的に厳粛に行われたるは注目に値するものと存じ候。(…)兎にも角にも斯かる多数人の行動が時を同じふして、而も厳粛に行はれたるは見上げた行動に候」。彼は運動を主導する天道教が、かつて日本など外国の進出に対する抵抗運動を起こした東学党の流れをくんでいることに注目し、そこに世界主義と国家否定を読み取った。

三・一独立運動の参加者は計二〇〇万人以上に達し、あらゆる階層の人々が含まれていた。日本植民地統治者は参加者を逮捕、虐殺、拷問する徹底的弾圧でのぞみ、死者七五〇九人、負傷者一万五八五〇人、逮捕者は四万六三〇六人に上った。

高名な英文学者斎藤勇は、「もしこれを恥とすることなくば、呪われたるかな、東洋君子の国」との警世の句を「福音新報」(一九年五月二二日)に発表した。

東洋経済新報のジャーナリスト石橋湛山は、三・一独立運動を受けて「衷心から日本の属国たるを喜ぶ鮮人は恐らく一人もなかろう。故に鮮人は結局その独立を回復するまで、我が統治に反抗を継続することは勿論、しかも鮮人の知識の発達、自覚の増進に比例して、その反抗はいよいよ強烈を加うるに相違ない」と予測。二一年の同誌社説では、朝鮮、台湾、満州の植民地すべてを放棄すべきだとする「小日本主義」を主張した。大正デモクラシーの理論的指導者吉野作造は、朝鮮独立を明確に主張した形跡は乏しいものの、「朝鮮暴動」(三・一運動)について「これを根本的に解決するの一歩は自己の反省でなければならない」と、朝鮮総督府の武断政治に反省を促す文章を「中央公論」に発表した。

朝鮮の陶磁器の美しさに衝撃を受けた民藝運動の創始者柳宗悦は、三・一運動の翌年に雑誌「改造」に、あるとき高麗陶磁器の淋しい姿が亡霊のごとく浮かび出て、私にこう告げたと書いた。「他国の人々よ、どうしてそう酷い事をわれわれの民族にしむけるのであるか。私達の虐げられた運命が貴方がたの歓楽になるのであろうか」。そして「私はかかる叫びを聴く時、真に断腸の想いがある」と。

だが、そうした先人たちの声は百年後のいまも、日本では少数派のままであるようだ。

「三・一独立宣言」から百年目の記念日の二〇一九年三月一日、ろうそくデモによって誕生した文在寅大統領は宣言の歴史的意義を強調してこう述べた。「その日、われわれは王朝と植民地の民から共和国の国民へと生まれ変わった。独立と解放に向けて、民主共和国のための偉大な旅路を歩み始めた。一〇〇年前の今日、南も北もなかった」。さらに、「三・一独立宣言が排他的な感情ではなく、全人類の共存共生のためのものであり、東洋平和と世界平和に向かう道であることを明確に宣言した」と、その普遍性を強調した。日本のメディアはこぞって、文大統領が対日批判のトーンを後退させたと伝えた。

イ監督の言葉にもう一度、耳を傾けてみよう。こういう時代だからこそ、「権力者の戦略にのせられることのないチャンネル」が大切であり、「今後、韓国と日本の民衆同士がつながるチャンネルが開かれればいい」と彼は期待を寄せる。そして、「その際、やはり歴史認識が問題になると思います」という。そのための基本姿勢と精神はすでに朴烈と金子文子によって示されており、二人の戦いを引き継ぐことで、韓国、日本、中国という個別の歴史を超えた「アジア的観点から歴史を学ぶ機会が増える時代に二一世紀がなってほしい」との夢を語っている。

『何が私をこうさせたか——獄中手記』は、予審判事の求めに応じて金子文子が書いたものを不逞社の同志栗原一男が入手し、一九三一年に春秋社から出版された。文子は手記のあとがきに、つぎのような一節を書き残している。

間もなく私は、この世から私の存在をかき消されるであろう。しかし一切の現象は現象としては滅しても永遠の実在の中に存続するものと私は思っている。

「留学生の父」穂積五一

途上国の若者からの敬愛

穂積五一の名を私がはじめて知ったのは、一九八一年のタイにおいてであった。同年七月に亡くなった穂積の追悼会がタイ人によってバンコクで行われ、私は毎日新聞のバンコク特派員だった。

追悼会を主催したタイ人は、穂積が留学生、研修生受け入れのために東京に建設したアジア文化会館（ＡＢＫ）で学んだ同窓生たちだった。追悼会のことを私に知らせてくれたのは、故人が設立に尽力したバンコクの泰日経済技術振興協会（ＴＰＡ）の日本人職員だったが、そのとき私は穂積五一がどのような人物であり、なぜタイの日本留学生たちが仏教国タイの宗教儀礼によってこの日本人の死を悼むのかもわからなかった。

穂積が「留学生の父」として、タイだけでなくアジア各国、ラテンアメリカ、中東、アフリカからの留学生、研修生に慕われていたことを知ったのは、それから間もなくしてからである。追悼会は韓国のソウル、中国の北京、ブラジルのサンパウロ、パキスタンのマングラ、バングラデシュ、ボリビア、ペルーなどの各地でも行われた。七九年の生涯を閉じるまで、穂積のもとを巣立った留学生、研修生は一〇〇ヶ国以上、二万人を超える。

だが日本では、穂積の訃報はメディアでほとんど伝えられなかった。私は「留学生の父」の実像、なぜ彼がかくも多くの南側の若者たちに尊敬される日本人であったのかを知りたいと思いながら、その手がかりをなかなかつかめなかった。最大の理由は私自身の努力不足だが、それだけでもない。穂積は生前、自分の仕事についてメディアや講演などで語ることが少なかったため、その発言が広く知られることはなかった。当時、私の手元にあった穂積に関する文章は、一九六二年に思想の科学研究会がまとめた共同研究『転向』の国家主義者の章で、判沢弘が右翼運動家の一人として論じているものがあるくらいだった。

では、戦前の国家主義右翼の運動家がなぜ戦後、アジアをはじめとする途上国の留学生から「父」と敬愛される存在になったのか。この疑問がしだいに解けるようになったのは、穂積の遺稿をまとめた『内観録』が一九八三年に、次いで『アジア文化会館と穂積五一』（以下『アジア文化会館』と略）が二〇〇七年に刊行されてからだった。いずれも、偉大な先覚者の全体像をできるだけ多くの日本人に知ってもらい、その精神を現在の私たち一人ひとりがどのように引き継いでいったらよいのかを考える糧にしてほしいという願いから、穂積五一先生追悼記念出版会がまとめたものである。以下、両書を中心に「留学生の父」が誕生するまでの軌跡と、穂積が戦前、戦後をつうじて求めてきたものとは何であったのかを追ってみたい。

穂積五一は一九〇二年（明治三五年）、愛知県八名郡能登瀬村（現・南設楽郡鳳来町）に生まれた。父麟三は地元村長、県会議員をへて衆議院議員として中央政界に進出したが、五一が二歳のときに病没した。五一の弟、穂積七郎は戦後、社会党の代議士となる。

小中学校時代の五一は野球部や相撲部で活躍するが、中学卒業後に肋膜を患い、三年にわたる療養生活を送る。この間、「自分とは何か」を煩悶し、哲学と宗教の書を読みあさり、さらに禅宗の名僧に師事し座禅を組む日々を送った。煩悶の日々から抜け出した彼は、鹿児島の七高に入学する。鹿児島は西南戦争で敗れた維新の英雄西郷隆盛を生んだ地ということもあり、同校は「反骨」の気風で知られ、多くの社会主義者を輩出した。五一はここで社会主義と出会った。

七高を卒業した五一は、一九二六年（昭和元年）に東京帝国大学法科に入学した。時代の状況は内外ともに厳しさを増し、日本の進路をめぐるさまざまな議論と動きが社会を揺さぶろうとしていた。前年には治安維持法と普通選挙法が成立、東大入学翌年の二七年には山東出兵、二八年には共産党員を一斉検挙する三・一五事件が起き、二九年にはニューヨーク株式市場の大暴落が引き金となった世界恐慌が日本にも波及する。

東大のキャンパスでは、同大教授吉野作造の提唱した「民本主義」に共鳴した学生たちの団体「新人会」が影響力をもっていたが、穂積はそれには入らず、憲法学教授上杉慎吉の下につくられた国家主義的学生団体「七生社《しちせいしゃ》」に加入した。

上杉は、同大教授美濃部達吉の「天皇機関説」を「天皇主権説」の立場から批判したため、まだ大正デモクラシーの風潮が色濃い時代に単なる反動的学者とみなされがちだが、そのような上杉理解は彼の実像からはかけ離れているようだ。また穂積も、七生社で活躍したから上杉崇拝者というわけではない。『アジア文化会館』で、植田泰史は穂積が上杉に惹かれたのは主義主張への共鳴もさることながら、師の人間性にたいする信頼感が大きかったのではないかと分析している。

上杉は、普通選挙法を支持するとともに、「財閥と結んだ政党内閣の腐敗」を批判した。また社会主義者堺利彦編集の雑誌「新社会」に投稿し、「皇室と人民間の妨害物『家族制度と資本家階級の排除』の必要性がある」と主張した。貧困と闘いながらマルクスの『資本論』を日本で最初に完訳した高畠素之に生活援助を行い、完成した高畠訳『資本論』に序文をよせたのも上杉だった。「上杉は、日本では天皇制を肯定した上で、資本主義的諸矛盾をマルクス主義的に分析し社会革新をする必要があると認識していたようである」（植田）。だが民族の独自性を尊重する社会主義論は、ソ連主導のコミンテルンの指導下にあった日本共産党には認知されず、「右翼」と批判された。

穂積の七生社入りも同じ理由である。新人会は吉野の意に反して民本主義を離れ、天皇制廃止やブルジョア民主主義革命の社会主義革命への転化を主張する共産党との連携を深めていった。上杉と穂積は、労働者・農民の生活向上をめざす社会運動は不可避としながら、天皇制は国民の精神の基盤の上に存続できるという点で一致していたようである。そのような国家社会主義者から見ると、新人会の主張は日本の現実に根ざさないソ連マルクス主義の直訳的適用でしかない。それだけでなく、上杉の講義をひやかしにくる新人会学生まであらわれはじめた。彼らの志士気取りも穂積の肌に合わなかった。

七生社は新人会への反発を強め、弁論大会で論戦を挑むが乱闘騒ぎになる。七生社の代表格が穂積だった。暴力の応酬はつづき、事態を憂慮した古在由重総長は「大学の平和」という声明を出して総長職を辞任した。

穂積は戦後、「私たちは社会科学を勉強しなければなりません」と主宰する新星学寮の学生たちにたびたび語った。彼のいう社会科学とは社会主義やマルクス主義の色彩が強く、同時代人で一番すぐれた人物として挙げたのは、恩師の上杉愼吉ではなく、京大教授の経済学者河上肇だった。河上との面識はないものの、河上はマルクス主義者であり、言行一致の人だった。穂積が上杉に接近したのも、七生社の「思想即生活」という社是にひかれたことが大きい。志半ばで病に斃れた恩師への追悼文で、愛弟子は「先生が国家主義者であったにも拘わらず、理論上一見是に矛盾せるが如き『各人格完成』を終極の目的とする個人主義が、先生の実生活に於いては、巧みに調和され実践されてゐたこと」に感銘を受けたとも記している。

植田は、「穂積は、社会の矛盾を自己の主体的課題として背負っていくタイプの人である」と評しているが、この基本姿勢は戦後も一貫していた。そしてこれこそが、留学生、研修生から国家、政治体制、民族、宗教、文化の違いを超えて「父」として敬愛と信頼を集める最大要因となるのだが、それに触れる前に大学卒業後の穂積の活動を簡単に追ってみる。

一貫する自主・平等の姿勢

穂積は三〇年に東大卒業後、就職しなかった。自分がめざす社会の変革活動を続けるには何ものにも拘束されない自由が不可欠だとの信念からだ。まず、七生社の学生宿舎だった至軒寮を再建した。寮の運営費や彼の最低限の生活費は就職した関係者らが支援してくれた。東大はじめ東京の各大学生が国防、経済、社会問題などについて学ぶ研究会がつくられ、穂積が全体を統括した。彼はアジアからの留学生とも交流し、寮には朝鮮独立運動の東大留学生グループや日本の労働者、農民もやってきて、自由に議論をたたかわす場となった。このため、特高警察の監視下に置かれた。

三一年の満州事変を機に時代がきな臭さを増していくにつれ、至軒寮もいくつかの事件に巻き込まれていく。三二年に政財界の要人を暗殺した右翼団体血盟団事件と、三六年の二・二六事件で寮の在籍者から逮捕者が出る。穂積はテロやクーデターを否定する議会重視論者だったが、嫌疑をかけられ特高の取り調べを受けた。四三年には、穂積が結成した皇道翼賛青年連盟の不穏分子が東条英機首相暗殺計画で逮捕されると、穂積も嫌疑をかけられて警察に逮捕、拘留された。

しかし至軒寮はけっして政治結社ではなく、共産党が壊滅させられ言論の自由が息の根を止められていく時代のなかで、日本の変革についてさまざまな考えをもった憂国の士が集う梁山泊の役割を担っていたと言えよう。だから、議論に飽き足らずテロやクーデターに共鳴する在籍者が出てきても、あるいは官憲の監視下に置かれていたのも不思議ではない。海軍青年将校が犬養毅首相を殺害した三二年の五・一五事件の首謀者三上卓も出所後に寮に出入りしていたし、上杉門下の秀才で東条内閣の商工相になった岸信介も一人でふらりとやってきた。

当時の寮生で戦後、穂積のアジア文化会館での留学生、研修生支援事業を支えた田井重治によれば、至軒寮は「日の丸共産党」とも呼ばれたという。食糧や仕送りは公平にすべての人に回り、自分の着ている服以外は全部公有という感じだった。所蔵書籍の大部分は社会主義関係のものだった。掃除、炊事などは禅寺の作務にそっくりだった。

穂積自身は日本の中国侵略に反対だった。満州事変後、日本の農村の窮状打開のために満州に農民を送り込もうとする、満州移民論の指導者加藤完治から協力を要請されると、穂積はこれを拒否した。

「日本移民は中国人の土地を奪い、現地人の反日感情を煽り、日本の国際的孤立を深める」という理由からだった。日清戦争に反対しアジア諸国の平和的な連携を主張した勝海舟の門弟宮島詠士にも穂積は接近した。宮島は日中間を往来して両国の友好に尽力し、日本に植民地は不要とする「小日本主義者」だった。被差別部落の解放をめざして「水平社」を創設した西光万吉が三七年の第二〇回総選挙に奈良で立候補すると、穂積は応援に駆けつけているが、その西光のメモには穂積が日中非戦論者、対米英戦争反対論者であり、東条英機をいかに嫌っていたかが記されている。

皇道翼賛青年連盟不穏分子による東条首相暗殺事件に関連して、特高は至軒寮内外の朝鮮人独立運動家三人を検挙した。彼らは至軒寮で穂積にだけは自分たちの活動を打ち明けていた。穂積もいっしょに元富士署に拘留された。

一九四五年の敗戦を穂積は病床で迎えた。その後、公職追放。「真珠王」御木本幸吉の孫娘でピアニストの池田文子と結婚する。妻のピアノレッスン料ではじめて一定の収入が確保されるが、その後留学生らの面倒をみるアジア文化会館などの責任者になってからも、穂積は自分が最低限生きていける以上のカネは受取らず清貧をよしとした。

穂積が敗戦とともに、天皇制についてどのような思いを巡らせていたのか、連合国軍による占領体制下での平和と民主主義国家への再生をどう考えていたのか。多くの内面的葛藤があったはずだが、その軌跡は先の二冊からはわからない。

共同研究『転向』で判沢弘は、「敗戦を契機とする穂積の思想における転向は、彼の『再軍備反対論』『不戦論』としてあらわれる」と書いている。だがこの指摘には、穂積が国家社会主義の右翼運動家であったから好戦的な軍国主義者であったかのような暗黙の思い込みがないだろうか。すでに見た彼の実像はこのような見方とは異なる。戦前、戦中の日中非戦論者、朝鮮独立運動の支持者としての穂積と「留学生の父」としての穂積を貫く〝非転向〟の精神にこそ、注目すべきだろう。

学生時代から親交のあった経済学者で東大教授の大河内一男はそれを、「人間の根底における絶対的な自主と平等を見すえる」姿勢と表現している（『内観録』）。この姿勢は、国内の労働者、農民、被差別部落民だけでなく、日本の侵略に苦しめられる中国、朝鮮の人々に対しても一貫していたことは、戦前・戦中の穂積の活動で確認した通りである。この穂積精神が戦後、日本とアジアとの支配、被支配の関係の歴史を克服し、あらゆる民族とあらゆる個人の自主と平等に基づくアジア諸国の平和と発展に寄与する拠点としてのアジア文化会館となって大輪の花を咲かせることになる。

アジアの若者と学び合う

至軒寮は新星学寮と改称して再出発を図るが、木造二階建てのおんぼろ家屋であることに変わりなかった。それでも穂積は意気軒高である。五二年に発刊された寮誌「のろし」の巻頭言で、彼は「寮は、真実を求めるところである」と述べ、身分的、経済的な格差や男女、国籍に関係なく「人としての生活基盤に立って、不断に高く広く創造していく相互修練の準備機関」と位置づけている。「自主と民主」と題する巻頭言では、「形式がいくら民主的であり自主的である様に見えても、個々の内面に、それにふさはしい苦労を経た中味がなければ、何にもならないと思う」と説き、別の巻頭言では「他に学ぶ謙虚さ」によって「寮生活を愉快に堅実に発展させせようではないか」と提言している。

寮生は東大はじめ日本の学生が中心だったが、寮内に東大アジア友好協会が発足、財団法人・アジア学生文化協会が設立され穂積が理事長に就任する。穂積は日中友好協会の常任理事として中国からの留学生受け入れに力を入れるが、国交がないことなどの理由から実現は難しかった。そのうち日本政府による留学生、技術研修生の受け入れがはじまり、そのための施設として政府や関連企業などの資金協力で六〇年にアジア文化会館が完成した。国内の政治は岸内閣の日米新安保条約をめぐり騒然としながらも、経済は高度成長に向かいつつあった。

アジアからの新たな留学生を迎えるにあたって、穂積は中国の作家、魯迅と藤野先生の関係を思い起こし、「戦前の失敗を繰り返すな」を自戒の念とした。

魯迅は日本での留学先の仙台医学専門学校（現・東北大学医学部）で、自分を親身に指導してくれた恩師藤野厳九郎を生涯敬愛し、『藤野先生』という作品を書いた。だが、帰国後の魯迅は抗日運動に身を投じた。魯迅だけでなく多くの中国からの留学生が、同じような道を歩んだ。穂積はこう記している。「今、藤野先生の魯迅に示したような誠実さが日本にあるとしても、日本の国としての政策がこれと異なって彼らを侵すものならば、魯迅が藤野先生への感謝を抱きながら、中国人として抗日の戦に身を投じたのと同じ道を彼らが選ぶのは、自明のことであらう」

五階建てビルの新会館でも、理事長の穂積は新星学寮と同じくそこに住んで留学生、研修生と起居を共にし、共に心を語り合い、共に個々人が当面する問題やトラブルの処理に当たった。留学生、研修生の多くはアジアをはじめとする途上国出身者だったが、穂積はいかなる学生らも一貫して平等に扱い、相手の人格を尊重し、つねに相手の言い分に謙虚に耳を傾け、相手の立場に立って物事を理解し、もろもろの留学生、研修生問題を自分の問題として真剣に取り組んだ。

そうした姿勢は利他的なものではなく、穂積自らの人間としてのさらなる成長につながるものととらえられていた。「のろし」の巻頭言から引くと、「『人間』を軸として交流し、戦前の長所を学び戦後の清新を伸ばし、日々古くて新しい個の内を充実しつ、今の世の素晴らしい歴史的課題を果たす」という任務を果たすためである。

アジアの若者たちと膝を交えて話し合うなかで学びと取ったこととして、穂積は雑誌「未来」のインタビュー（七三年）で四点を挙げている。

第一は、アジアと日本の歴史の違いである。「日本は百年の間、欧米に学び、欧米を尊び、欧米のまねをして、アジアを軽んじ、これを植民地化してアジア中を荒らしましたね。向こうは被害者です。その苦しみのなかでつちかわれたかれらの心情といふものは、私たちとは全然ちがひます」。だから日本人は、歴史に学びアジアの人々の立場に立ち、その心に触れ、自らを省みていけば、少しずつ心が通じ合うようになるだろう。「誠実なつき合いのなかで、お互いが学び成長しそして変わっていく」努力なしには、アジアの人々は日本人を本当の友とはみなさないであろう。

第二は、「かれらは日本を独立国と思ってゐない」ことだ。なぜなら、日本国憲法は占領軍から与えられたものであるだけでなく、日本はいまだに外国（米国）から国を守ってもらっているからだ。どちらの憲法がすぐれているかの問題ではなく、憲法も国防も自分たちの手で勝ち取ってこそ尊いのだというのが、植民地支配からの独立を実現した南側の人々の考えなのである。こうした日本への見方からは、本当の日本理解も尊敬も生まれない。第三は、経済協力は誰のためなのか。日本は南側の新興国の発展のためというが、実態は日本の儲けのためと彼らは主張する。第四は、人間の考えの違い。日本人は首相をはじめ日本のＧＮＰが何位だとか威張るがそれはエコノミック・アニマルにすぎず、日本人は底の浅い井戸のようで付き合っても得るものがあまりない。

「以上四つの点を満たしたときに、はじめて向こうの人といいつき合ひができませう」というのが穂積の日本人への提言である。

「契約拘束」撤廃に心血注ぐ

留学生たちの声に耳を傾けていて、途上国の経済発展のために必要なのが技術協力であることも分かってきた。穂積はその一歩として、タイに泰日経済技術振興協会（ＴＰＡ）を設立する構想を立ち上げ、建設費を日本の政府補助金や経団連をつうじた民間資金から募った。七五年にバンコクにＴＰＡのビルが完成したが、その活動内容や運営は「タイの自主性を尊重する」との原則を確認、日本側はカネは出すが口は出さないとされた。ＴＰＡのタイ側設立委員はアジア文化会館の同窓会員たちだった。

穂積はタイ訪問を重ねるうちに、現地の事情を無視した日本企業の集中豪雨的進出に対するタイ国民の批判と不満が、学生を中心に爆発寸前になっていることを知った。彼はバンコクの日系企業トップや日本大使らに警鐘を鳴らしたが、「そんなことはあり得ない」というのが一致した答えだった。穂積の予測どおり、七二年に学生たちの「日本商品ボイコット」運動が火を噴き、市民、労働者、知識人らを巻き込んだ運動は翌七三年には、日本資本と結託して甘い汁を吸い腐敗した軍事独裁政権の打倒にまで発展した。さらに七四年にバンコクを訪問した田中角栄首相は「経済侵略反対」「タナカ帰れ」を叫ぶ学生らのデモ隊に包囲される。

「反日」は東南アジア各国に飛び火し、首相のタイの次の訪問国インドネシアでは日本大使館の日の丸がデモ隊に引きずりおろされる「暴動」へと拡大した。慌てた日本の政府、経済界、メディアは「早急な対策」を論じた。

留学生、研修生が日本で直面する問題は日本の政府や企業に関連するものが多く、穂積の彼らへの支援活動は政府と経済界と対峙することになった。本国政府の独立政策を批判したため文部省をつうじて勉学中の千葉大を除籍処分された、マレーシアの国費留学生の除籍撤回とビザ延長。米国の北爆に反対するデモに参加したとして在日大使館からパスポートの延長を拒否された、ベトナム（南ベトナム）留学生に対する特別在留許可の法務省への要請。「ベトナムの平和と統一」を求めるデモを在日大使館敷地内で行い帰国入隊命令や送金停止を受けた、ベトナム留学生の在留延長支援。台湾の中華民国を中国の正当政府と認めないためパスポートが期限切れのままとなった、台湾からの留学生への日本在留許可の法務省への申請等々。いずれの問題も、穂積とアジア文化会館の職員らが動き、世論の支援の輪を広げることで、留学生の日本での勉学が保障される形で解決された。

穂積が晩年、心血を注いで取り組んだのは研修生の「契約拘束」問題だった。契約拘束とは、アジアなどに進出した日本企業が、現地で雇用した従業員を日本に送って研修させた場合、研修終了後に帰国してから一定期間はその企業で働くことを契約させるもので、日本流のお礼奉公の国際版といえる。契約に違反して辞めたり、他の企業に移った場合は、違約金として研修費の相当額の賠償責任が約束される。この技術研修制度は、途上国の技術者養成を目的とする経済協力の一環とされていた。

しかし穂積は、契約拘束は撤廃すべきだと主張して、政府と財界への働きかけを開始する。研修生研修生の受け入れ機関である海外技術者研修協会は、国庫補助と企業からの賛助金で運営されており、穂積はその理事長でもある。日本の政府は技術者研修を経済協力と位置づけ、企業も日本の企業論理からすれば契約拘束は問題ないとしていた。だが穂積がその即時撤廃を訴えたのは、研修生や留学生たちから、制度に法的問題はないとしても研修生は企業より弱い立場にあり、内心は嫌だと思っていても契約に同意せざるを得ないと聞いていたからである。彼らの不満が高まれば、日本への信頼関係が失われるであろう。

またこの問題は、穂積自身の問題でもあった。彼がもうひとつの理事長をつとめるアジア文化会館の理念は、アジアの人々との平等で自主的な交流であり、経済協力もこの基本から外れるものであってはならなかった。

だが交渉の相手は、政府、経済界という巨大な力の保有者である。彼らは穂積の即時撤廃要求には応じようとはしなかった。穂積の支持者の中からも距離を置く者、離れていく者が出始めた。それでも彼は、闘いをやめなかった。やっと八〇年に、穂積のよき理解者である東大教授大河内一男を座長に通産省、企業、学識経験者の三者で構成される「拘束契約専門委員会」の設立にこぎつけ、翌年、段階的解消を財界からとりつけた。

大河内は八四年の穂積を偲ぶ会で、「五一さんは、政府の経済協力にぶら下がって生まれ変わった日本を台無しにしようとする動きを、日本の精神を踏みにじるものとみて待ったをかけたのだ」と述べ、この闘いが親友の健康を損ねて死を早めることになったのではないのかと哀悼の意を表した。

台湾からの留学生で、東大大学院で学んだあと東京経済大学教授をつとめた劉進慶は、穂積が亡くなった直後に東京で行われた留学生とアジア文化会館同窓生による追悼会で、「穂積先生を日本人にお返ししたい」とあいさつした。故人が先の雑誌インタビューで、「南側の人々とつき合えばつき合うほど、彼らの気持ちがわかればわかるほど、どうも日本人がいやになる、日本人から離れたくなる」と語っていたことを受けたものである。

劉は自分の言葉の意味をくわしくは説明していないが、「留学生の父」が自らの生き方と実践をとおしてアジアの国々の若者に示してくれた「穂積精神」はその死によって消滅してしまってはならず、今こそ日本人に引き継がれなければならない、日本はそれを必要としているという意味であろう。劉の見た穂積は「日本の愛国者」であり、日本の自然風土を心から愛し、着るもの食べるものすべて「国粋的な日本人」だった。その「日本の精神風土から生まれた先生の精神が、国際交流の中で外国人から大きく評価され、尊敬されている」意味を、日本の社会と日本人はしっかり考えてほしいというのだ。

アジア文化会館で穂積と起居を共にしたのは、アジアなど途上国の留学生だけではない。六〇年から半年、東洋文庫研究生として過ごした英国の元留学生で、帰国後に日本研究のロンドン大学教授となったC・I・ダンは、穂積を「真正の日本人」と評している。ダンの見た「穂積先生」は、昔の日本人の礼儀、真摯さ、地味の作法を体現し、おそらくは国粋主義者で右翼であろうと思われた。しかし、一連の行動は「明らかに進歩的であり、国際主義的、自由主義的」であり、思想的には「明らかに理想主義的、個人主義的」、実践においては「博愛的」であった。「先生は、世界中が私と共に、尊び、讃美し、実際できることなら見倣いたいと思う日本人の典型である」と、ダンは穂積を称賛するとともにその死を悲痛と表現した。（アジア学生文化協会月刊誌「アジアの友」一九八一年一〇・一一月合併号）

西欧とアジアの留学生が穂積のなかに見た国粋主義は、日本を心から愛しながらも、だからといって日本が諸外国よりすぐれているとか、ましてやアジアの盟主であるべきであるといった姿勢ではなく、それぞれの国のよき伝統を尊重し、自主、平等の原則でお互いを高め合っていくことがアジアだけでなく世界の平和的な発展につながっていくであろうという精神だった。

宮崎滔天と金子文子、穂積五一に共通するのは、反侵略と平和の思想であり、それを既存の知識や借りものの理論、自分の勝手な思い込みに依ることなく、社会の現実に足をすえて、アジアの友との人間としての相互信頼のなかで実践していったことである。その行動の先には、もうひとつの日本近代とアジアを含めた世界の人々との共生の世界が目ざされていた。

明治の文明開化後の近代日本に対する三人の挑戦の仕方は、それぞれ異なる。滔天は、日本がモデルとした欧米近代の矛盾を見抜き、その矛盾が集約された中国に孫文と共に「人権の大本」を回復する革命を成功させることが、日本を含めた「四海兄弟万邦帰一の理想郷」の実現につながるものと信じた。文子は、欧米が覇権を握る世界秩序のなかで、欧米文明の優等生になろうとする近代日本によって植民地化された朝鮮の人々の独立を、同じように近代日本の最底辺に置かれた女性としての自己の人間的解放に重ね合わせることで朴烈との同志的連帯を確認した。穂積は、基本的には日本の社会主義的変革をめざしながら、それを日本の精神風土に基づいて実現する道を摸索し、絶対的な自主と平等を原則に、戦前、戦中、戦後のアジアと日本の平和的な発展をめざす活動をつづけた。

三人が歩む道は違っていても、めざす頂上は同じだった。そこには、富国強兵を急ぐ近代日本が見失った「人間」が立っているはずだった。そのたたかいはアジアの同志と共に進められたから、山頂には日本人だけでなくアジアの隣人も顔をそろえているだろう。

滔天、文子、穂積が戦いを挑んだ大日本帝国は、アジア太平洋戦争での敗北により崩壊し、日本のアジア支配は幕を閉じた。戦後日本は、平和国家としての再生をめざして、米国主導の連合国軍の占領下で新たな一歩を踏み出した。その改革の歩みのなかに、先人たちのめざした「もうひとつの日本」の理想と志はどれだけ活かされていったのか、あるいはそうではなかったのか、を見ていきたい。

第6章 「平和国家」の再構築へ

アジアが見えない「進歩」の追求

忘れられる先人たちの闘い

戦後日本は、平和、民主主義、人権、言論の自由などの普遍的価値を体現する社会の建設をめざして再出発した。自らの力でかち取ったものではなく、米占領軍によって与えられたものであったとしても、日本人がそれらを歓迎したことは紛れもない事実だった。作家の高見順は一九四五年九月三〇日の日記に、「生まれて初めての自由!」と記した。「戦後民主主義」と総称される理想主義が政治、労働運動、教育、思想、メディア、市民活動などさまざまな領域に浸透し、日本を戦争へと導く力となった戦前の諸制度や価値観の否定と一掃につとめた。

朝日新聞は四五年一一月七日の一面に「国民と共に立たん」と題する宣言を掲載した。宣言は、「開戦より戦時中を通じ、幾多の制約があったとはいえ、真実の報道、厳正なる批判の責任を果たし得ず、またその制約打破に微力、ついに敗戦にいたり、国民をして事態の進展に無知なるまま今日の窮境に陥らしめた罪を天下に謝せん」と述べ、今後の朝日新聞は「常に国民とともに立ち、その声を声として日本民主主義の確立をめざす機関となることを誓っている。

こうした時代の潮流にかならずしも同調しないか批判的な動きは、民主主義を否定する保守反動、右翼のレッテルを貼られがちだった。

これらの新しい価値観が集大成されたのが日本国憲法であり、なかでも「戦争放棄」をうたった第九条が戦後日本の平和主義の最大の柱となった。

憲法の原案は米国が用意したもので、この条項は、日本が再び米国と戦火を交える軍国主義国家にならないようにするための歯止めとして、米国の国益が最優先されたものとされる。米国は占領政策を円滑に進めるために、九条との抱き合わせで天皇の戦争責任を問わず天皇制を維持することにした。だが戦勝国の国際政治上の戦略がどうであれ、日本国民は「平和国家」としての再生を歓迎した。戦争は二度とごめんだというのが国民の総意であり、敗戦後の廃墟から立ち上がろうとする日本国民にとって平和は共通の願いだった。

「九条」を歓迎したのは日本国民だけではない。アジア諸国の人々にとってこの新憲法は、日本が二度と侵略戦争に走らないという国際公約を意味していた。彼らは、日米安保条約についても、米軍が自衛隊の単独行動を許さないビンの栓役を果たしてくれる限りにおいて一定の支持を与えてきた。遠いアラブの国々は、ヒロシマ・ナガサキの被爆から立ち上がり、平和な国家再建によって先進国の道を歩む極東の国を尊敬のまなざしで見守っていた。

日本はまた国際社会の一員として、米国との同盟関係を重視しながらも、国連中心を外交のもうひとつの基軸として国際社会の平和に貢献する姿勢を示してきた。

ところが、それから七〇年以上たっても、私たちの国はアジアへの侵略戦争と植民地支配について隣人たちの心に届く謝罪ができず、従って共通の歴史認識を持てないまま、国連を無視した米国のイラク侵略戦争を支持した。日本は自らが主役ではないとはいえ、自衛隊を派兵することで新たに侵略の片棒をかついだ。安倍政権は米軍と自衛隊の地球規模の作戦の一体化をさらに進め、平和国家を「戦争のできる普通の国」に急速に変身させていった。こうした日本の姿は、かつて日本の侵略を受けたアジアの国々を警戒させ、これまで親日的だったアラブの人々の失望と対日不信を招いた。

このような平和国家の漂流の原因はさまざまであるが、その大きなひとつが、保守か革新・リベラルか、右翼か左翼かといった政治姿勢の違いに関わりなく、私たちの平和と民主主義に何か決定的な欠落があったからだと思われる。

その何かとは、明治以来の近代化のなかでの欧米崇拝とアジア蔑視に起因するものであろう。それは、宮崎滔天、金子文子、穂積五一の闘いをどう受け継いでいくのかの問題ともかかわってくる。

三人が取り組んだ課題は、いずれも日本近代の根幹にかかわるものだった。その反侵略の思想と行動は、少数派であったとはいえ、アジアと日本の同じ人間としての交流をつうじて展開され、アジアとの応答のなかで発展していった。それぞれの闘いの周囲にはさまざまな同志、支援者、共鳴者、理解者、友人、知人がいた。その先には、時代の主流とは異なる「もうひとつの日本」が展望されていた。

だとしたら、戦後日本は新しい時代への再出発にあたり、こうした先人たちから貴重な教訓をくみとり、アジアとの共生を視野に入れた平和と民主主義のビジョンを打ち出すこと、そして侵略をともなわない新しいナショナリズムのあり方を追求していくことが可能であり、またそれが不可欠なはずだった。だが三人の活躍は、戦前も戦後もアジアでは知られながら、日本ではなかば忘れられたままとなった。なぜなのか。

宮崎滔天は、欧米列強の支配に苦しむ中国を最も深く理解した日本人の一人であり、彼は孫文らの革命支援をつうじて、欧米と手を組んで隣国への勢力拡大をめざす近代日本とは異なる「もうひとつの日本」を実現しようとした。中国革命の成功が日本の中国侵略を阻止し、天皇制国家の日本を変革する起爆剤になると信じて奔走した。彼の西欧文明批判も、単なる反西洋・反近代ではなく、当時とその先の世界まで見通す射程の長さをそなえていて、変革後の日本には孫文の中国とともにその理念が組み込まれるはずだった。

滔天は、日本が中国革命への介入に失敗して亡国の道をたどることを危惧しながらも、「亡国の惨を嘗めさせられる」運命に陥らなければ、国家も国民も目が覚めないのではないかという冷徹な見方をしていた。そして亡国の経験を経てはじめて、「驕慢」で「東洋の同胞に無礼を働く」日本民族は自らの非を悟り、中国、朝鮮、東南アジア、台湾、インドの人びとへの「真誠の同情を喚起する」ことができるようになり、さらに世界中の人びとと手を結んで「人権の大本」の回復をめざす「もうひとつの日本」に生まれ変わるものと期待した。

滔天の懸念したとおり、日本の中国侵略は失敗し、列強の支配から脱した新中国が誕生した。しかし敗戦後の日本は、彼の期待には背く方向へと進んでいった。

政治指導者だけでなくメディアや多くの国民にも、日本が戦争に負けたのは、戦争の大義がまちがっていて「アジアに負けたのだ」という意識は希薄なままだった。日本の敗戦は中国や東南アジアの人びとにとっては、日本の侵略に対する抗日闘争の勝利であり、朝鮮半島の人びとにとっては「光復」、すなわち植民地支配からの解放と独立を意味するものであるという認識は乏しかった。敗因は、経済的に進んだ米国の物量作戦に太刀打ちできなかったことと、民主主義で欧米に後れを取ったことに求められた。

そこで戦後日本の最大目標は、一刻もはやく戦後復興を終え、いかに米国とおなじような経済発展を成しとげるかが最優先され、「米国に追いつけ、追い越せ」がスローガンとなる。またそのためには、戦前の非民主的で遅れた政治体制や思考を一掃して、民主主義国家を建設することが大きな課題とされ、それが「進歩」とされた。ヨーロッパをモデルとした戦前までの「脱亜入欧」は、世界の新チャンピオンとなった米国をモデルとする「脱亜入米」へと衣がえした。戦争中のスローガン「鬼畜米英」は死語となった。

国家再建の主流を担った政治家、経済人、学者、知識人、文化人、ジャーナリストらは、米国の民主的政治、経済体制、商業主義、生活様式、文化などを進歩のお手本として、戦勝国のような経済的豊かさを敗戦国が達成する政策を進めた。その一方で、やはり各界に大きな影響力を発揮していたマルクス主義者、社会主義者らの左翼勢力は、ソ連こそ真の民主主義を体現するものであり、社会主義体制のほうが資本主義より経済的にも政治的にも人民を幸せにするのだと主張し、そこに一歩でも近づくのが進歩であるとされた。前者は保守、後者は革新と呼ばれたが、各時代の欧米の大国を権威の拠り所にして「進歩」の正当性を競う点では、戦前も戦後も変わりなかった。

侵略戦争への反省より経済再建を優先

そのような国家再建をいそぐ日本は、もうひとつの大きな課題、つまり戦争への道義的責任について無神経だった。それをしめすのが、アジア諸国に対する賠償問題である。

サンフランシスコ講和条約は日本の賠償支払い義務をさだめていたが、多額の賠償金の支払いが日本の経済再建を遅らせることを懸念した米国は、日本に東京裁判の判決受諾を義務づける条項を盛り込むことで、講和会議で条約に調印した大半の国に賠償請求権を放棄してもらった。しかし、東南アジアの国々は、米国の説得工作にもかかわらずこれに従わなかった。日本がフィリピン、南ベトナム、インドネシア、ビルマの四カ国と開始した賠償交渉は、各国の要求額と、負担をできるだけ軽減したい日本の提示額が大きくかけ離れていたため難航した。

日本国内には、われわれはこれらの国を相手に戦ったわけでもないのに、なぜ賠償を支払わなければならないのかという意見が強くあった。新聞各紙の社説には、賠償は戦後復興を急ぐ日本に経済的にも精神的にも耐えられず、額を抑えたいという論調が目立った。

こうした声に対して、政府は国会の答弁などで、賠償は一種の先行投資であり、けっきょく日本経済にとって大きなプラスになるのだとして反対論をおさえた。賠償の形態はほとんどの場合、賠償金を相手国に支払うのではなく、日本政府が賠償額に相当する生産物やサービスを日本の企業から調達し、それを受償国に提供するという役務賠償だった。これによって、日本は乏しい外貨を節約できるだけでなく、政府による民間需要の創出という国内の経済効果が期待でき、さらに日本の原材料や機械提供によって東南アジアの経済発展に寄与すると同時に日本経済の市場開拓にもつながるものと期待された。

米国はアジアの親米・反共国家との関係強化のために、日本と各国の個別交渉が円滑に進むよう後押しをした。

占領期の政治過程にくわしい天川晃は、こうした新聞論調が国民の戦争認識を曇らせることになったとみる。日本に対する賠償を寛大にしたいという米国の意向に支えられながら、侵略戦争に対する道義的反省や責任の自覚を十分にもつことができず、「戦争に対する償いという、賠償が本来持っている意味は時間とともにどんどん薄れていく。あるいは早く忘れたいという感じ」が強まっていったとされる。

加えて、GHQにより、戦争の呼称が日本の使っていた「大東亜戦争」が禁じられ、「太平洋戦争」に改称させられた影響も無視できない。大東亜戦争は、侵略的排外性をふくんでいたものの、戦争の中心を中国と東南アジアにはっきり据えていた。だが新しい呼称は、日本の戦争の主敵を太平洋における米国とすることで、「日本と戦ったアジアを、この占領における多少なりとも意味ある役割から基本的に閉めだし、(…)日本人に戦争の罪を自覚させるどころか、自分たちがアジアの隣人たちに何をしたかを忘れさせるだけであった」と米国の歴史学者ジョン・ダワーは指摘している。

南京虐殺などアジア各地における日本軍の戦争犯罪の実態が日本国民に明らかにされたのは、東京裁判での連合国側の論告によってであり、日本がみずからの手で侵略戦争の蛮行を問うことはなかった。さらに、この問題と不可分の天皇の責任はうやむやにされていった。

天皇の戦争責任と退位については、閣僚の中にも賛否両論があった。天皇の弟の三笠宮は、枢密院の会議で天皇に敗戦の責任をとるように間接的に促す発言をした。著名人たちも、政治的あるいはイデオロギー的立場の違いをこえて、天皇退位を支持する発言を始めていた。左翼の大半は天皇制に批判的で、共産党は天皇制廃止を主張した。連合国は東京裁判で天皇の戦争責任を追及しようとしていた。


しかしこれらの意見は、日本を軍国主義を一掃して民主主義国家に生まれ変わらせるには天皇の威信を利用するのがのぞましいとする、マッカーサーの政策に押し切られてしまった。戦争と侵略の責任は東条英機をはじめとする軍人や政治指導者に押しつけられ、天皇は戦争犯罪者として裁かれることを免れた。一連の戦争犯罪も軍人ら一部の指導者が死刑に処せられたことで、国民は責任が果たされたものと受け止め、それとともに戦争の最高司令官だった天皇の責任は棚上げされていった。

天皇は戦前の神から人間に変身する宣言をし、新憲法によって国民統合の象徴として天皇制民主主義のなかで在位しつづけた。国民もこれを支持した。それとともに、国民の戦争責任も植民地支配の責任もうやむやにされてしまった。天皇の法的、道義的責任が問われないのなら、その命に従った国民の責任意識も希薄にならざるを得なかった。さらに、天皇制や天皇の責任をめぐる論議はメディアでもタブー視されるようになった。

敗戦後の新生日本は、たしかに「進歩」した。しかしそこには、戦前との非連続とともにさまざまな連続があったことをまず確認しておこう。

片肺エンジンでの離陸

こうして、戦後日本の再出発は、自らを亡国の淵にまでを追い込んだ明治以来の基本姿勢、すなわちアジア支配とそれと不可分のアジア観を根底から問い直すことなく第一歩を踏み出した。保守政権主流派は、米国の冷戦政策に従って新中国の中華人民共和国を正当政権と認めず、吉田茂首相の「親英米」と中国人蔑視に代表されるアジア観も戦前と基本的に変わらなかった。戦前、朝鮮、台湾、満州の植民地すべてを放棄すべきだとする「小日本主義」を主張したジャーナリスト石橋湛山は、五六年に首相に就任すると、日中関係の打開に意欲をみせたが、病のためわずか二ヶ月余で首相の座を降りた。

革新勢力は、抵抗のナショナリズムを力に独自の近代化をめざす中国革命を理解できず、日本の侵略に理論的に手を貸したとされるマルクス主義者をふくめて、贖罪も込めた日中友好活動を進めたものの、それは孫文・滔天と毛沢東を結ぶ中国への理解よりも、毛沢東の社会主義中国への親近感に支えられた側面が強かった。彼らは隣人の新しい実像を内在的に理解するよりも、自らのイデオロギーと願望を投影して新中国を礼賛することにとどまり、それが日中両国の連帯と友好と思い込んだ。

そのような時代の潮流のなかで、宮崎滔天のように隣人の苦悩を内側から理解し、その苦しみからの解放を自国の変革につなげていこうとする志は顧みられることはなかった。

若き毛沢東が滔天を講演に招き、死後に「先生」への敬愛の手紙を書いたこと、孫文と滔天との「赤誠友誼」の銅像が建てられたことは、現実を直視して歴史の流れを見誤ることなく、自国の侵略を食い止めようと戦った立派な日本人がいた事実を日本人は忘れるべきではないという、無言のメッセージだったはずである。

しかし日本では、滔天は、アジア主義者か彼らに多い右翼の一人、あるいは孫文の革命を献身的に支援した大陸浪人としか見なされなかった。欧米列強のアジア進出に対して、日本はアジアの一員として連帯して対抗すべきだとするアジア主義は、日本がアジア侵略を開始するとともに思想的な根拠を失うことになり、アジア主義者のなかにはアジア連帯を唱えながら実態は政府の侵略政策の片棒かつぎにすぎない大陸浪人が増えていったのは事実である。だが滔天は、彼らとは一線を画していた。孫文の革命を支援することで日本の中国侵略を阻止しようとし、中国革命が天皇制国家の日本を変革する起爆剤になると信じて奔走した事実には目が向けられなかった。

滔天の西欧文明批判も、戦後の日本ではアジア主義者などの国策便乗的な反西欧と混同され、たらいの水と一緒に中の赤子まで流し去ることになった。それは、明治以来の近代化のなかでの欧米崇拝とアジア蔑視が変わらなかったからであろう。戦後日本の民主化が追求すべき大きな課題目標のひとつとされた「進歩」には、滔天らのように「後進的な」アジアから進歩とは何か、文明とは何かを見すえようとする姿勢は抜け落ちていた。

金子文子と朴烈が命をかけて追求した「もうひとつの日本」、朝鮮民族の解放と日本女性の解放の夢も封印されてしまった。

植民地政策を支える天皇制は、植民地支配下の朝鮮の人々の人間の尊厳を破壊すると同時に、国内ではそれと一体化した家父長制度によって女性を差別に苦しめさせてきた。そこで彼女は、民族の違いをこえて同じ人間としての尊厳を取りもどす闘いの同志として、朴烈と運命を共にした。しかし、天皇制と天皇のアジア支配の責任をめぐる論議は、マッカーサーによる天皇の免責で棚上げにされ、メディアでもタブー視されるようになった。

朝鮮は日本の敗戦によって独立を手に入れたものの、植民地支配の問題は、戦後の米国の東アジア政策によって日本人の意識から遠ざけられてしまった。解放された朝鮮は、南北がそれぞれ米国とソ連の管轄下に置かれ、分断国家となった。冷戦体制下の韓国の反共体制をいかに政治的・経済的に安定させるかが、日本の戦争責任と植民地支配の問題解決よりも優先課題とされ、一方北朝鮮とは敵視政策によりいまだに国交樹立もないままとなっている。南北分断の経緯に日本政府は直接関与していないが、そもそも日本に植民地化されていなければ朝鮮の分断もあり得なかったという事実は日本人に認識されないままとなった。

女性の社会的解放も、参政権の獲得や家制度からの解放などGHQの民主化政策によって一歩進んだとはいえ、日本の政治指導者たちの努力は不十分で、日本はいまだに先進国の中では立ち遅れたままとなっている。世界経済フォーラム（WEF）が二〇一九年に発表した世界各国の男女平等指数によると、調査対象一五三ヶ国のうち、日本は一二一位で、とくに女性の政治参画は先進国では最低となっている。

こうして、私たちは天皇の植民地支配の責任を自主的に問うことを放棄し、それとともに、日本人も朝鮮人も平等な人間であると主張した金子文子も忘れられた存在となっていった。日本の韓国、北朝鮮蔑視は解消されず、在日韓国・朝鮮人への差別は現在もつづいている。

しかし、昭和天皇が平和国家日本の国民統合の象徴へと転換したからといって、アジアの人々がそうした天皇と日本をどう見るかは別問題である。昭和天皇が一九七一年に、戦後初の海外訪問として英国、オランダなどを歴訪する「御訪欧」の様子を連日、華々しく伝えるテレビを観ていたアジア人留学生たちの声を穂積五一は拾い上げている。

「最も深刻な苦難を受けたアジアを捨てておいてヨーロッパへとは、どういうことであるか。何処に人としてのモラルがあるのであろうか」。「われわれの国では、日本における最高責任は、天皇にあるということになっている。少しも来て欲しいなどとは思わないが、こんどのことは、欧米を尊びアジアを蔑む日本の姿勢が、これまでにも増してはっきり示されている。友人とか善隣とか、言ってもらいたくない」

訪欧は「国際親善」のためとされたが、その歴訪先でも、ヒロヒトの戦争責任を問う声が上がった。戦争中に日本軍によって過酷な扱いを受けた英国やオランダの元捕虜たちが、抗議行動をくりひろげた。

こうして、戦後日本の再出発は保守、革新を問わず、それまでの欧米エンジンだけでなく、アジアというエンジンも備えて離陸することを怠ってしまった。政治家も国民もメディアも少数の例外を除き、日本のアジア侵略戦争と植民地支配の事実と正面から向き合い、その過ちへの真摯な反省の上に、新しい平和建設のビジョンを構想することができなかった。日本のアジア侵略に反対して最もラディカルに闘った先人たちの偉業が置き去りにされたことが、アジアだけでなく世界を見る私たちの目を曇らせ、さらに米国のイラク侵略に反対の声を高く上げられなくさせていくことになる。

鳥が片方の翼だけでは空を飛べないように、国家も片翼だけでは国際社会を安定飛行することは不可能なはずである。片肺飛行の平和と民主主義がどのような軌跡をたどっていったのかを、穂積五一の戦後の活動がどう見られていたのか、また彼がそのような平和と民主主義をどう捉えていたのかを確認しながら追ってみよう。

平和にひそむ血の匂い

自主なき民主化を懸念

穂積は、終戦を告げる一九四五年八月一五日のラジオ放送を聴いていても、「悲しみも涙もそこにはなく、当然の終末として敗戦の事実を受けとった」。

彼は、戦争末期の四四年一一月、大日本翼賛壮年団の北海道遊説で、地元青年からの質問に答えて「このままでは日本は負けます」と答えた。日本の敗戦を公の場で口にすることは戦時刑事特別法違反であり、特高と憲兵の弾圧を受ける自殺行為に等しかった。発言は帯広警察署にもれたが、説諭だけで済んだ。警察で真意を聞かれた穂積は、「私が言いたかったのは、八紘一宇とか五族協和といいながら、国民が私利私欲に走っていることです。私欲に走る日本国民についてくる東亜民族がありますか。この風潮をなくさなければ、戦争には勝てないのです」と答えたという。敗戦を予感する政治家や文化人はいたものの、彼らは権力の圧力を恐れて口をつぐんでいた。

彼はまた、皇道翼賛青年連盟不穏分子による東条首相暗殺事件に関連して、至軒寮内外の朝鮮人独立運動家三人と共に特高に拘束されたときの体験を忘れない。独立運動について黙秘する朝鮮人への拷問は凄惨をきわめた。穂積がその理由を取調官に問うと、「奴らは人間以下だから」という答えが返ってきた。

だから穂積は、この戦争を正しくそして意義あるものにするには、日本は率先して自らの植民地を解放して名分を立て、アジア各地の独立運動家と結んで植民地解放戦争をするしかない、と考えていた。そうすれば、たとえ敗れても日本はアジアと共にあり得て、これほどの不信と恨みをアジア人から受けずにすんだであろうが、このような考えは当時の日本の軍や政府によって不逞極まるものとして抑圧された。そして、多くの同胞を戦地で死に追いやった。

この反省を活かすことが、「敗戦日本にとって、アジア外交の出発点であり基底となるべき」と彼は主張する。それによって、「彼ら（アジアの人々）の不信とうらみを解消して友人になることができ、アジア平和の為と思い込んで死んでいった多くの日本兵の心を生かす」ことができる。そうでなければ、日本はやがてまたアジアとの対立を招くことになるであろうと懸念して、穂積が日本再生の柱のひとつとして献身したのが、留学生・研修生との人間としての交わりをつうじた、自主・平等の原則に立つ日本のアジア発展への貢献活動だった。

しかしこのような穂積の決意は、戦後の日本ではきちんと受け止められなかったようだ。「再軍備反対論、不戦論に転向した国家主義右翼」という的外れな『転向』の判沢論文とともに、進歩的雑誌「改造」（五一年一〇月号）には、「旧右翼の〝人格者〟が特異な意見を吐いている」と彼を揶揄する木下半治愛知大学教授の文章が掲載された。穂積の主宰する新星学寮の学生に、「いわゆる右翼学生に限らず〝進歩的〟な分子も相当にいるらしい」というのだ。だが穂積は、そのような他者のレッテル貼りなど意に介さなかったであろう。

すでに見たように、彼はその寮誌「のろし」に「自主と民主」と題する巻頭言を寄せ、「形式がいくら民主的であり自主的である様に見えても、個々の内面に、それにふさはしい苦労を経た中味がなければ、何にもならないと思う」と書いている。彼によれば、民主と自主の「科学のエキス」だけを学んでもこの理念を社会的に実現することは無理であろう。本当の意味で民主的といえる社会は、「各個の充実」に伴って生まれてくるものであって、その逆ではない。また「他に学ぶ謙虚さ」という巻頭言では、「進歩の段階に於いては、主張と行動の裏づけとして、他に聴き、他に学ぶ謙虚さが欠くべからざるものとなって来ると思ふ」と記す。独善的姿勢には進歩はありえないのである。寮生活は、そのようにして各自が個を磨き上げ、社会に出てから大衆的な力強さを発揮していくための準備の場と位置づけられている。

穂積はもちろん、民主主義を尊重し、新しい日本を建設していこうと意気込んでいる。だがそれは、形だけでの民主主義であってはならないのである。そのためには、担い手である国民一人ひとりに、真の自主と民主の精神が育っていくことが不可欠とされる。

そのような穂積の目に戦後の激動はどう映ったかは、「戦後十年の跡づけ」という五七年の巻頭言に記されている。世の中は一変し、自由が叫ばれ、革命は明日に迫っていると言われた。だが、「自由につき自主についてじっくり考へなほさうとすることがわけもなく反動の類に抛り込まれてゐた。

まして科学と倫理、宗教の統一と云う課題などは、言わば卑怯者の慰みとしか扱われなかった」。ところが、この二、三年は逆に、個人の殻に閉じこもって社会の発展への関心が弱まる「情けない」雰囲気となっている。

時代の空気に左右されることなく、歴史の流れを見誤ることなく、自らの自主と民主の姿勢を貫こうとする穂積の姿勢は、アジア文化会館のアジアと英国の留学生にも「国粋的日本人」と映った。だが彼らは、そこに「留学生の父」、あるいは「進歩的、国際主義的、自由主義的」な理想像を発見した。一方、日本社会では彼の活動と存在は広く知られることはなかった。

米国のアジアでの戦争支持で経済発展

民主主義とともに戦後日本の基本とされた平和については、穂積とアジア人留学生との対話をとおして再検討してみよう。

敗戦後の日本がアジアを軍事侵略しなかったのは、事実である。吉田茂首相が国家再建の基本路線とした「軽武装・経済重視」政策により、「富国強兵」の「強兵」も避けられた。しかし、戦前と戦後の日本のアジア政策に基本的な違いはなかった。欧米先進国と肩を並べることを目標に、「脱亜入欧」から「脱亜入米」に衣替えした敗戦国は、〝アメリカンスクール〟の優等生として米国に次ぐ世界第二位の経済大国への道を駆け上がったが、富国から血の匂いが消え去ったわけではない。

日本は西側陣営の一員として米国の対外戦争を一貫して支持し、それが経済発展に寄与した。朝鮮戦争で米軍の兵站基地を担った日本は、特需に沸き、戦後復興を予想より大幅に早く達成させることが可能となった。ベトナム戦争の特需は、東京五輪後の不況を克服して日本が経済大国入りすることに貢献した。経済発展が私たちの汗の結晶であることは間違いないとしても、そのかなりの部分が、日本みずからは血を流すことなく、同盟国米国とその敵味方がアジアで流す血によってもたらされた事実を無視することはできない。

穂積は、ある進歩的な日本人が「おれはこれらの戦争に反対した」と得意げに話したときの、韓国人の反応を紹介している。「抗議行動には謝意を表する。しかし、その戦争で得た利益は、あなたの口に入り、血となっているんですよ。あなたには侵略の血が流れている」。両者のやりとりについて、穂積は「日本人の思想が進歩的だからといって、それで信用なんかされません」と述べている。ベトナム戦争についても同じことが言える、とアジアからの留学生たちと心を開いてつきあっている「留学生の父」は指摘する。「日本はアメリカのベトナム侵略に加担したのだと思っている彼ら、その彼らに日本人レベルの好意を示して、それでよい気になってはいけません」

日本の経済協力についても、穂積はアジアの若者たちのきびしい声にじっくり耳を傾ける。日本はアジア諸国の経済発展のためだというが、とんでもないと彼らは反論する。経済協力というのは、日本が貧しいアジアから収奪して日本が利益を得るためのものだとされる。それは「王道楽土を唱えて満州を侵略し、大東亜共栄圏の旗の下にアジア人を殺したのと同じ手口だ」という発言もある。

彼らの日本批判に対しては異論もあるかもしれない。だが穂積は、戦前、中国人留学生らと交流するなかで、日本の中国侵略に反対して満州移民計画への協力要請をはねつけた硬骨漢である。至軒寮で朝鮮独立運動家の朝鮮人留学生が唯一、自らの決意を打ち明けた日本人は、彼だった。戦前、戦中、戦後をつうじて、アジアの心を最も深く理解してきた日本人の一人は、戦後日本の米国のアジアでの戦争への関わり方と自国の経済協力のあり方を批判するアジア人留学生の声を真摯に受け止め、それを自らの実践課題とした。

穂積によれば、このようなアジアと日本の考えの違いは歩んできた歴史の違いに起因するものであり、われわれ日本人はその深い溝を埋めなければならない。「それには口先の思想ではなく、自分の生活を通じ実践を重ねるしかない」とされる。実践とは、アジアの人々と、友として苦楽を分かち合いながら、真の平和なアジアを築いていく道である。そして、自主・平等の原則にもとづく真の経済協力の実現への一歩として、彼が政府と経済界を相手に一歩も引かぬ闘いを挑んだのが拘束契約問題だったことはすでに見た通りである。

日本の経済協力は、冷戦体制下の米国のアジア戦略とも密接に関わっていた。米国は、ソ連、中国の共産主義と対抗するために、西側反共陣営のアジア諸国に軍事的、政治的支援を強めるとともに経済発展を促がす政策を展開した。その一環として、同盟国日本のこの地域への企業進出と経済協力は歓迎すべきことであり、それがアジア最大の反共国家である日本の経済発展にも寄与するとされた。

日米の支援を受けた反共諸国の政権は、いずれも独裁体制であり、経済開発を最優先課題にかかげ、そのためには民主主義、人権、貧富の格差などの問題は二の次とされた。これらの問題の解決と経済発展の両立を訴えて立ち上がった学生、労働者、農民、市民らの運動は、強権によって封じ込められ、多くの血が流された。一九七〇年代にタイ、インドネシア、フィリピンなどで噴出した「反日」の動きの背後には、こうした日米両国のアジア戦略が影を落としていた。

韓国の朴政権が六五年に、多くの国民の反対を押し切って、日本との国交回復のための日韓基本条約の調印に踏み切ったのも、北朝鮮に対して経済的に優位に立つためには日米の強力な後ろ盾が必要との判断からである。

日本の姿勢に対する国民の不満を軍靴で踏みにじる各国の独裁政権の指導者は、日本の政府と経済界、メディアによって「親日」的と呼ばれた。戦前のアジア支配においても、現地のすべての人々が日本の軍事侵略と植民地支配に反対したのではなく、支配者に協力して自らの利益のために同胞の苦境に手を貸す「親日」勢力がいたのとおなじである。

ベトナム戦争にどう向き合うか

ベトナム戦争と日本のかかわりについて話をもどすと、穂積はアジアの留学生の辛らつな見方を紹介するからといって、日本における広範な国民のベトナム反戦運動の盛り上がりに水を差そうというわけではない。そうではなく、ベトナム戦争を日本人がどれだけ自己の問題として主体的に受け止めているかを、彼は問いたかったのであろう。

「共産主義の悪から自由と民主主義を守るため」の正義の戦いと主張して、一九六五年からベトナムへの本格的な軍事介入を開始した米国を日本政府は支持した。しかし、米国の軍事行動は国際法を無視した侵略であることは明白だった。またその正義が、南北ベトナムの焦土化と無差別攻撃による住民の遺体の山の上に築かれようとしている実態がメディアで明らかにされるようになると、世界各地で「ベトナム反戦」の運動が広がった。日本でも、「べ平連」(ベトナムに平和を!市民連合)をはじめとする広範な市民の運動や労働組合などが戦争反対を叫び、戦争を支持する日本政府に抗議するデモとストを展開した。

穂積は、米国の北爆に反対するデモに参加したとして在日大使館からパスポートの延長を拒否されたベトナム（南ベトナム）留学生に対する特別在留許可の法務省への要請や、「ベトナムの平和と統一」を求めるデモを在日大使館敷地内で行い帰国入隊命令や送金停止を受けたベトナム留学生の在留延長支援に奔走した。

では、彼が問おうとしたこの戦争への日本人の主体的な姿勢とは何なのか。ひとつは、ベトナム反戦を叫ぶ日本人もそうでない日本人も、この戦争の特需で日本がどれだけがぼろ儲けしているかを自覚しているかどうかである。ベトナム民衆の頭上にふりそそぐナパーム弾の製造や米軍武器の部品、モーターバイク、電気製品から兵士たちのインスタントラーメンまで日本はベトナムに輸出していた。その事実をアジア人留学生は知っているから、「反戦行動には謝意を表するが、侵略で得た利益があなたの体内にも流れていることを忘れないでほしい」という苦言を呈したのである。穂積はその声を「反日」的だなどと反発することなく、謙虚に受け止めた。

自分たちの経済的豊かさのよって来たるところを見ずに、米帝国主義とそれを支持する日本政府を批判することで正義感を満たす一方的な態度でよいのかという自省を、彼は忘れなかった。

もうひとつは、米軍の侵略に対して一歩も引かぬ闘いを挑む南ベトナム解放民族戦線と北ベトナムに支援と連帯を表明する日本の世論に、かつての自国のアジア侵略への反省とその教訓がどれだけ活かされているかである。

革新陣営は、ベトナムの民族解放闘争を米帝国主義に対する人民の英雄的抵抗と位置づけ、熱烈な連帯を表明した。また多くの日本国民は、米軍の爆撃下で逃げまどい命を奪われていくベトナム民衆の姿に、アジア太平洋戦争中の米軍空襲下の自分たちの体験を重ね合わせて反戦の声を上げた。それ自体は間違った対応ではない。

だが、ベトナムの民族解放闘争は米軍の侵攻によって初めて開始されたものではなく、フランス、日本、米国とつづく外国の侵略者との長い対決の歴史の上に展開されているのだという認識は、解放闘争への連帯を叫ぶ人たちにはほとんど見られなかった。戦火のベトナム国民の悲惨な姿に心を痛める日本国民も、つい二〇年ほど前に日本軍が北部仏印（ベトナム）に侵攻し、多くのベトナム民衆に蛮行を働いた事実には気づいていないようだった。

このような歴史認識が私たちの戦争の記憶に刻み込まれてていたなら、ベトナム戦争は日本の加害責任を視野に入れながら、私たちが戦争と平和の問題や日米関係をあらためてじっくり考える好機であるはずだった。

米軍のベトナム介入を支持する日本政府の態度は、歴史認識の欠落に輪をかけた無神経ぶりだった。「北部ベトナムを化石時代にもどしてやる」と豪語して北爆作戦を指揮した米軍のカーチス・ルメイ空軍参謀長は、東京大空襲はじめ日本の諸都市への無差別爆撃の指揮者でもあった。それは、大量の爆弾の集中投下によって敵の戦意喪失をめざす「戦略爆撃」という作戦であり、発案者は日本軍とされる。日中戦争の日本軍の重慶爆撃で最初に実施され、その後、連合国軍によるドイツのドレスデン空爆、米軍の東京などへの空襲と広島・長崎への原爆投下へと受け継がれ、ベトナム戦争にも適用された。戦争中は「鬼畜ルメイ」と呼ばれたその米軍人に、日本政府は航空自衛隊の育成協力を理由に、ベトナム戦争開始直前に勲一等旭日大綬章を授与した。

だが、そのような日本の経験をふまえた視点から米国のベトナム侵略に反対し、世界の反戦運動に平和のメッセージを発信していこうとする動きは、次章でとりあげる一部のジャーナリストや市民運動家以外には、ほとんど出てこなかった。

正しい歴史認識の欠如と経済発展にひそむ血の匂いへの無感覚は、七〇年代初めに東南アジアの反共諸国で起きた反日運動への反応の鈍さにも反映された。この運動が展開されたのはベトナム戦争中だった。タイやインドネシアなどの学生、市民らは、戦後の日本の経済的「南進」をアジア太平洋戦争中の日本軍の侵略に重ね合わせて、日本の「経済帝国主義」を糾弾したが、ベトナムに対する米国の軍事的帝国主義に反対する日本の世論とメディアはその歴史的背景を理解することができなかった。穂積が反日気運の盛り上がりについて日本の政府、企業の代表者らに警鐘を鳴らしても相手にされなかったことは、すでに記した通りである。

「日本はうまく立ち回っている」という声は、戦火の南ベトナムを取材する日本人特派員もサイゴン市民からよく聞かされていたが、そうした声が日本のベトナム反戦世論と呼応することはなかった。米日両国それぞれの帝国主義が裏表の関係にある事実に、われわれは気づこうとしなかった。

米軍のベトナムからの敗退とベトナム解放勢力の勝利を喜ぶ日本の世論に対する、アジアの友人の忠告を穂積は紹介している。「日本は終始、その米国に追従し、『平和』を口にしながら、ベトナム人民の流血をよそにひたすら『利』を求めつづけていた。その『狡さ』と『穢らわしさ』は米国にまさっている」。「戦前、アジアを植民地化し、アジア人を殺戮したような日本のやり方は、戦後も一貫してつづいている。これらは、アジア人の心に深く刻まれ、今日の根強い反日運動を産んでいます。目を覚ましてください」。

ベトナム戦争へのこうした日本の向き合い方は、敗戦後の日本人の戦争責任の問い方と無関係ではない。

私たちにとってこの問題は、戦死者をどう弔うか、生き残った者が戦争で命を落とした同胞たちの無念をいかに晴らすべきかが大きな課題とされた。靖国神社に祀られる「英霊」の中には、アジアの民衆に対して「鬼」と化した者が少なからずいたことには思い及ばなかった。東京裁判における連合国側の論告によって、南京虐殺などアジア各地の日本軍の戦争犯罪の実態が国民に明らかにされたが、大半の国民の意識は、自分たちを自国の狂信的軍人や政治指導者らの犠牲者とするレベルにとどまった。ドイツのように、ナチスの犠牲となった内外の人びとすべてに思いをはせ、侵略戦争の責任を自らの手で国民全体の問題として追及していくことはなかった。日本人にとって戦争は、「広島・長崎の被爆」に代表される犠牲者としての内向きのイメージが支配的となり、アジアへの加害責任という外の世界にまで開かれた理解は生まれにくかった。

このようにして形成された日本人の平和観を象徴する代表例が、戦後文学の名作とされる竹山道雄の小説『ビルマの竪琴』である。

物語の主人公、水島上等兵は、敗戦を迎えビルマ（現・ミャンマー）から日本へ帰還する戦友たちの隊列に加わらず、一人かつての戦地にとどまる決意をする。僧侶となって亡き戦友たちの霊を弔うためだ。僧衣に身をつつんだ水島は、ビルマの伝統楽器竪琴で卒業式の別れの曲「あおげばとうとし……」を奏でて、帰国を急ぐ戦友に別れを告げる。

一九四八年に刊行されたこの作品は、市川崑監督によって二度映画化され、国語の教科書にも長く収録され、ここに込められた戦死者の鎮魂と平和国家再建のメッセージが日本人の戦争の記憶のなかに刻み込まれていった。

だが不思議なことに、小説からも映画からも、なぜ日本軍がビルマにいたのかはまったくわからない。ビルマ人は仏教を信じる退嬰的な国民として、進取の気性に富む日本人の引き立て役として登場するだけである。また、戒律の厳しい上座仏教の国で、僧侶が竪琴を奏でることはあり得ない。そのような行為は即破戒であり、仏門から追われてしまうであろう。国民の約九割が仏教の教えに従って暮らし、僧は聖なる存在として人々から尊敬されている。つまり、この「名作」は、ビルマでないビルマを利用して日本人の平和の願いをうたいあげるという、アジアの国の文化の根幹への無知と歪曲なしには成り立たないのである。だから映画『ビルマの竪琴』は、いまだにミャンマーで上映が許されていない。

このような内向きの反戦平和が支配的な時代に、穂積のように、「アジアの解放」「東洋平和」という偽りの大義を信じ込まされて死んでいった同胞の心をいかす道は、「アジアの人々と真の友人となることで彼らの不信とうらみを解消していくことだ」という主張が多くの国民に届かなかったのは、不思議ではなかったであろう。

アジアが見たイラク戦争と日本

「文明への攻撃」論に同調

「脱亜入米」路線を基調とした平和国家の実像があらわになったのが、九・一一と米国の対テロ戦争への日本の対応である。

私たち日本人にとってこの二つの大ニュースは、世界における日本の立ち位置を歴史的、国際的な視野のもとに見定めていく好機であるはずだった。

さまざまな面で戦後日本のモデルだった超大国が、このような悲劇に見舞われたのはなぜなのか。イスラム教テロリストたちを、彼らの巨大な憎悪を世界の覇権国家の中枢で爆発させる行為に駆り立てたものは何なのか。世界の国々、それも欧米先進国だけでなく中東、アジア、ラテンアメリカなどの中進国・途上国をふくめた各国の人びとは、この大ニュースをどのように受け止めているのか。それらの疑問を解きほぐしながら、では日本は、米国のテロとの戦いにどのように対応するのがのぞましいのかが問われた。

テロには断固反対だとして、それはテロリスト殲滅を叫ぶ米国の「正義の戦争」支持という選択肢以外の判断をゆるさないものなのか。日米同盟という外交基軸は重要だとしても、それを自衛隊の海外派兵というかたちで示すことと、日本の過去の反省にもとづく平和国家としての理念とが果たして整合性をもつものなのか。また、戦争の悲劇を経験した日本が、かつてのみずからの「聖戦」とおなじように、多くの無辜の人びとの犠牲を生み出すにちがいない、同盟国の正義の戦争に安易に追随していいのだろうか。これらの点をふまえて、のぞましい日米関係とは何かを私たち一人ひとりが熟考すべきではないのか。

そうした自己省察にもとづいて、「平和国家日本」が他者との相互理解とバランスの取れた世界認識を深め、平和な二一世紀をつくりだしていこうとする世界の人びとの努力の前進に貢献できるようになること、そのための議論の前提としてできるだけ幅広い視点からの情報と言説を積極的に読者、視聴者に提供することがメディアには求められていた。だが新聞、テレビの大半は、ジャーナリズムの原則を放棄し、政府と同じ日米同盟を報道で実践することに終始した。欧米、とくに米国のメガネをとおして見た国際社会の動きがあたかも世界の現実であるかのような錯覚から抜け出すことができなかった。

小泉首相は、九・一一を「文明全体への攻撃」とするブッシュ米大統領の演説を支持し、文明世界を野蛮なテロリストたちから守るために日本も国際社会との団結を強化しなければならないと訴えた。九月一二日付の朝刊各紙(東京版)にも「テロは許さない」を合言葉にした社説が並んだ。朝日は、「これは、単なる対米テロを超えている。世界への、いや、近代文明が築き上げてきた成果への挑戦である」ととらえ、日本は世界が混乱に陥ることを回避するために、国際社会の結束と知恵を求めるよう積極的な役割を果たさなければならないと主張する。毎日は、「国際社会の基盤を無差別の暴力によって覆そうとするテロ組織」に対しては国際的な団結が最大の防御策とうったえる。読売は、米国を標的としたテロは「国際社会への重大な挑戦」であり、「日本を含め、犯罪集団を厳しく追い詰めることがまず重要だ」と説く。

こうした「文明に対する攻撃」論は、米国文明だけが文明世界であるという前提にもとづいている。テロリストたちが標的とした世界貿易センター、国防総省、ホワイトハウス（?）は冷戦後世界の経済・軍事・政治の覇権（一極構造）の最もシンボリックな巨大建築、すなわち米国文明である。だが、米国によって文明世界が代表されるわけでないことは言うまでもないし、その米国文明にはいくつかの顔がある。民主主義、自由、寛容という日本などで長年植えつけられてきた美しい顔だけではない、むき出しの暴力行使を辞さない野蛮な顔がある事実は無視される。また、ひと握りの過激なイスラム教徒の行為によって、イスラム世界全体を野蛮視する言説がメディアにはあふれた。そして対テロ戦争が、正当化された。

文明世界対野蛮な非文明世界という日本の世界認識の構図は、対テロ戦争ではじめて登場したものではない。明治の開明論者で代表的オピニオンリーダーの福沢諭吉は、彼の主宰する時事新報の社説で、一八九四年の日清戦争を「文野の戦争」ととらえ、文明（日本）の野蛮（中国）に対する勝利に歓喜して、こう述べる。「若しも支那人が今度の失敗に懲り文明の勢力の大に畏《おそ》る可きを悟りて自ら其非を悛《あらた》め、（略）文明日新の餘光を仰ぐに至らば、多少の損失の如きは物の数にも非ずして、寧ろ文明の誘導者たる日本國人に向ひ、三拝九拝して其恩を謝することとなる可し」。戦勝の祝福はほかの新聞も同じだった。

日清戦争を「文野の戦争」とするジャーナリスト福沢の世界認識と、対テロ戦争を支持する日本の政治指導者やマスコミの世界認識との間に、どれほどの違いがあると言えるだろうか。違いがあるとすれば、日本がそれぞれの戦争の主役であるかそうでないかだけである。

二一世紀の文明の誘導者は米国であり、福沢にならうなら、テロリストを支援する野蛮なアフガンとイラクの指導者はみずからの非を認めさせようとしてくれる米国に感謝しなければならない。文明国である日本が米国の正義の戦争を支持するのは当然である。国民も日清戦争の勝利を祝福したように、米国の対テロ戦争を支持した。

しかし日清戦争に対しては、時代の主流に同調せず、またその危険性を見抜いていた日本人も少なからずいた事実を忘れてはならない。福沢の同時代人の代表格が勝海舟である。旧幕臣の勝は蘭学者であり、ヨーロッパ式近代海軍の創設者であり、咸臨丸の艦長として渡米し新たな世界に目を開かされた、当代きっての国際人だった。彼は維新後の新政府にも出仕したが、西欧とアジアへの認識において、福沢とは対照的だった。

勝は「日清戦争は不義の戦争なり」と断じ、戦争反対の姿勢は開戦前から戦中、戦後と変わらなかった。彼の戦争批判は、戦争の大義がないだけでなく、日清戦争にはヨーロッパのアジアに対する新たな侵略を招く危険性があるという世界認識にもとづいていた。

彼はまた、戦勝に酔う日本社会に警鐘を鳴らすことも忘れない。「日本人はあまり戦争に勝ったなどといばっていると、あとで大変な目にあうよ。剣や鉄砲の戦争には勝っても、経済上の戦争に負けると、国は仕方がなくなるよ」(『氷川清話』)。彼によれば、日本が勝ったと騒いでいる相手は李鴻章の率いる政府であって、人民は「政府などどうなっても構わない」と頓着していないからだ。国家・政府と社会は別であるという認識である。

勝は、中国を「野蛮」とする見方にも与しない。日本文化が古来より中国の文明に多くを負っているにもかかわらず、明治以降中国を蔑視するようになった日本人の態度に反対する勝は、朝鮮を馬鹿にする風潮にも我慢ならない。「昔文明の種子は皆んな彼の地より輸入した。朝鮮人も何百年前に於いて已に日本の御師匠様だ」という尊敬の念を失わない。

近代日本への道を切りひらいた最大の功績者のひとりであり、百年先を洞察する国際認識をそなえていた勝は、「西洋文明にしか過ぎない『文明』を鼻に掛けて、アジアを侮蔑的にあしらう」ことを最も忌み嫌った。彼がめざしたのは、アジアの盟主としての日本ではなく、西洋諸国に抗した日本・朝鮮・支那三国の合従連衡だった。

日本は、福沢の路線を突き進み、勝の懸念が的中することになる。その結果、「平和国家」に生まれ変わったはずだったが、欧米文明をモデルとする姿勢はそのままだった。

「アル中患者にウイスキー・ボンボン」

自衛隊のイラク派兵が間近にせまった二〇〇四年一月一六日の朝日新聞の「私の視点」欄に、アルジャジーラの経済部長アフメド・ムスタファの「自衛隊派遣　中東の心つかむ努力を」と題する寄稿が載った。小泉首相が自衛隊の人道復興支援活動の意義について同テレビで語った内容を受けたものである。

ムスタファは、小泉が何百万人ものアラブ人視聴者に対して、自衛隊のイラク派遣は中東の安定のため、イラク国民を助けるためだと語ったことにふれ、つぎのようにやんわり警告している。「長い間、アラブの人々は日本を、政治的影響力を求めず開発プロジェクトに資金を出してくれる『援助国』と考えてきた。日本の外交政策が、アングロサクソンの中東戦略と同類だとは、誰も思っていない」。今回の米英のイラク侵攻も、イラクを民主化し経済強国にするためだと信じるアラブ人は少ない。

「だが今や、自衛隊を派遣しようとしている日本がこのままイラクへの関与を強めれば、他の西洋諸国と同じとは見られないにせよ、アジアの強国が別のやり方で足場を築こうとしていると思われてしまう」。だから、「日本がこの地域でよりよい影響力を得たいと望むなら、米国流ではなく、人々の心と魂をつかむことでこそ、それは可能になる」と彼は主張し、米国人がアラブ世界の心と魂をつかむのが難しいのに比べ、「日本の場合はまだ信頼の資産を持っている」と忠告している。

このアラブの代表的メディアのジャーナリストの声は、一九二四年の孫文の講演「大アジア主義」と基本的に同じとみてよいだろう。宮崎滔天が献身的な支援を惜しまなかった中国の革命家は、日本の盟友の死後、今後の日本が進むべき途として「西洋覇道の番犬となるか、或は東洋王道の干城となるか、それは日本国民の詳密な考慮と慎重な採択にかかるものであります」と説いた。日本は前者を選択し、破局を迎えた。

日本の政府とメディアは、自衛隊の派兵がアラブ世界の人びとの心と魂をつかむことができたのかどうかの検証を怠ったまま、人道復興支援の成功物語を国民に流した。「成功」の代償として、私たちは、中東地域における平和国家としての対日信頼という貴重な財産を失おうとしていることには気づかぬかのようである。

米英軍のイラク侵攻に反対するのは、アラブ世論だけではない。かつて欧米と日本の侵略を受けた東南アジア諸国でも、「正義の戦争」を支持する声はほとんどなかった。

ベトナム共産党機関紙ニャンザンは、三月二一日の一面でイラク攻撃開始のニュースとベトナム政府の声明を掲載した。声明は、イラク攻撃を、国連憲章もふくむ国際法の基本法に違反して米、英「政権」がイラク「人民」に対して発動した武力行動と認定し、「国際関係、国家の独立、主権、領土保全が尊重されるべきである」と両国を強く非難している。

同紙は開戦前から、米国によるイラク攻撃の正当性を否定してきた。同月一三日の論評は、米国が「宣伝組織を使って事実を歪曲し、イラクが大量破壊兵器をもちアルカイダのテロネットワークと関係があるという、いわゆる『イラクの恐怖への不安』を煽る努力をしてきた」と指摘し、さらにかつてのベトナムと現在のイラクが置かれた状況を同列にとらえてつぎのように述べる。「ベトナムは民族独立の防衛のために幾度かにわたる帝国主義勢力の侵略戦争に抵抗し、名誉と尊厳を保持してきた。ベトナム人民はイラク人民の領土保全、独立、主権防衛のための闘争を強く支持する」。ニャンザンは連日、外電を中心に戦況と戦争関連のニュースを大きく報じ、国内外の反戦集会も積極的に取りあげた。

マレーシアのマハティール首相は世界経済フォーラム（ダボス会議）で、国際法を無視して「石器時代の支配者のように一番大きな棍棒を振り回して国際社会を支配」しようとする米国を痛烈に批判し、インドネシアのメディア・インドネシアは「ブッシュは精神病院に行くべし」との過激な社説を掲げた。フィリピンのように政府が米国の行動を支持している国でも、世論はかならずしもそれと同じではない。米国がイラク攻撃を正当化するためにあげた、大量破壊兵器の問題やフセイン政権とテロリストとの関係などについても懐疑的な論調が各国の新聞には少なくない。反戦・反米デモが各国で起きた。

三月三〇日のインドネシアの首都ジャカルタでの反戦デモには二五政党・組織から約一〇万人が参加した。デモ隊は米、英、豪とともに日本を参戦国と位置づけ、各国の在外公館に押しかけたりしたが、投石などの暴力行為はなかった。コンパス紙は、「イラク攻撃を決めたのは（米英）政府であってそこの国民ではない。それらの国でも多くの人びとは反戦である」「われわれは人間性への一貫した尊重をしめすのだ」と呼びかけた。

日本はいまや、アジアでは平和国家とは見られていないのである。

しかし日本のメディアは、こうしたアジアの隣人たちの声を積極的に伝えようとはしなかった。平和国家と信じてきた日本が、なぜ「殺人者米国の傭兵」をイラクに送り込むのかというアラブの人々の疑問と怒りの声もほとんど無視された。

日米の指導者とメディアがテロリストから守れと合唱する「文明」が、イラクとアフガンの民衆にどのような野蛮な相貌を見せたのかも、日本のメディアはきちんと報じなかった。その事実がアルジャジーラなどで連日大ニュースとなっても、日本の政治家やマスコミは「テロに屈すべきではない」と叫びつづけ、「文明」のチャンピオンによる侵略戦争とそれを支援する自衛隊による「国際貢献」に疑問を抱こうとはしなかった。そして平和国家は急速に、「戦争ができる国」へと変貌し、「日本を取りもどそう」と叫ぶ安倍政権は、再び富国強兵による西洋覇道の道を歩もうとした。唯一の超大国米国の僕《しもべ》として。

アジアの国々は、すでに湾岸危機・戦争への日本の国際貢献論議に懸念を示していた。たとえば、シンガポールのリー・クアンユー首相は、自衛隊掃海艇のペルシャ湾派遣を、九一年五月四日のインターナショナル・ヘラルド・トリビューン紙で、「アルコール中毒患者にウイスキー・ボンボンを与えるようなもの」だと評した。

リーは若い日に、日本軍占領下で起きた華僑の「粛清」を目撃するとともに、日本の通信社の仕事を手伝ったことがある。その体験から、「何かをやりはじめると、とことんまで突き進まなければ気がすまない」のが日本人の気質だと観察していた。だから、国際貢献という微量のアルコール入り砂糖菓子にいったん味をしめると、しだいにアルコール度の高いものに手を出していき、まだ保護観察中の患者がもとの戦争中毒患者に逆もどりしてしまう恐れがあると予測したのである。

リーは、アジアの卓越した指導者として国際社会から一目置かれる政治家であり、強硬な反共主義者だった。また日本の経済発展に学ぼうとする姿勢から、日本では「親日」派とされてきた人物である。それでも、というより、それだからこそ、日本の行く末に警鐘を鳴らすのを忘れなかった。彼の予測は、不幸にも的中しているといえよう。

「九条」の世界との応答責任

イラク人質事件をめぐる海外のまなざし

さて、ここまで見てきた戦後日本の平和と民主主義像については、正しいとは言えない、あるいは全体像をとらえていないという指摘は当然あるだろう。私たちが七十年以上かけて築き上げてきた有形、無形の財産には多くの誇るべきものがあり、なかには世界の共有財産とすべき貴重な業績があることは間違いない。だがアジアと中東アラブの鏡に映し出された「平和国家」の実像を無視することはできないだろう。少なくとも私たちは、彼らの声に謙虚に耳を傾けてこなかったことは事実である。

アジアの人々といっても多様であり、彼、彼女たちの日本観もさまざまである。近年はアジアでも戦争体験のない世代が増え、日本との人的交流が盛んになるにつれ、日本を見る目はさらに多様化が進んでいる。いっぽう日本でも、韓国の韓流ドラマやKポップに代表されるアジアの新しい大衆文化が、若い世代を中心に人気を集め、隣人たちへの親近感が増してきている。それでも、アジア侵略という歴史的事実に対する日本の真摯な反省と謝罪、それを踏まえた和解と友好の努力が十分ではないという認識は、アジアでは世代と国の違いをこえて共有されているとみてよい。

それは日常生活では見えなくても、何か日本の言動がアジアにとっては譲ることのできない一線を越えたと判断されると、「反日」となって噴出することはこれまで確認してきた。最近の日韓関係の悪化も例外ではない。

だが私たちは往々にして、「反日」とは何なのか、なぜ日本批判なのかを問うよりも、隣人たちの言動に情緒的な反発することに急になりがちである。そのような国民感情を一部メディアが煽り、政治権力者たちが国を誤った方向に導いていくのに利用しようとする。いま私たちに求められているのは、安倍政権下で顕著になった極右強権政治と偏狭なナショナリズムの高揚をさらに暴走させないために、一人ひとりが一歩立ち止まり、戦後日本の平和と民主主義を再検証してみることであろう。それには、他者の鏡に映る自分のすがたに目を背けてはならない。

二〇〇四年に自衛隊がイラクに派兵された直後に起きた、武装勢力による日本人拘束事件をめぐる小泉政権の対応と世論について、フランスのルモンド紙は「ゆっくり右傾化していく日本」というタイトルの分析記事を同年四月二八日に掲載した。

拘束された日本人三人は、イラクのストリートチルドレンの支援や湾岸戦争で米軍が投下した劣化ウラン弾の住民被害の調査をつづける市民ボランティアらだったが、武装勢力が人質解放の条件として自衛隊の撤退を要求すると、小泉政権と一部メディアは人質バッシングを開始した。三人は政府の勧告を無視して勝手にイラク入りしたのであり、拘束は自己責任だというのだ。前年の自衛隊派兵の閣議決定直前には、在イラク大使館の日本人外交官二人が何者かの襲撃で殺害されていた。

同紙は一連の出来事への日本の対応を、首相らの靖国神社参拝や義務教育の場での国歌斉唱、国旗掲揚問題などの潜在的な右傾化の流れとして捉えている。靖国参拝は、周辺諸国との協調や戦略的ビジョンに欠けるものである。国歌・国旗の強制は憲法で保障された思想・信条の自由に反するものだとして、これに従わない教師もいた。彼らは厳しく処分されたが、国民からは特に大きな抗議運動が起こらない。いっぽうで、中国の台頭や北朝鮮の脅威への過剰な反応が生まれている。そこに、これまで考えられなかった日本の外交官の殺害と日本人の人質という出来事がイラクで起きた。「日本人の心理は不安定に陥って」おり、今回の人質バッシングによって右傾化は決定的なものになった、と同紙は分析する。

さらに、小泉首相は、日本を立て直すための選択肢として盲目的に米国に従属する以外の道は選ぼうとせず、「自民党はかつて発揮していた平衡感覚を失い、民主党も自民党に対抗できる力がない」。小泉政権がイラク戦争を支持し、自衛隊をイラクに送り込んだことで、日本の「戦後平和主義」はすでに終わった、とフランスの代表的な新聞は締めくくる。

共産党の独裁政権下で民主主義、人権がないがしろにされがちな中国でも、人質への政府の対応は注目された。深圳の人気日刊紙、南方都市報は同二五日の社説で、そこに日本の侵略戦争と同根の国家主義の危険性を見て取った。

社説は、人質になった三人の行為を「人道主義的な志こそが彼らが追求したものであり、人質から解放され、帰国したあとは、英雄として待遇されてしかるべきである」と評価し、次のように論じた。「日本は第二次世界大戦後に現代的政治形態を導入したが、それによって、国家主義の毒の根を絶ったとは必ずしもいえない。そして、『個人は必ず国家に従わなければならない』という論理こそが、歴史上日本が侵略戦争を発動した際の動員の論理なのである」として、自己責任論に懸念を示した。

しかし、日本の世論は小泉政権を後押しした。読売、朝日両紙の世論調査では、「テロリスト」の要求には屈しないとする、人質事件についての政府の一連の対応を「評価する」がいずれも七〇%を超えた。自衛隊のイラク派遣を「評価する」人も過半数をおおきく上回り、内閣支持率も増加した。人質事件が起こる前のＮＨＫの世論調査（二月九日発表）では、自衛隊のイラク派遣をめぐる国会での論戦を、七七％の国民が「議論が不十分」と答えて、不満を表明していた。だが小泉首相は、「人道復興支援の自衛隊派遣」というイメージと既成事実を次々に積み上げていく。そして、人質事件が発生すると、自衛隊の派遣が正しかったのかどうかをあらためて議論する事態であるはずにもかかわらず、人質とされた若者たちの「自己責任」論によって問題の本質を隠蔽し、政府の決めた自衛隊のイラク派遣に反対するような意見はおかしいという空気をかきたてた。主要メディアもそれに同調した。

こうして小泉政権が事実上突破口をひらいた集団自衛権行使を、安倍政権がさらに自衛隊の米軍との地球規模での軍事行動への一体化へと拡大していった経緯はすでに確認したとおりである。また、この対米従属の深化がアジアとの「未来志向」路線の放棄と並行していたことも見た。そこには、日本が「国際社会において名誉ある地位を占めたい」（日本国憲法前文）という願いを達成していくには、政治指導者だけでなく私たち一人ひとりが二一世紀のグローバルな正義と平和の実現をもとめる国際社会にどう貢献すべきかの、国家百年の自主的なビジョンは何も示されていない。透けて見えるのは、ひたすら米国にすり寄りながら、アジアの盟主意識だけは失いたくないという思いである。

脅かされる盟主の座

明治以来の日本は、アジアを踏み台にして欧米列強と肩を並べることで、アジアの盟主として振る舞ってきた。その座は敗戦とともに失われかけたが、政治指導者だけでなく国民の意識からも消えることがなかった。そして日本が経済大国化するにつれて、「アジアで唯一の先進国」というフレーズとともに、アジアのリーダー意識がかき立てられるようになる。だがその優越感も、高度成長の終焉とバブルの破裂によって脅かされるようになり、一方でこれまで後進国とされたアジア諸国の経済発展が世界の注目を浴びるようになる。

日本は、経済力で自国をしのぐ大国となった中国や先進国入りした韓国、さらに先進・中進国化した東南アジア諸国と共に、二一世紀の新しいアジアの平和と発展をめざす戦略を打ち出す道を歩むことが求められた。その一歩として、過去の教訓をいかした相互理解の促進と友好の発展をうたった「未来志向」が打ち出されたが、時代錯誤な歴史認識にしがみつき、対米従属以外の選択肢はありえないかのような熟慮を欠いた指導者たちの登場によって頓挫する。アジアの盟主意識だけは失いたくない彼らは、同盟国米国との政治的、軍事的、経済的関係の強化、さらには憲法九条を民主政治の手続きを無視して恣意的に解釈改憲してまで、ひたすら米国にすり寄る。欧米先進国の一員であることでアジアへのいわれなき優越感と大国日本のプライドを保持しようとする点では、戦前と変わらない。こうした視野狭窄と独善的意識の指導者が有力な武器としたのが、明治以来の日本のＤＮＡのように戦後もしぶとく残りつづけた草の根の保守意識とアジア蔑視である。

戦後日本は、主として米国から持ち込まれた民主主義をモデルに、国家機構の制度的、法的変革をめざすことにとどまり、国民一人ひとりがそれをいかに育て上げていくかの精神構造の変革にまでどの程度取り組んできたのかは疑わしい。だが時代の潮流のなかで、われわれはそれを「進歩」と思い込み、戦前日本の大黒柱であった天皇の責任は棚上げにしたまま、聖戦を鼓吹した戦前の保守、反動思想の持ち主や軍人らを批判すれば問題は解決したものと思いこんだのではないだろうか。平和と民主主義をアジアにも開かれた形で新たな土壌に根づかせるために、アジアを友として旧い土壌そのものの変革をめざして格闘した先人たちからは学ぼうとはしなかった。

改革は表面的にすぎず、「戦後日本」が揺らぎ始めると、地表下に潜んでいた「戦前日本」が政治と社会の表層にせり出してきた。しかしそれ自体は、グローバルな視点と自律的な将来ビジョンを欠いたものであるから、さしあたり中国や北朝鮮の脅威、嫌韓を煽ることで偏狭なナショナリズムの高揚を図ろうとすることしか能がない。自国の将来に漠然とした不安をいだく国民も、旧態依然たるアジア観にもとづいて政権の中国脅威論、韓国の「反日」に同調し、それに便乗した一部出版メディアがヘイト本のベストセラー化を競う。テレビには「日本はすごい!」をコンセプトとしたバラエティー番組があいつぎ登場する。

それとともに、米国の対テロ戦争を支援する自衛隊の海外派兵が先進大国日本の「国際貢献」であるという言説が、自称「愛国者」の安倍首相や彼の取り巻きのパワーエリート、マスメディアから振り撒かれる。

いずれも、一部の国民心理につけこんでフェイク情報を発信するポスト真実の手法であることに変わりない。正しい歴史認識にもとづいて共に未来を切り拓いていこうという、アジア諸国の呼びかけに耳を傾けようとはせず、歴史の無知に居直った居丈高な姿勢が、自らの人間としての品格をいかに損なっているかに、彼らは気づかない。

では、このような時代の空気に同調せず、私たちが平和国家を再建していくためにはどうすればよいのか。

九条の世界の共有財産化は可能か

戦後の平和と民主主義がどのような欠陥と限界をもっていたとしても、それまでの日本に比べればはるかに優れた政治的、法的制度を確立し、何よりも人類社会の普遍的理想の実現をめざそうとしたことは間違いない。そのために多くの人たちがたたかいながら前進し、日本が再び戦前の轍を踏まないように力を合わせてきた。その成果を無駄にせず、現在の後退から反転攻勢に打って出るための第一歩として欠かせないのが、アジア侵略という負の歴史の真実から目を背けない姿勢である。その努力を怠ってきたがために、私たちは戦後の平和国家にひそむ血の匂いにもなかなか気づかず、また人権尊重をうたいながら、侵略された人びとの尊厳回復を怠ったままにしてきた。

日本を真の平和国家に再生させていく担い手は一人ひとりの国民であり、私たちが主役となることが民主主義の発展につながっていくのだという自覚が再確認されなければならない。ドイツと韓国が荒れ野から抜け出て、新しい世界に踏み出していくことを可能にしたのは、他者を鏡として自国の神話の間違いに気づく市民の覚醒とそれを代弁するメディアの民主主義社会建設への強い意志だった。私たち日本国民にも、同じような意志と力が備わっているはずである。

そのさい私たちに大きな勇気を与えてくれるのが、豊かな将来的可能性を秘めた先人たちの偉業ではないだろうか。宮崎滔天、金子文子、穂積五一らの志は残念ながら、戦後日本のビジョンに組み込まれなかったものの、さいわい近年、少しずつ見直しが進もうとしている。若いノンフィクション作家は、既存のイメージとは異なる滔天像を描き出し、二一世紀の現在にも多くの示唆を与えてくれる彼の思想の射程の長さに注目している。金子文子と朴烈の愛と闘いのすがたを描いた韓国の名監督の映画は、同国で多くの観客を動員し、文子はフェミニズムの先駆者としても共感を呼んだ。穂積五一の「一燈やがて万燈となる如く」の精神を、多くの日本人だけでなくアジアなど外国の若い世代に発信していこうとして、彼の文章の精選集を英語や中国語に翻訳する作業が、アジア文化会館の関係者を中心に進んでいる。

「先生を日本人にお返しします」という元留学生の言葉は、穂積のみならず偉大な先人たちの未完の夢と理想を、これからの日本人がグローバルな広がりのなかで実現していってほしいという願いを込めたものである。

この期待にこたえるために私が最も大切にしたいと思うことは、アジアだけでなくいまや中東の人びと、さらに世界中の地球村の住民を含めた他者との、同じ人間としての対話をつうじた絶えざる応答の努力である。滔天、文子、穂積はそうしながら、あるべき日本の姿を摸索していった。

この点を、平和国家の根幹となっている「九条」について考えてみよう。

イラク情勢が混迷の度をます二〇〇八年五月、「日本国憲法九条を世界に広めよう」を合言葉に、千葉市の幕張メッセで「九条世界会議」が開かれた。平和や憲法問題に取り組む日本の団体や市民が立ち上げた同会議には国内各地から初日の全体会には一万二〇〇〇人、二日目の分科会には六〇〇〇人が参加、海外からの参加者は三一カ国一五〇名に上った。会議は最終日に、「戦争の廃絶をめざして、九条を人類の共有財産として、武力によらない平和を地球規模で呼びかける」ことをうたった「九条世界宣言」を採択した。

九条の美しい理念への共鳴者が国境を超えたひろがりを見せていることは、平和のグローバル化をめざす新しい動きであるにちがいはないが、もちろんそれだけで人類の理想が現実化するわけではない。

シンポジウムの「アジアのなかの九条」で、韓国の聖公会大学教授で戦後日本の平和理念の形成過程にくわしい権赫泰《コンヒョッテ》は、「憲法九条の運命が周辺地域に住む人びとの日常生活に直接、間接的に影響をおよぼしている現実がある以上、憲法九条は日本の内政問題であると同時に国際問題でもある」と述べ、日本社会が憲法問題を世界に発信することの意義を認めた。「しかし」と彼は、日本の参加者らにつぎのように呼びかけた。

「日本から世界への発信は同時に、世界から日本への問いかけに対する応答責任を日本社会が背負わなければならないことを意味する。発信、問いかけ、応答の積み重ねを抜きにした一方的な発信だけでは『世界の共有財産』にはなれない」

権があげる問いかけには、以下のような疑問がふくまれる。憲法九条を持っているにもかかわらず世界屈指の軍事力を有する自衛隊があるのはなぜなのか。九条を形骸化する解釈改憲はどう理解すればいいのか。九条があるにもかかわらず日米同盟のもとで多くの米軍基地が日本列島に展開されている現実をどう理解すればよいのか。日本帝国主義の侵略とそれに対する反侵略行為の評価をめぐる歴史認識の葛藤が、戦争が終わって六〇年以上も経った現在、改善するどころか、ますます悪化しているのはなぜなのか。

そのような外の世界からの問いかけに対して、日本人が説得力のある説明責任を果たす必要がある、というのが彼の問題提起である。そのためには、「平和憲法を護れ」「憲法改悪反対」を叫ぶだけでなく、みずからの足元で九条の理念をいかした社会づくりの実績を積み重ねていかなければならないだろう。そうした努力があってはじめて、「九条」という日本独自の平和の財産をグローバルな人類の普遍的価値観としていく回路が開かれ、世界からの協働が期待できるのである。

アジアからの問いかけにどう応えるか

この問いかけにしめされる、平和憲法をめぐる日本とアジアの人びとの認識のギャップは、じつはかなり以前から存在していたのだが、私たちがそれに気づかなかっただけのことである。日本国憲法の内容はともかくとして、それが占領国から与えられたものであるだけでなく、その憲法下で日本が外国（米国）に国を守ってもらっている現実にアジアの留学生たちが違和感を抱いているという、穂積五一の指摘は先に紹介した。九条の理念にそぐわない戦後日本の歩みに疑問と懸念をいだくアジアの声に耳を傾けようとする日本人は、穂積とは政治的姿勢が異なる人たちにもいた。

東南アジアの留学生や知識人三二一人の声をまとめた『太ったに日本人』という本が、リベラル派の国際政治学者、武者小路公秀らによって一九七一年に出版された。進歩的文化人で戦後の平和と民主主義のオピニオンリーダーの一人だった社会学者の日高六郎は、これを読んで「私はショックを受けた」と述べている。日本人が平和憲法について考えていることと、アジア人の見方とのギャップがあまりに大きいからだという。

この本によれば、アジアの人びとはほとんど、平和憲法の存在を知っている。では平和憲法を信用するかと聞くと、大多数は信用しないと答える。理由は、理念はすばらしいが、平和憲法を掲げながら、防衛力整備計画によって軍事力が着々と強化され、この本が出るころには第四次計画（四次防）に着手しているからだ。こうした日本のうごきは、平和憲法がないよりももっと悪い、ペテンではないかというのが、アジアの声である。そしてそのことと、戦前の日本人が信用できなかったということがつながっていく。

平和憲法を持ちながらしだいに軍事力を強化していく日本の姿には、この本とおなじ一九七〇年代初めにタイの「反日」運動におおきな影響をあたえた「社会科学評論」誌の「黄禍」特集でも警戒感がしめされている。

日本の経済進出とならんで特集のもう一本の柱となっているのは、日本の「軍国主義復活」の問題である。「日本の自衛隊――信管の取付けを待つ時限爆弾」「日本の軍産複合体」などの論文は、日本の新聞や雑誌のデータを使って自衛隊の成長への不安をのぞかせている。「アメリカの軍隊から日本の軍隊、そして三菱の軍隊へ…」と題する八コマの漫画は、星条旗のついた卵から、星条旗を胸につけてうまれたヨチヨチ歩きの兵隊が、やがて成長するにしたがっておおきく変貌していく姿をえがいている。しっかりした足取りになり翼もしっかりと広げられるようになるにつれて、軍服の胸のマークが星条旗と日の丸の半々、ついで日の丸だけとなり、ついには日の丸が三菱のスリーダイヤにとってかわられる。武器も軽火器から重火器へと強化され、背後には軍用機、軍艦、ミサイルなどが配備されるようになる。

では、平和憲法へのアジアの不信感に日本が鈍感なのは、なぜなのか。日高は、明治以来の私たちの国際社会への向き合い方と日本人の自己認識にさかのぼって考察している。

明治以来の日本は、インターナショナリズムとナショナリズムの双方向のあいだを揺れ動いた。文明開化から自由民権運動までは世界に開かれた方向が強かったが、民権運動が挫折すると日本帝国主義が登場する。大正デモクラシーでインターナショナリズムの方向が少しあらわれるが、それが昭和以降、十五年戦争でまたファシズム型帝国主義に取って代わられる。そして敗戦とともに、またインターナショナリズムがもどってくる。多くの政治学者が、戦後の日本はインターナショナリズム一辺倒となり、未曽有のナショナリズム不在となったととらえた。日高もそう思った。

だが彼は、そうした見方にしだいに疑問をもつようになったという。本当の意味でのインターナショナリズムは存在していたのか、また逆にナショナリズムは不在だったのか、と。

本当の意味でのインターナショナリズムとは、「中国にたいして、あるいは朝鮮をふくむアジアの諸民族にたいして、日本人が明治以来なしてきたことの反省に立っての、問題の自覚と自己の認識からはじまる」ものであるべきだった。しかし、戦後日本の新たなインターナショナリズムは、欧米、とりわけ戦勝国の米国の民主主義などに学ぶべきだという発想が圧倒的であり、中国に敗れたという意識も、その敗因から何を学ぶべきかという発想もなかった。それが、真のインターナショナリズムの形成をさまたげることになったという。

またナショナリズムについても、けっして不在とはいえない。それが強くあらわれたのが、平和憲法観であり、「その平和主義は、非常にナショナリズムと結びついて理解された」。つまり「平和憲法というのは日本が二度と戦争に巻き込まれないための保障」、日本人にとって戦争よけの「避雷針」と位置づけられてきた。日高もそうだし、いわゆる革新陣営もそうだった。そこで、日本が戦争に巻き込まれる危険がある日米安保には、平和憲法の非武装主義をつらぬく必要があるという発想で対応してきた。

戦争の被害から国民をまもるというのは、それ自体では政治目標として間違ってはいない。しかしその日本が、一方で軍備を着々と増強し、ベトナム戦争では米国に加担する。アジアから見れば、「日本みずからが雷の発生源の一部となっていながら、避雷針としての平和憲法だけを強調する」のは一種の欺瞞、ペテンでさえあるとみなされるのは不思議でないだろう。にもかかわらず、私たちはそのことに気づこうとしなかった。日高が、東南アジアの留学生や知識人の声をまとめた先の本に「ショックを受けた」というのは、そのことに気づかせてくれたからである。

日本は軍事力を強化し、ベトナム戦争では再びアジアへの加害者になるとともに、経済的にアジア諸国を支配しようとしている実態のなかで、平和憲法の避雷針効果だけを強調することは、ナショナリズム不在どころか、黒いナショナリズムの再登場と受け取られても仕方がない。そしてそのことは、一見あるかのように見えたインターナショナリズムが、じつは根本的には不在だったことの帰結ではないか、というのが日高の自省である。

このような平和憲法の理念と実体の乖離に対するアジアからの指摘に、私たちは政府もメディアも国民も応答を怠ったまま、平和国家を自認しながら、ついに日本は米国のイラク侵略戦争に加担して自衛隊を派兵した。ベトナム戦争でも日本は米国の侵略を支持したものの、自衛隊を派遣することはなかった。だがイラクへは自衛隊の派兵にまでエスカレートした。さらに、安倍政権の「積極的平和主義」によって、世界的規模の日米軍事作戦の展開が可能になろうとしている。

中東では、ヒロシマ・ナガサキはよく知られているが、九条についてはどれだけの認知度があるのかを私は残念ながら知らない。でもこの憲法を日本人が大切にしていることがわかれば、この地域の人びとも韓国の大学教授や東南アジアの留学生、知識人らとおなじ問いを私たちに投げかけてくるにちがいない。「こんなに素晴らしい憲法を持ちながら、なぜ日本は米国のイラク侵略に加担するのか。侵略者の手先として自衛隊を送り込んでくることに、なぜ日本国民は反対の声を大にしないのか」と。

すでに米国のアフガン攻撃を日本が支持し、海上自衛隊をインド洋上に派遣したとき、エジプトで最も注目を集める若手イスラム法学者、ハーリド・アルジェンド師はこう述べている。「日本は自衛のための武力しか持たないのではないか。どうして自国が攻撃されたわけでもないのに、米軍を支援するのか。今回のテロで日本人も亡くなられているといっても、日本人が狙われたわけではない。武力行使を自衛に限る日本の姿勢はイスラム諸国から尊敬されてきた。しかし（アフガン攻撃の後方支援により）日本はイスラム教徒への攻撃に加担し、欧米とイスラムの仲介役の資格を失った」（二〇〇一年一〇月二九日付毎日新聞）

二〇一五年の安保法案を、アルジャジーラはじめアラブ世界のアラビア語メディアの多くは、「日本は第二次大戦後初めて海外の戦闘のために出兵を認める安保法案を可決」と報じたことは、第3章で見た。

だとすれば、九条を世界の共有財産にしていくためには何が求められているかは明らかであろう。いまからでも遅くない、いや平和国家が「普通の国」へと変貌しようとしている歴史的分岐点に立たされている現在だからこそ、私たちはアジアや中東の人びとの問いかけに応えて、このような平和憲法認識の欠落を補い、アジアだけでなく世界の人びとの理解と共感を得られるような、理念と実体が乖離しないものにしていく努力をつみかさねていかねばならない。そしてそのために不可欠なのが、米国に偏らないグローバルな世界認識と、アジアと日本との関係への正しい歴史認識、さらに国家、政治・経済体制、民族、宗教、文化などの違いをこえた、おなじ人間としての目とこころであろう。

それによって私たちは、戦後日本の平和主義の成果をグローバルな正義と平和の発展に役立てるとともに、これまでの自国の神話から解放されて、新しいナショナル・アイデンティティを築いていくことができるのではないだろうか。

そのために、本書の主要テーマのひとつであり、私たちの意識形成におおきな影響力をもつメディアがどのような役割を果たせるのか、いや果たさなければならないかについて、新聞、テレビなどのマスコミの戦後のあゆみを振り返りながら考えてみたい。

第7章 「人間の目」で世界を見る

「国民と共に立たん」の欺まん

「戦争責任」と「民主主義の確立」の内実

メディアのジャーナリズムとしての使命は、政府が国民を誤った方向に導いていかないように、権力に対する「番犬」の姿勢を忘れてはならないこととされる。だが現実には、それがいかに難しい仕事であるかはメディアの歴史が物語っている。番犬が吠えることを忘れて、権力の飼い犬になることは珍しくない。とくに、それぞれの国益がかかわる戦争報道においてはこの基本姿勢が脅かされがちとなる。

「戦争が起こると、最初の犠牲者は真実である」という、米国が第一次世界大戦に参戦した一九一七年に同国のハイラム・ジョンソン上院議員が語った言葉の正しさは、現在でも多く国のメディアで証明されている。最近の典型が、対テロ戦争の米国の主流メディアの愛国報道の氾濫だった。だがその米国でも、権力者の情報操作に加担せずに、「正義の戦争」の真実を追究してイラク侵攻に反対しようとするジャーナリストも少数ながらいたし、古くは、第2章でみたジョージ・オーウェルの『カタロニア讃歌』もソ連の影響を受けた左翼メディアの偏向報道に抗するものだった。

日本のメディアも例外ではない。新聞や雑誌は明治以来、政府の掲げるアジア侵略を正当化する戦争の大義を疑わず、翼賛報道をつづけてきた。アジア太平洋戦争中は、「日本人特派員は、戦争努力の片腕としての自分の役割については何の引け目ももたず、祖国の勝利につながらないことは何一つ記事に書かなかった」(フィリップ・ナイトリー)。新聞、ラジオ、雑誌は政府や大本営の発表を垂れ流すだけでなく、みずからも国民を「聖戦」に駆り立てるフェイク情報を拡散した。聖戦の実像は伝えられず、マスコミは約三一〇万人の日本国民と数千万人のアジアの人びとの生命を奪い、社会基盤と自然と文化を破壊する過ちに加担した。

敗戦後、メディアはその反省をしなかったわけではない。朝日新聞は、すでに見たように一九四五年一一月の「国民と共に立たん」と題する社告で、真実の報道を怠り国民を今日の窮境に陥れた責任を謝罪し、今後は民主主義の確立をめざす役割を果たすことを誓った。これに先立ち、社長以下編集幹部が総辞職した。毎日新聞も「戦争責任の明確化と民主主義体制の確立」と題する社告を出し、読売新聞では社長の退陣と民主化の要求を機に従業員組合が編集、工務をふくむすべての権限を獲得した。中央紙の動きは全国に波及し、四四紙で代表者が更迭された。では、こうした新生日本の基本姿勢が確認されたはずであるにもかかわらず、それから七五年以上が経った現在も、私たちはアジア侵略の負の歴史を克服して隣人たちとの真の相互理解を深めることができないまま、戦後の同盟国米国の侵略戦争に加担し続けてきたのはなぜなのか、またメディアはそれにどう関わってきたのかが問われよう。この問いに答えるためには、各紙がうたう「戦争責任」と「民主主義の確立」の内実を明らかにする必要がある。

まず、戦争責任である。

朝日の社告は、のちに論説主幹をつとめ、日本を代表するジャーナリストの一人となる森恭三が三七歳のときに執筆した。森は、日本の新聞が日中戦争における南京陥落を華々しく報じていた一九三七年、同紙のニューヨーク特派員だった。祝勝ムード一色に塗りつぶされた紙面には、そのかげで展開された「虐殺」の事実については一行も見あたらなかったが、森は米国の支局で、中国や欧米の新聞が報じる日本軍の中国人虐殺についてくわしくしることができた。彼はこう回想している。

「日本軍による南京虐殺はアメリカの新聞に大々的に報道され、ニューヨーク特派員として当然、これを詳細に打電しました。ところが、東京から郵送されてきた新聞を見ると、一行もそれがでていない。それればかりでなく、東京のデスクからは『台湾の基地を発進した海軍航空隊は中国本土にたいする渡洋攻撃に成功した。これは画期的な壮挙である。これにたいするアメリカの反響を至急打電せよ』といった種類の指令を送ってくるのです。私は出先と本社のズレを痛感せざるをえませんでした」

こうした苦い体験があるにもかかわらず、森が戦後の社告でアジアの人びとへの戦争責任についてはまったくふれていないのはなぜなのか。日本の代表紙の編集幹部の頭にあった戦争責任なるものが、日本国民に対するだけのきわめて内向きのものであったからであろう。こうした戦争認識は、森だけにかぎられたものではなく、他紙の記者もおなじだった。南京虐殺やフィリピンのバターン死の行進などアジア各地における日本軍の戦争犯罪の事実が報じられたのは、東京裁判での連合国側の論告によってであり、日本がみずからの手で侵略戦争の蛮行を問うことはなかった。

また、アジア侵略をふくめて戦争責任への心からの反省の気持ちがあるなら、具体的にどのような報道によって国民に真実を伝えなかったのか、それはなぜなのかを、紙面で徹底的に自己検証すべきだが、そのような新聞はなかった。

こうして、新聞の戦争責任を追ってきた元毎日新聞記者前坂俊之によれば、新聞は経営陣の交代と一片の宣言によって、「戦前は軍と一体化して国民を戦争にしむける言論報国、鬼畜米英の旗を振り、戦後は一転して米国民主主義バンザイと百八〇度転換した」(『太平洋戦争と新聞』)のだが、そこで目ざされた民主主義の確立とはどのようなものだったのであろうか。こうした転向が、自己の戦争責任の真摯な反省をふまえ、内的葛藤を経たうえでなされたものであり、たとえ戦勝国から与えられた民主主義であれ、それを国家再建のために自主的に発展させていこうとしたのなら、歓迎すべきである。だが実態は、そうではなさそうだ。

四五年八月の敗戦から連合国軍による活発な政治活動がはじまる十月までの間、新聞の論調はまったく単調だった。日本社会が大混乱に陥っているにもかかわらず、新聞は生気のない政府発表をオウム返しに報じるだけで、政府批判は見られなかった。新聞にかぎらず、社会のどこにも、「権力のドラスティックな交替の間隙に生まれる自由を主体的にいかすものはほとんど皆無であった」と政治学者の藤田省三は記している。同十月二六日のニューヨーク・タイムズは「強制による自由」と題する社説で、次のように論じた。

「日本を占領した米軍は、日本人に自由を強制するといったやり方でなくては大した効果を期待できないことを覚った。すなわち占領軍は新聞の自由を確立せんと試みて主要各紙の編集者に彼らがその義務を回避したこと、および今後も従来の態度を改めないならば他の者と代えられるであろうことを通告しなければならない羽目に陥った」

こうして、第3章でみたように、マッカーサーは、日本の非軍事化と民主化を進めるために、天皇とメディアの戦争責任を問わず、逆にそれらを戦後改革に利用した。占領政策の日本人への宣伝・啓蒙という緊急課題のためには、メディアの戦争責任を追及してそのシステムを混乱させるよりは、戦時の宣伝・報道をになったメディアの仕組みをそのまま温存させるほうが望ましかった。一方、占領軍による新聞の報道責任追及を覚悟していた各紙の経営陣は、マッカーサーの対応が寛大であることがわかってきたものの、かといって国民に対して自己の戦争責任をなんらかの形で示さないわけにはいかないとの議論はしていた。そして打ち出されたのが、朝日の経営陣退陣であり、「国民と共に立たん」の社告である。前者は敗戦から二か月以上たった一〇月二二日、後者は一一月七日だった。

他紙もこれにつづくが、こうした経緯をみると、編集幹部と記者たちが「聖戦」への加担についてどれだけ真摯な反省と内面の葛藤にもとづいて、国民への謝罪を表明したのかは疑わしい。敗戦の責任を自主的に受け止めた決意というより、新しい権力者の顔色をうかがいながら、これからは占領政策にそって平和と民主主義の役割を果たすと誓っただけにすぎなかったのではないだろうか。

新しい権威にすり寄る

敗戦国の政治指導者や新聞社幹部らは、民主主義を自国の再建のために主体的に生かそうとするより、戦勝者の米国の政策に追従し、あるいはその意向を先取りすることが民主主義の実践であるかのように考えた。彼らは、それが日本国内でみずからが支配者でありつづけることを保障するものであることを知っていた。米国新聞協会のフロント・ページ誌は四六年十月号にこんな記事を載せた。「日本ではほとんどすべてのジャーナリスト、政治家、インテリたちが、アメリカの記者たちにいろいろな事件を内報したり情報を提供することによって、自分がいかに親米的であるかを示したがっている」。

GHQは多様な言論活動を支持し、戦時中の新聞統合時に合併・廃刊、あるいは休刊させられた新聞の復刊や新しい新聞の創刊を奨励した。出版界でも総合雑誌の創刊・復刊などが相次いだ。「上から」の民主化ではあったが、権利意識に目覚めた国民の大衆運動も広範な盛り上がりをみせた。だが占領軍が日本のメディアに保証した言論の自由は、この基本的権利の原則と相反する矛盾をかかえたものだった。GHQは言論の自由を保障するいっぽうで、民主化の逆行や軍国主義の鼓吹にあたるとみなされる記事や占領政策にとって好ましくないとおもわれる報道には事前・事後検閲によってきびしい統制をくわえた。「民主化」の名による新たな言論統制がはじまったのである。

GHQの言論の自由のダブルスタンダード（二重基準）の最たるものが、広島、長崎の原爆報道にかんする厳重な検閲だった。彼らは、真実の報道が民主主義の基本だと説きながら、米国の戦争犯罪については真実の報道をゆるさなかった。これは、日本だけでなく海外のメディアに対しても徹底された。東京裁判で、米国は日本の指導者たちの戦争犯罪をきびしく追及しながら、原爆投下というみずからの人類史上最大の戦争犯罪については、その実態が世界にしられることを阻止しようとしたのである。

それでも欧米の一部ジャーナリストは、GHQの監視の目をかいくぐって広島、長崎に潜入し、被爆の惨状を世界に発信したが、日本の新聞社は、新聞の発行を停止されるのを恐れて、さまざまな自己規制に腐心した。当時の朝日新聞社長、長谷部忠は「実務的な面からいえば、日本の新聞は、戦時中の経験でこの制度には慣れていたので、事前検閲の制度自体については、大した不自由は感じなかった」と書き残している。広島、長崎の被爆という戦後日本の平和の根幹にかかわる事実についても、真実の報道のためには権力への抵抗も辞さないというジャーナリズム精神よりも組織の存続を優先する姿勢は、戦前から引き継がれてきたものであろう。

こうしたGHQの諸改革とそれへの日本の対応から、日本の民主化は底が浅く表層的なものにとどまっていると、米国の知識人らは見ていた。戦後日本における米国のソフト・パワー政策を分析した歴史学者の松田武によれば、つい最近まで米国を敵としてきた日本人の態度が激変し、米国のよき生徒の役割を演じるようになったことに、米国の外交問題研究者や歴史学者らは戸惑いと同時に不安をいだいた。だがそのような従順な親米派への変身の根底に、権威に従順な日本人の伝統的な体質があると見てとった。それが別の形で焼き直されたのが、占領当局という「権威」の下で導入された民主主義の受動的な受け入れ態度とされる。「そのような状況の下では、主体性や権威に対する批判精神は育まれるどころか、ますます弱まるのが常である」（松田）。

メディアをふくめた戦後日本のエリート知識人は、自己の思考と行動両面における主体性を欠いたまま米国という権威にすり寄り、「形だけの民主主義」を叫んだ。そして、対日占領という「上からの革命の一つの遺産は、権力を受容するという社会的態度を生き延びさせたことだった」という歴史家ジョン・ダワーの指摘は、メディアについても例外ではなかった。第2章で紹介したオーウェルの言葉に従うなら、彼らの多くは「そのときにかかっているレコードに賛成かどうかに無関係で、どんなレコードでもかけられる蓄音機」のように、一つの正統思想からまたつぎの正統思想に乗り換えることが進歩と思い込んでいたのである。

「国民と共に立たん」をはじめとする各紙の決意表明が、その後の報道できちんと実践されていったかどうか疑わしいのはこのためであろう。

民主主義をみずからの価値体系に主体的にとりこみ、行動様式の体系を自分の手で構築することができない姿勢は、平和について、アジア侵略の負の歴史に向きあうことができなかったことと無関係ではない。伝統的なアジア蔑視意識によって、アジアに対する敗北という認識はもちえず、したがって敗因の主体的な究明もなされないまま、「アジアの盟主」意識だけは変わらなかった。その座が確保されたのは、戦争責任にたいする米国の寛大な政策によってであり、冷戦に対応する米国のアジア戦略と連動している事実は無視された。日米同盟によって復活した日本資本主義は、アジアの隣人たちとの新しい平和の理念を打ち出せないまま、「新たな南進」を開始した。アジア諸国が警戒感を強めたのは当然だが、私たちの多くは、なぜ「反日」なのかを理解できなかった。

さらに、政治、経済、文化を中心とする日米関係の発展にともなって、多くの日本人の脳裏には、民主主義、自由、寛容という米国イメージが刷り込まれていく。その美しい顔をした米国には、原爆投下という史上最大の残虐行為を犯した別の顔があることは忘れられがちとなった。

レッド・パージの「神話」

しかし、こうして米国という権威に寄りそうことが日本の平和と民主主義の進むべき道だとかんがえる、マスコミ幹部をふくめたエリート層、権力層とは別に、国民の各層からは民主主義本来の精神を武器に、「もうひとつの」平和と民主主義をめざす動きが社会のさまざまな分野で盛り上がってきたことを見落してはならないだろう。それは、明治以来さまざまな形でときの権力と対峙して民意を代弁してきた運動や思想が、強権政治によって地下に封じ込められながらも絶えることなく、敗戦とともに、占領軍による上からの民主化に呼応して地表にあらわれてきたものといえる。下からの民主化の動きは、米国から与えられた民主主義であれ、それを私たち一人ひとりの国民がみずからの行動にとりこんで社会を発展させていこうという、民主主義の本来の精神に根ざしていた。

だがGHQの改革路線は、米ソの冷戦気運が高まりだすと、「逆コース」に転じる。日本をアジアにおける西側反共陣営の一員にとりこむために、GHQは、敗戦直後に公職から追放されたあとも日本の統治機構に隠然たる影響力を保持する旧支配層を復権させ、民主化の〝行き過ぎ〟是正に乗り出す。新聞社には敗戦後に退陣した経営陣が復帰しはじめる。さらに一九五〇年の朝鮮戦争勃発以降、マスコミを皮切りにレッド・パージが猛威を振るいだす。新聞、通信、放送関係の職場から共産党員および同調者とされる記者、従業員が大量に追放され、その波は政府機関、民間産業にもおよんでいく。民主主義の基本的権利であり、新憲法にも明記された個人の政治的信条の自由をゆるさない措置だった。

そしてここでも、占領軍の意向を先取りし、それを自己の権力維持に利用しようとする日本の支配層の動きが働いていた。

レッド・パージは従来、GHQの指令に従い日本政府、企業経営者によって実行されたとされてきたが、近年の研究はこの通説に疑問を投げかけている。占領期教育史を研究する明神勲は、多くの先行研究とGHQ文書をふまえて、共産党とその同調者を公的組織や職場から排除する方針はGHQの指令・指示ではなく、示唆・督励にすぎなかったことを検証している。例えば、共産主義者の追放を指示したとされるマッカーサー書簡の発出に関わったと推測されるGHQ民政局長ホイットニーと田中最高裁長官との会談メモ、GHQ高官でレッド・パージ実施の実質的最高責任者であった公職審査課長ネピアのメモ、労働課長エーミスの談話は、いずれもGHQの指示を否定している。

GHQの指示・指令は占領軍の超憲法的権力の行使とされていたが、レッド・パージが日本国憲法および労働法に反するものであることをGHQはきちんと認識しており、違法・不法な措置の指示者という非難がGHQに向かうのを恐れた。そこで、みずからの責任を回避するために示唆・督励にとどめた。一方、共産主義者の排除をのぞみながらもその法的根拠を見いだせないでいた吉田茂首相と報道機関経営者たちは、GHQの絶対的権力と権威を利用してレッド・パージに乗り出した。そして、「日本政府・企業経営者をGHQの指示に基づく協力者として描くことによりその責任を免罪する」

という「神話」が流布することになった、と明神はみる。(『戦後史の汚点　レッド・パージ』)

レッド・パージを新聞は「赤追放」と書きたて、「戦前の共産党弾圧と同じような、当局発表の報道に終始した」と、戦前の治安体制を研究する荻野富士夫は指摘した。またレッド・パージを体験した元朝日新聞記者、梶谷善久は、日本のジャーナリズムは日中戦争から太平洋戦争にかけての戦時中に次ぐ「二度目の死を迎えた」と評した。

もちろん、それによって言論の自由が息の根を止められたわけではない。民主主義の前進と平和をめざす活動は、政治、教育、労働、文化などさまざまな分野で成果をあげていていった。五二年の独立回復とともに新聞は占領軍の規制から脱して、はじめて完全に近いかたちの言論・表現の自由を手に入れた。その後の高度経済成長のなかで、新たに登場した民間放送とともにメディアは産業としておおきく発展していく。だがマスコミが、権威に従順な体質を克服して、たくましいジャーナリズム精神を発揮するようになったかどうかは別問題である。

ベトナム戦争報道の先駆性

「泥と炎のインドシナ」の衝撃

日本の政府は戦後一貫して、同盟国米国の対外政策を支持し、マスコミの国際報道もこの西側超大国の動きに偏重した言説と情報が圧倒的な量も占めた。しかし、だからといって、メディアが米国の戦争まですべて支持するようになったわけではない。その点を、日本のメディアが戦後初めて本格的に取り組んだ戦争報道である、ベトナム戦争について見てみよう。

日本はこの戦争の戦闘の当事者ではないものの、政府は米国のベトナムへの軍事介入を支持し、米軍の兵站基地や特需の受益者として戦争におおきくかかわったことはすでに述べた。米国のジョン・F・ケネディ大統領はベトナムへの軍事介入を、「共産主義の悪から自由と平和を守るため」の正義の戦いと主張し、日本の佐藤栄作政権は「日米安全保障条約がある以上、日本はこの戦争で中立はありえない」として米国を支持した。メディアの関心も、米国では自国の軍事介入がうまくいくかどうかであって、戦争の道義性ではなかった。主流は愛国報道であり、広範な国民の支援をえて米侵略軍への頑強な抵抗をつづける南ベトナム解放民族戦線は、「ベトコン」（越共＝ベトナム共産主義者）、「テロリスト」、北ベトナムの「共産主義者の手先」と呼ばれた。

いっぽう、日本の新聞社、通信社、テレビの主たる関心は、戦場取材だけでなく、あるいはそれ以上に戦火に翻弄されるベトナムの人びとの姿にあった。米軍の北爆開始直前の一九六五年一月から毎日新聞ではじまった大型連載「泥と炎のインドシナ」は、南ベトナム軍部隊への従軍ルポを皮切りに、記者たちが首都サイゴン（現・ホーチミン市）だけでなく水田地帯や農村にまで足をはこび、民衆の生活（泥）と戦争の実態（炎）を追った迫真のルポだった。連載は内外で大きな反響を呼び、日本のベトナム反戦運動の高まりに少なからぬ影響をあたえただけでなく、海外のメディアからも注目された。

米紙ワシントン・ポストは一面つぶして転載、ソ連のノーボスチ通信、韓国の朝鮮日報がほぼ全文を伝え、ヨーロッパの各紙が一部転載した。連載開始まもなくして来日した米ワシントン・プレス・クラブの前会長ジョン・ディアは「この企画にはまったく頭が下がった。当事者である米国の記者がいまだかつてこれほどの分析と報道をせず、また今後もできないであろうことを恥ずかしく思う」と賞讃した。

この連載の陣頭指揮をとった大森実外信部長は、ベトナム戦争という国際的な大ニュースの情報が「すべて西欧記者の目を通したもので、それを材料として（日本人がこの戦争を）判断していたこと」に疑問をいだいていた。「果たしてこれで十分なのだろうか、まず日本人の目で事実を確認する必要があるのではないか。自分の足で現地に行き、現地の実情を自分の目で確かめ、現地の人と実際に話してみるべきではないか」という思いが、現地取材の大企画へと彼を駆り立てたという。

彼は長年のワシントン、ニューヨークの特派員活動にもかかわらず、そのような記者によくありがちな、米国の目を通した世界認識が国際社会の現実であるかのような錯覚からは自由だった。みずからの取材経験から、米国のメディアの主たる関心は、国家の安全であり、米兵の命であることをしっていた。これに対して、「日本の新聞は、ベトナム戦争を、日本の国家利益とのかかわりで論ずるだけでなく、時には国家利益を超えたウルトラ・インターナショナルな、ヒューマニズムの立場から論じなければならぬこと」もある、と大森はかんがえた。「その場合、われわれは、日米安保条約という日米間の国家利益を超え」て、「米国に反逆し、民族の解放を悲願しつつづける北ベトナム人の幸福にも焦点を当てて論じなければならぬ」こともあるし、それが「日本の新聞の権威を世界に喧伝することになるという自負が連載には込められていた。

テレビでは、同年五月に日本テレビで牛山純一プロデューサーの「南ベトナム海兵大隊戦記」が放映され、南ベトナム軍の残虐行為を伝える映像が大きな反響を呼んだ。六七年五月から朝日新聞に連載された本多勝一記者と藤木高嶺カメラマンの「戦場の村」は、戦場での米軍の蛮行や解放戦線の解放区からのルポで、戦争に苦しめられる民衆の姿を生々しく伝え、同紙にはこれまでにない多数の読者からの投書が殺到した。「〈戦場の村〉を世界に知らせる会」の市民らによる英訳が海外に送られ、米国のセントルイス・ポストディスパッチ紙、サンフランシスコ・クロニクル紙や月刊誌、香港の大公報、ポーランドの新聞、雑誌に紹介された。

西側メディアの入国が難しい北ベトナムからは、NHK出身の柳澤恭雄が設立した日本電波ニュースが、北爆下の惨状と抗米救国戦争の映像を日本や米英のテレビ局に配信した。

六五年四月には、作家の小田実、開高健、哲学者の鶴見俊輔らが結成した市民組織「べ平連」(ベトナムに平和を!市民連合)が初の反戦デモをおこなった。同年八月二二日の朝日新聞の世論調査では、「北爆反対七五%、賛成四%」だった。翌六六年十月には、総評傘下の日教組や国労を中心とし労働組合がベトナム反戦ストライキをおこなった。現に進行中の戦争に反対するストライキは日本の労働運動史上初めてのことだった。

「正義の戦争」の嘘を見破る

日本のジャーナリストの報道姿勢と反戦世論には、共通の背景があった。ベトナム戦争のわずか二〇年ほど前にみずからが体験した米軍の本土空襲の記憶がまだ鮮明で、多くの日本人はそれを米軍による空爆下のベトナムの人びとの苦難に重ね合わせることができた。だがそれだけでなく、少数ではあるが、そのベトナムに対して日本も加害者であったという歴史的事実を視野に入れて、この戦争を報道しなければならないという姿勢をもった記者たちもいた。大森もそのひとりだった。

彼は、何度かの南ベトナムなど東南アジア諸国の取材でアジアの新興国のナショナリズムをよく理解し、南ベトナムの解放戦線と北ベトナムの反米闘争が米国の主張するような共産主義のイデオロギーにもとづいたものではなく、アジアの民族解放運動であるととらえていた。仏印に進駐した日本軍が「ベトナムの稲田を焼き払い、阿片をとるため、ケシ畑を作らせたため、ベトナムで二百万人の餓死者が出た事実」も、彼の頭に入っていた。

戦争の実態と本質をつかみ、その解決の道をさがしだすには、北ベトナムの取材が不可欠とかんがえる大森は、同年九月に西側記者として最初のハノイ入りを果たすが、その便宜をはかってくれたのは、インドネシアのスカルノ大統領だった。スカルノはホー・チ・ミン大統領宛て書簡を大森に渡しながら、こう言った。「彼らはバナナだけを食ってでも最後まで戦いぬくよ。オレにはそれが分かっている」。スカルノは、オランダの植民地支配と日本軍の占領からインドネシアを独立させた「建国の父」であり、フランスの植民地支配と日本帝国主義からの解放の闘いを指導してきたホー・チ・ミンを敬愛していた。

北爆下の悲惨な住民被害と国ぐるみの徹底抗戦の姿を北ベトナム各地で取材した大森は、「ベトナム解決への道」と題するハノイ発記事で、戦争の長期化を予測するとともに、無益な人間否定の殺し合いに終止符を打つためには何が必要か、戦争の当事者でない第三国、たとえば日本に何ができるかを考えようとする。その一歩として彼は、ベトナムにおける民族解放のための戦いを共産主義対資本主義の対決というイデオロギー戦争におきかえるような「政治的きょうざつ物を薄めて戦争の本質を見直してみることではあるまいか」と説く。

日本の戦争責任を視野に入れて、みずからの問題としてベトナム戦争に向き合うべきだとする主張は、高名な評論家・ジャーナリストの大宅壮一も展開した。彼は沖縄基地からベトナムへの米軍の出撃が激しさをます六七年の文藝春秋(七月号)で、「現在の米国は、かつての日本の自画像」と評した。「大東亜共栄圏」や「八紘一宇」という独りよがりの発想を武力によってアジアの諸民族に押しつけようとして無残な結果を迎えた日本とおなじように、米国は自分たちから見れば崇高な正義を武力によってベトナムに押しつけようとして苦境に陥っている。したがって、もし日本がアジアにおけるかつての過ちをこころから反省しているのなら、いまこそ「アメリカ学校の優等生」の座を返上すべきだと政府の対米追随を批判する。

大森につづいてハノイ入りした朝日新聞の秦正流外報部長も、北爆の惨状と北ベトナムの抗米救国戦争を伝えた。

東南アジアの小さな国で激しさを増す戦火の意味が、国際社会ではまだじゅうぶんに認識されていない段階で、戦争の直接の当事国ではない日本のメディアは、当事国の米国をはじめとする各国のメディアを凌駕するニュースを発信していった。「泥と炎のインドシナ」のワシントン・ポストへの転載は、社主のキャサリン・グラハムが東京に来たときに、大森に申し入れた。北爆下のハノイの廃墟のまえで、日本電波ニュースの柳澤が、撃墜され捕虜となった米軍パイロットにインタビューする映像は、まだ反戦世論が高まっていなかった米国社会に衝撃を与えた。

ではなぜ、このような先駆的な国際報道が可能となったのか。最大の要因は、戦後日本の平和と民主主義の流れである。

民主主義に不可欠な言論の自由は、基本的には米国から与えられたものであったとしても、日本のジャーナリストたちはそれを平和国家建設の武器とした。政府と軍部の情報統制が強固だったアジア太平洋戦中とは異なり、戦争についても新聞、テレビ、雑誌などは国民の「知る権利」にこたえるジャーナリズム活動を展開するのになんの障害もないはずだ。メディアは、権力者が国民と世界をふたたび誤った方向に導いていかないようにするため、外国の戦争についてであれ、国民一人ひとりがきちんとした判断を下すのに不可欠な、多様で多元的な情報・言説の提供につとめなければならない。ベトナム戦争を報じる記者、カメラマンは、そのような民主主義社会の基本に忠実であろうとした。

もちろん、この戦争をどう見るかについては各メディアにはニュアンスの相違はあり、米国のベトナム戦争を支持する政府や自民党、財界、保守的な知識人らからは左翼偏向などの批判を浴びせられることも多かったが、基本的な論調は一貫していた。ジャーナリストたちの意識にあったのは、敗戦に至るまでのメディアの間違いを繰り返してはならないという信念だった。

日本の大手メディアにさきがけて、PANA通信の契約特派員としてサイゴン入りし、最前線から戦争の実態を米国の写真週刊誌ライフをつうじてカメラで世界に発信した岡村昭彦は、こう記している。「二度と武器をもつまいと決めた私にとっての唯一の武器は、ちいさなカメラだけでした。戦争の無意味さを全世界に訴えるための精力のすべてを、私は一台のカメラに注ぎつくしました」。読売新聞の初代サイゴン特派員をつとめた日野啓三は、日本のベトナム報道を「反戦反軍的戦争報道」と呼び、それを可能にしたのは「戦争に負けたことによって戦争の正体を見ることができた日本人の、新しい戦争観」であるとする。だから、ワシントンの主張、ロンドン・エコノミストの見方がどうであろうと、われわれはわれわれ自身の視点と論理で、それは誤りであり、宣伝にすぎないと書くことができたのだという。彼らより年長の、日本電波ニュースの柳澤は、戦争中にNHKの前身の財団法人日本放送協会で、仏印サイゴン、蘭印ジャワへの謀略放送や大本営発表の世界の戦局解説にたずさわった反省から、戦後は「どんなことが起きても『日本のメディアは正しい報道をしてきた』と思えるメディアであってほしい」という願いを実践しようとした。

彼らはベトナムの戦場とそこに生きる民衆の中に飛び込み、戦争の悲惨な実態を目撃した。とくに米軍の南北両ベトナムに対する空爆、枯葉剤の散布などの非人道的作戦は、記者やカメラマンに、この戦争は一刻も早く止めねばならぬという思いを強くさせ、米国のいう「正義の戦争」とそれを支持する日本政府に疑問をいだかせた。

みずからの戦争体験に根ざした反戦報道に日本のアジア侵略への反省がどれだけ反映されていたかになると、各ジャーナリストの歴史認識には濃淡があるだろう。多くは国民の大半とおなじように、日本人としての戦争被害体験の範囲での反戦・平和にとどまっていたかもしれない。だが大森や柳澤のようなすばらしいジャーナリスト精神を発揮した記者、辛らつな日本政府批判を展開した評論家の大宅らは、この国際的大ニュースをどう捉えるべきかというときに、日本とアジアとの負の歴史への正しい認識も忘れなかった。

このように、日本のベトナム戦争報道は、戦前日本への反省をふまえた、戦後の平和と民主主義の実践の成果であり、だから広範な国民からも支持されたのである。またそれをナショナリズムという点から見ると、戦争による国威発揚の一翼をになう戦前の記者たちとは異なり、日本だけでなく世界の平和に貢献できる報道をめざすことで、ジャーナリストは健全なナショナリズムの担い手でありたいという願いを行動でしめそうとしたといえよう。欧米のベトナム報道何するものぞ、との気概を込めた、日本独自の視点からの情報発信が、ナショナルな枠をこえてインターナショナルな反戦と平和の声に連動し、日本の言論への国際的評価を高めることにもなった。

米日権力の言論介入

民主主義とは、第4章のドイツと韓国における戦争報道と民主化の関係についての考察で指摘したように、真実追究の動きと連動している。それは、支配的な秩序から排除、疎外されている諸問題や言説、情報にも目を向け、それに代わる別の意味や価値観を見出していこうとする営為でもある。日本のジャーナリストたちはベトナムの戦場で取材するなかで、米国が掲げる「正義の戦争」の実態をあきらかにしてゆき、この戦争を支持する日本政府の姿勢への疑問を読者、視聴者に呼び起こす情報を発信した。権力者やエリート層が設定したニュースの枠組みと言説からは見えなかった戦争の姿をしった国民は、一人ひとりの市民として、世界と日本の将来をいかに考えるべきかの判断をせまられた。

日本政府の姿勢に異を唱える国内世論は平和を求める国際的な「ベトナム反戦」の声とも呼応し、

またそれを報じるメディアの情報がさらに反戦の動きを加速させた。言いかえれば、多くの国民はメディアの報じる戦争の真実を信じ、「正しい歴史の証人」の役割を果たそうとするジャーナリストたちを信頼し、みずからも社会行動をおこした。

しかし、こうした日本のベトナム報道はまもなく挫折する。米政府が日本メディアを「反米的」と批判し、これに呼応した日本の権力層の圧力にマスコミ各社が屈したからである。「毎日、朝日の両紙は共産主義者に浸透されている」という米政府高官の発言が伝えられると、エドウィン・ライシャワー駐日大使が大森の記事を槍玉にあげた。日本の政府、自民党、財界は日本のメディアの「偏向報道」批判を強め、圧力に抗しきれなくなった毎日の経営陣は大森を退社に追い込んでいく。権力層の言論の自由への介入は、テレビにも及んだ。日本テレビやTBSなどのベトナム関係の番組は政府と自民党からの要請で、放映中止、中断、一部削除が頻発するようになる。

米国の意向を忖度した日本の権力層が、それに便乗してメディアに介入していくという構図は、基本的にはレッド・パージと変わらない。また新聞・テレビは、日本はすでに占領体制から脱して、民主主義の独立国になっていたにもかかわらず、米日支配層からの攻撃に対して、一致団結して言論の自由を守り抜こうとはしなかった。日本の民主化を主導し、言論の自由の大切さを説いた米国が、おなじ自由主義陣営の友好国の言論に介入する理不尽を問題にする声も上がらなかった。

では、日本のジャーナリストたちのベトナム報道は本当に「反米的」だったのか、あるいは何をもって「反米」とされたのか。

すでに見たように、ベトナムの戦場を取材するジャーナリストたちは、共産主義の敵から南ベトナムの平和と民主主義を守るためとする米国の大義に疑問を抱いた。彼らの発信する情報にせっした国民は、日米同盟によってこの戦争を支持し、ベトナムに出撃する米軍に兵站基地を提供する日本政府の姿勢に懸念を強めた。「ベトナム反戦」の世論は、海外のおなじ声と共鳴して高まっていった。

しかし、だからといって日本のジャーナリストたちが反米的な考えの持ち主だったわけではない。彼らは、日本の戦争体験をふまえながら、言論の自由を行使したにすぎない。そして権力層が設定した枠組みからは見えない、戦争の真実を明らかにすることによって、平和国家日本の進むべき道について国民が考える素材を提供しようとした。

その点を、大森実という戦後日本を代表する国際ジャーナリストを例にみてみたい。

大森は、一九四五年八月の敗戦直後に毎日新聞に入社、大阪本社社会部の記者としてジャーナリストの第一歩を踏み出した。彼は英語力を買われて、よく占領軍取材を命じられた。明るく物おじしないオープンな性格が米国人に気に入られ、連合国軍最高司令官マッカーサーの夫人が奈良の観光旅行におとずれたさいには、元帥夫人に単独インタビューした。だが若い駆け出し記者は、絶対の権力者である占領軍に媚びへつらうようなことはなかったという。「敗戦国になって占領されていようと、一人の人間としての価値は対等である」という矜持は失わなかった、と後輩記者の小倉孝保は記している。

そして「私を国際ジャーナリストに仕上げていく登竜門となった」と大森がのちに振り返るのが、入社から二年目の四七年七月の広島取材だった。米国で大ベストセラーとなったジョン・ハーシーの『ヒロシマ』で取り上げられた被爆者六人のその後の生活と心理をまとめた記事は、大阪発行の社会面トップに掲載された。だがじぶんの取材に満足できなかった彼は、その後休日になると自費で広島に通い、追加取材をかさねた。その成果を、「ヒロシマのその後を世界に知らせたい」という思いから、ハワイ生まれの日系二世で英語が堪能な同僚記者に英訳してもらい、米国のリーダーズ・ダイジェスト社日本支社に持ち込んだ。ルポは一部だが、米国だけで九〇〇万部を誇る世界的な雑誌に掲載された。

広島、長崎への原爆投下に彼は終生怒りを隠さず、のちに米国特派員になってからも、同僚に「アメリカはなんであんな酷いことをしたんだ」と口走ることがあったという。

社会部記者として、浮浪者保護施設での収容者虐待の暴露や、冤罪の疑いが濃い強盗殺人の無期懲役囚の再審請求に奔走する神父への支援など、弱者の側に立った記事を書いた。そのたびに、権力をもつ者への不信と怒りをつのらせた。

五四年、大森は米国特派員となり、国際記者のひのき舞台で活躍するようになる。ニューヨークとワシントンの両支局長を歴任、数々の特ダネ記事を連発した。六〇年には、米国の大統領として戦後初の訪日をするアイゼンハワーに日本人記者としてただ一人同行をゆるされた。アイゼンハワーは安保反対運動の激化で訪日をあきらめマニラから帰国の途につくことになるが、大森は大統領の発言を詳細に報じた。また訪米する日本の首相ら政治指導者たちの、ホワイトハウスでの卑屈な態度も見てきた。そして一〇年ちかい米国特派員をおえて帰国後、外信部長として「泥と炎のインドシナ」の陣頭指揮をとることになる。

大森は基本的に米国が好きだった。とくに米国の民主主義の素晴らしさを愛し、記者たちのジャーナリズム精神の高さを評価し、多くを学ばされた。毎日新聞を追われたあともジャーナリスト活動をつづけた彼の、最後の拠点はカリフォルニア州だった。だが彼は、その米国にもいくつかの顔があるのを熟知していた。好戦的な米国人がいれば、平和を愛する米国人もいることを知っていた。そして最終的には、米国の良識を信じていた。

それだけに、ベトナムで取材した戦争の現実は彼にとって衝撃だった。六五年九月、搭乗機が北ベトナムのトンキン・デルタの上空にさしかかったとき、眼下の稲田の間に点在する村落の家屋を目にして、日本の空襲体験を思い出し心が痛んだ。「米国にもそれなりの理由があり、ジョンソン政権もそれに正義感を見出そうとしているようだが、このような平和な村に爆弾と機銃弾の雨を降らせるやり方は、やはりどう考えても強引過ぎないか」。

北爆の惨状と抗米救国の闘いを各地で取材した大森は、十月二日に、ゲアン省のライ病院が米軍機の激しい爆撃によって壊滅的な損害を受け、多数の犠牲者が出た事実を報じた。これは北ベトナムの国立映画部が撮影した実写フィルムの紹介記事で、低空から次々に飛来する米軍機が投下するナパーム弾が火を噴き、屋根の赤十字旗が吹き飛ぶなかを、松葉杖をついた患者が逃げまどい、看護婦が歩けない患者を背負って防空壕に逃げていく。患者のなかには小さい子供のライ患者もいれば、老人もいる。

知米派の日本人記者は、この記録映画が北ベトナム国民の反米意識高揚を意図するものと認識しながらも、「一体米国はなぜこのような非人道的な爆撃をやったのであろうか」と自問し、つぎのように告白する。「ハノイにくるまで米国の良識を信じ、目標をあくまで軍事戦略目標にしぼっているものとばかり信じていたが、それが安易な誤解であったことが認められ、暗然たる気持ちにならざるをえないのである」

彼のベトナム報道は、このような内面的葛藤を経た真実の報道だったから、米国政府にも大きな衝撃だったのである。

大森はジャーナリストとして、ベトナム報道をつうじて、戦後日本が手に入れた民主主義を自前のものに鍛え上げていった。その成果である「泥と炎のインドシナ」は、民主主義の先輩国米国のメディア関係者が脱帽し、有力紙が転載するほどだった。ほかの日本人ジャーナリストたちの報道も、米国メディアとは異なる視点から戦争の真実を伝えた。いずれも、戦後日本の平和と民主主義に忠実であろうとした。一部は、戦前の自国のアジア侵略の事実も視野に入れて米国のいう「正義の戦争」に向き合うことで、この理念を発展させようとした。

米国は、自分たちが敗戦国に教えた民主主義がメディアの一部には根づき、ベトナム戦争報道で花開いたことをしると、教え子たちを讃えるどころか、逆に反米的とのレッテルを貼り、言論の自由の封じ込めに乗り出した。そしてこの動きに、アメリカン・スクールの日本の優等生たちは同調した。こうした報道は、米国の外交政策に従順であることが日本の平和と民主主義路線であると信じる、敗戦国の支配層やメディアをふくめたエリート層への反逆とも言えた。だから彼らは、自国のベトナム報道に「反米的」「偏向」のレッテルを貼ることで、反撃に出た。

こうして、「もうひとつの」平和と民主主義の可能性をめざす動きは挫折し、アジア侵略の負の歴史に向き合いながら日本の国際社会における立ち位置を考えていくにはどうすべきか、という宿題への回答も持ち越された。だがその敗因は、米日支配層の圧力だけではない。それに抗し得なかった、日本の民主主義のひ弱さにもある。

日本の民主主義のひ弱さは、その後の〝本家〟米国のうごきによって鮮明となる。ベトナム戦争は泥沼状態におちいり、米国では、勝利の展望がひらけないまま米軍の戦死者が増加の一途をたどるにつれて、国民の政府批判がたかまっていく。一九七一年六月にニューヨーク・タイムズが、米国歴代政権のベトナム政策の誤りと不手際を指摘した「国防総省秘密報告書」（ペンタゴン・ペーパーズ）をすっぱ抜いた。これに対して、司法省は「米国の国防上の利害に取り返しのつかない打撃をあたえる」として記事掲載の中止の仮処分を連邦地裁に申請した。しかしタイムズは、文書にしるされたような重大な事実を国民の目から隠しておくことこそ国益に反すると主張、「文書の報道が米国民の利益になると信じる」として記事掲載を継続した。ワシントン・ポストも三日後におなじ文書を入手して連載を開始した。政府は同紙も提訴したが、やはり掲載は中止されなかった。最高裁は「国民の知る権利は政府の秘密保持の権利より優先する」として、両紙の秘密文書の記事掲載を支持する判決をくだし、新聞側が勝訴した。

米政府は、日本政府と結託して、日本の新聞を屈服させることに成功したが、自国の新聞を意のままにすることには失敗した。日本の新聞は敗北し、米国の新聞は勝利した。

大森実は、日米権力層の圧力に屈した毎日新聞経営陣によって退社を余儀なくされたあと、言論の自由について「論じることはやさしいが、実行することは至難である」と述懐した。それは、こうした米国民主主義の底力を見せつけられてのことだった。

ベトナム戦争報道の挫折は、メディアが正しい歴史の証人であろうとすると、権力との対峙が避けられなくなることがあるという、旧くて新しい事実を確認させた。芽のうちに摘み取られてしまった先輩ジャーナリストたちの貴重な成果をどう受け継ぎ発展させていくかは、次の世代に託されたはずだった。

「国益」とグローバルな正義のあいだ

国際報道の新たな地平を拓く

現在の日本では、ベトナム戦争は遠い歴史のひとこまにすぎず、先輩ジャーナリストたちの輝かしい仕事についてもほとんど知らされていないようだ。だが私は、「平和国家」が歴史的分岐点に立たされているいまこそ、日本をこれ以上「普通の国」に逆戻りさせないために、そしてメディアが再び権力の共犯者にならずに平和国家の再構築のための一翼を担うには、メディアに何が可能であり、何をしなければならないのかを考えるうえで、ベトナム戦争報道はいまも最良のテキストの一つになるものと考えている。なぜなら、「ベトナム戦争報道ほど、現代史の中で広く深い意味を持った国際報道は、太平洋戦争後の日本では他に例を見ない」（毎日新聞元サイゴン特派員・阿部汎克）からである。その広く、深い意味とはどのようなものであり、何がそれを可能にしたのかを明らかにすることは、私たちが現在直面する課題と無縁ではない。

まず注目されるのが、日本のジャーナリストたちのベトナム報道の先駆性であろう。東南アジアの小さな国で激しさを増す戦火の意味が、国際社会ではまだじゅうぶんに認識されていない段階で、戦争の直接の当事国ではない日本のメディアは、当事国の米国をはじめとする各国のメディアを凌駕するニュースを発信していった。そしてそれを可能にしたのが、戦後日本の平和と民主主義の流れであったことはすでに確認した。二度と戦前の過ちを繰り返してはならないという国民の平和への強い願いを受けて、記者やカメラマンは戦後手に入れた言論の自由を武器に真実の報道に挑んだ。

そのために彼らは、ジャーナリスト活動の基本である現場取材を重視した。国内では当たり前の取材方法がそれまでの日本の国際報道では軽視され、欧米メディアからの転電が主流を占めていたが、その伝統的な国際報道の殻が破られた。「泥と炎のインドシナ」がパイオニアだった。戦火のベトナムの現実、とりわけ民衆の苦しみを目の当たりすることで、日本の記者は米国の主張する「正義の戦争」に疑問を抱くようになった。報道には平和と人権のメッセージが込められるようになり、ベトナム戦争を支持する日本政府の姿勢への国民の疑問と批判がたかまっていった。さらに、アジアと日本の負の過去にまで踏み込んで戦争の全体像をとらえようとする者も出てきた。

つまり、現場取材の重視、米国とその敵側双方の多元的な視点、平和と人権尊重のメッセージ、歴史認識の確かさ、それらを踏まえた権力に与せぬ姿勢、欧米に依存しない日本独自の情報発信が、国内世論に新鮮なインパクトを与えただけでなく、国際社会でも注目されるようになったのである。

そして、このような日本のジャーナリストたちの平和と民主主義を基調とする取材の成果は、戦争にかぎらない、国際報道における新しいパターンを生み出した。ベトナム戦争報道の広く、深い意味を指摘した、先の阿部記者はそれを、「人間の目で見た国際報道」と呼ぶ。彼はそこに至る道すじを、みずからの取材体験にもとづいてあきらかにしている。

阿部がサイゴン特派員だったのは一九六八年、解放勢力によるテト攻勢前後の戦火がもっとも拡大した時期だった。彼は日々の現場取材のなかで揺れ動き、さまざまな疑問にぶち当たりながら、しだいに自分なりのベトナム戦争観をつくりあげていった。

共産主義から南ベトナムを守るためという米国の大義名分によって、米軍が多くのベトナム民衆を犠牲にすることが許されるのか。世界最強の軍事大国である米国に立ち向かって一歩も引かない解放戦線の強さの秘密はどこにあるのか。米軍の爆撃や解放戦線のロケット砲撃によって虫けらのように殺される民衆の悲惨。それだけではない。米軍の爆撃の犠牲者が次つぎに担ぎ込まれるサイゴンの病院で、一人の日本人医師に出会った。彼は輸血も医療器具も医薬品も不足するなかで悪戦苦闘しながら、生きる可能性のある患者とそうでない患者を選別して治療にあたっていた。「神でない人間にそんな権利が許されるはずはない」と、阿部記者には疑問がわいた。それは、罪のないベトナム国民を苦しめる米軍だけでなく、善良な医師を人間の権利をこえた領域にまで勝手に踏み込ませる戦争への怒りとなった。

国民を守るはずのサイゴン政府は、米国がてこ入れを強化すればするほど衰弱にしていく。なぜなのか。国家とは、民族とは、その大義とは、いったい何か。

日本のこの戦争へのかかわりも気になった。国内ではベトナム反戦の運動がさかんだが、日本はベトナム特需でもうけ、米軍の後方基地となり、政府は北爆に理解を示した。外交は米国まかせにしてもっぱら経済的利益の追求に精を出す、という日本のかかわり方は、サイゴン市民のみならずアジア諸国の不信をかう結果になりはしないか。

膨大な戦費の支出によって米ドルの価値が下落の一途をたどる、米国の国力の弱体化が戦争の帰趨にどう影響するだろうか。ベトナム戦争は現代史の転換点のひとつになるのではないか。だが、これらの疑問を抱えて現場を飛び回っても、見聞きできる範囲は限られているし、何より困ったことに解放戦線、北ベトナムの言い分を取材するすべがない。

「結局、これらの疑問には、自分自身がひとりの人間として、あるいは日本人として、主体的な結論を出すしかなかった」と、阿部は述懐する。そしてそうした取材姿勢は、彼だけでなく日本の若いジャーナリストたちの多くに共通していたものであり、それが「『人間の目で見た国際報道』の新しいパターンをつくった」と往年の戦場記者は振り返る。

それは、記者が自分の勝手な主観にもとづいて記事を書いてよいということではなく、地上を俯瞰する「鳥の目」で複雑な国際関係を解きほぐしながら、同時に、地を這う「蟻の目」で戦火に追われるベトナムの人びとの生活をみつめるという、困難な複眼作業をつうじて見出されたものである。やや先輩の国際報道記者として海外でも高い評価を得ていた大森実のいう、「国家利益を超えたウルトラ・インターナショナルな、ヒューマニズムの立場」と基本的に同じである。

私がベトナム戦争報道を、いまも世界と日本の関係を理解するうえで最良のテキストの一つだと評価するのは、世界のうごきに対する先駆的なニュース感覚だけでなく、日本人として人間の目をもって世界をどう見るかという基本姿勢の大切さは、現在の国際社会でも輝きを失っていないばかりか、ますます必要とされているからである。そしてそのさい忘れてはならないのは、それを可能にした原動力が過去の間違いを繰り返してはならないという戦後日本の平和と民主主義の精神であったという事実である。

ベトナム報道と対極のイラク戦争報道

それでは、先輩ジーナリストたちが戦火のベトナムで生命の危険にさらされながら達成した成果は、その後の世代にどのように受け継がれていったのか。

残念ながら、そのジャーナリズム精神は忘れられていき、それから約四〇年後の対テロ戦争報道は、まさにその正反対の体たらくを呈するようになったことは第2章で見たとおりである。ベトナム報道とは正反対の、現場取材の軽視、米国の視点への偏重、歴史認識の欠落、平和と人権メッセージの希薄によって、米日権力層の設定した戦争の枠組みを疑わない報道を展開し、この戦争について国民一人ひとりがきちんとした判断を下すのに不可欠な、多様で多元的な情報・言説の提供を怠った。国際社会を見る私たちの目は、視野狭窄に陥り、曇らされた。

ベトナム戦争の現場に飛び込んだジャーナリストたちは、共産主義の悪から自由をまもるための正義の戦いという米国の主張に疑問を投げかける情報を国民に次つぎに伝えた。だが対テロ戦争を報道する日本のメディアは、イラクにろくに足を踏み入れないまま、ホワイトハウスの手のひらの上で、基本的には米国のメディアがおぜん立てした曲目とメロディーに合わせて踊らされてきた。テロリストという新たな悪と戦うための正義の戦争という、米国の政府と主流メディアに寄りそう偏向報道によって、メディアは真実を国民に伝えることを怠り、小泉、安倍政権による憲法の歪曲と自衛隊の派兵をゆるすことになった。米国の侵略戦争に加担することが「国際貢献」であるという、アジアや中東ではとても通用しないキャンペーンに国民の多くは疑問を抱かなかった。

多くの国民はイラク戦争の真実と全体像がつかめないまま、「正義の戦争」に対する「国際貢献」の成功物語を信じることになった。その代償として、世界、とりわけ中東における「平和国家」日本のイメージが損なわれた事実には無頓着だった。

往年の敏腕記者大森実は、二〇〇七年一〇月一三日にかつての古巣の新聞に「特派員引き揚げの衝撃」と題する一文を寄せている。日本人記者がイラクから撤退してしまった事実を知り、かつて何人かの日本のジャーナリストが命を落としながらも戦争の真実を追ったベトナム戦争報道との様変わりに驚きを隠さず、イラク戦争について論評している。彼はこの戦争を、「ブッシュとチェイニーの米正副大統領とネオコン（新保守主義者）の右翼たちの陰謀による石油の強奪戦争」と断じ、「国連安保理の合意はふみにじられ、処刑されたフセイン大統領が隠していたと言われた化学・細菌兵器の証拠など、どこにもない」と、正義の戦争を否定する。返す刀で、「一国独裁という米国の横暴に服従して、戦力不保持を定めた憲法九条を曲解し、何だかんだと都合のよい法律を作っては、自衛隊を戦場に送り込んだ小泉、安倍両政権」を批判する。彼らの次の狙いは憲法改正だった、とみる。

日本国憲法を、ベトナム戦争を取材した記者がどのように認識していたかの一例として、サンケイ新聞（現・産経新聞）サイゴン特派員の近藤紘一のさりげない記録を読んでみよう。

近藤は、サイゴンに解放軍の砲声が日に日にせまり、南ベトナムというひとつの国の崩壊がもはや避けられないことが確実となった一九七五年四月二八日に、市場のそばの仕立屋の親爺とこんな会話をかわしている。

「旦那は脱出しないんですかネ。日本人もアメリカ人も殆んど出国したと聞きましたよ」

相手はお茶をすすりながらいった。

「逃げようにも、もう方法がないよ」

「日本はアメリカのように軍艦をよこさないんですかい」

「来ない。日本では憲法が軍隊を外国に送ることを禁止しているんだよ」

「へえ、憲法がね。そりゃまた不都合なことで。いったいどういうわけなんです」

「何、結構なことさ。そうしないと、また日本軍がここまで攻め込んでくるようなことになるかもしれない」

平和憲法の意味を説明したが、親爺が納得したかどうかはわからない。

「親爺さんは北出身だろ。日本軍の占領時代を覚えているでしょう」

「ええ、まあね」


近藤は、彼の身の危険を案じる東京本社の帰国命令を無視して解放後のサイゴンにとどまり、新しい主人公たちの行動とそれに対する市民の動向を取材した。

もしあの仕立屋の親爺さんがまだ存命で、イラクに自衛隊が派兵されたことを知ったら、「あの日本人記者は嘘をついた」というかもしれない。

ベトナム戦争の惨禍にこころを痛めた、日本の戦争体験世代もいまや少数派となった。彼らの反戦意識はみずからの加害の歴史には気づかず、もっぱら自己の被害の記憶に根ざしたものであったとはいえ、それでも他者の痛みを自分の痛みと重ね合わせることができる想像力と人間的感性をそなえていた。それは、戦争は二度とゴメンだ、だから平和憲法を守らなければならないという敗戦後の平和運動や教育とも連動していた。だが戦争を知らない世代がメディアの世界をふくめて社会の大半を占めていくなかで、私たちは対テロ戦争の情報に接してもそのような関心すら持ちえなくなったようだ。

ベトナムにおけると同じ米軍の「正義の戦争」の狂気は、イラク各地でも繰り返されていたが、ヒロシマ・ナガサキの惨禍から平和国家として再生した日本なら私たちのいまの苦しみを理解してくれるにちがいないという、イラクの人びとの悲痛な声に日本のメディアは無関心でありつづけ、したがって国民の耳にも届かないかのようであった。

日本のマスコミは、ホワイトハウスの嘘を暴き、霞が関と永田町の言い分に疑問を投げかける報道に積極的でなかった。新聞、テレビの大半は言論の自由を最初から放棄して、政府とおなじ日米同盟を実践し、「平和国家としての不動の方針をこれからも貫いてまいります」という安倍首相の虚言をゆるすことになった。

それとともに、「人間の目で見た国際報道」も日本では失われていったが、国際社会ではそうではなかった。

地球市民パワーの台頭

いまの世界をうごかすアクターは、政府や多国籍企業、国際組織などだけでなく、NGOや市民団体、さらに一人ひとりの市民である。グローバル化の進展はさまざまなアクターが国境を超えて国家や国際機関との相互補完的な役割を果たすことを可能にした。とりわけ市民パワーの台頭はめざましく、環境、平和、人権、貧困、ジェンダーなど国家単位では解決が難しい問題についてグローバルなネットワークを構築していった。有力な武器が、インターネットである。米英のイラク侵攻を阻止しようとして、六〇か国の一〇〇〇万人を超える市民が、国家、民族、宗教、文化などの違いを超えて同じ日に世界各地でいっせいに〝Ｎｏ Ｗａｒ！〟のデモに参加したのは、グローバル市民社会の台頭を象徴するできごとだった。

大規模な反戦行動はその前後にも参戦国をふくめた各地で繰り返されていたが、これほど多くの人びとがそれぞれの国益を超えて立ちあがったのは、「人間の目」で見れば米国の武力行使をゆるすわけにはいかないという気持ちが世界で共有されるようになっていたからである。人びとは、「正義の戦争」に疑問を抱くとともに、ブッシュとフセインの対決という図式にとらわれてかき消されがちとなる、イラク市民の犠牲に目をむけ、彼らの肉声に耳を傾けようとした。ドイツのメディアに盛んに登場した「世界世論」とはこのことを指している。

おなじ動きは、報道の分野でも目立った。アルジャジーラがアラブ世界だけでなく世界的に注目され、高い評価を得たのは、米英軍のイラク侵攻の実態を同放送局の幅広い国際的ネットワークの情報と現場取材、つまり「鳥の目」と「蟻の目」であきらかにし、侵略の犠牲となる罪のないイラク市民の惨状を生々しく世界にむけて発信しつづけたからである。イラク国内からは、リバーベンドと名乗る女性の英文ブログ〝Baghdad Burning〟（バグダッドが燃えている）やアラビア語の独立ネットメディアが、戦火の中の市民の暮らしや米占領軍の蛮行とそれへの怒りなどを発信した。米国内でも、正義の戦争に反対するさまざまな市民運動、元ＣＩＡ高官、ベトナム戦争に従軍した退役軍人、イラクからの帰還兵らの声などが市民ネットサイトをつうじて流れた。いずれも、欧米、とくに米国の主流メディアでは無視、軽視されがちな貴重なニュースだった。

こうしたグローバルな市民社会の声は、各国政府が主張する「国益」を超えた、平和と正義という「公益」を追求するうねりとなった。その一つひとつはそれぞれの個人的な体験や国家、民族独自の歴史などに根ざしたものであるが、その根っこには、共通の力がそなわっている。正しい歴史認識と人間的感受性と想像力である。

一例をあげれば、イラクの一女性のブログは、英国からの独立闘争以来の愛国の精神から新たな侵略者と彼らに協力する自国政治家を憎むとともに、九・一一で理不尽に奪われたニューヨーク市民の命と湾岸戦争で米軍に殺されたバグダッド市民の命とのあいだに重さの違いはないとうったえる。ベトナム戦争に従軍した米国の退役軍人の平和運動家は、イラク攻撃もベトナム侵攻も同じ侵略戦争であると言い切り、「自分の子どもを何よりも愛することにおいてはイラクに派遣されている米兵もイラクの人びと、ベトナムの人びとも変わりないのだ」として、戦争反対と米軍のすみやかなイラク撤退を主張する。

日本のベトナム戦争報道は、このような二一世紀の世界の潮流を先取りしたものと言えるだろう。日本の歴史の教訓をいかす平和の精神をバネに、欧米記者とは異なる日本人記者の目で戦火の実態を読者、視聴者に伝えようとする努力が、国内だけでなく海外のメディアでも注目されるようになった。アジアの一角から発信される世界の多くの声のひとつが、国境、民族、宗教の壁をこえて世界の人びとの心をとらえることができたのである。

アルジャジーラは「ひとつの意見があれば、また別の意見がある」を基本理念に、「イスラムとアラブの伝統的な価値観を重視するジャーナリズム」（ワッダーハ・ハンファール報道局長）をめざして、米国のイラク侵攻の真実を伝えようとして、アラブ世界だけではなく全世界で高い評価を得た。英国BBCの報道局次長は「すぐれた国際報道が欧米の専売特許ではないことを思い知らせてくれた」と述べ、「世界はCNNを見まもり、CNNはアルジャジーラを見まもる」時代となった。

ただ、当時の日本のメディアとアラブの新興メディアには大きな違いがある。それは、権力からの圧力への対応姿勢である。米国は「言論大国」を自称しながら、日本のジャーナリストたちが言論の自由を行使してベトナム戦争の真実を追及しようとすると、日本の政財界と協力して報道の自由に介入し、メディアはそれに屈した。アルジャジーラの対テロ戦争報道が世界におおきな影響力を及ぼしはじめると、米政府は同放送局の「偏向報道」を問題視し、さまざまな圧力を繰り返した。そのたびにアルジャジーラが米国に投げ返した問いは、「われわれは米国から言論の自由を学んだ。その言論先進国がなぜ、われわれがジャーナリズムの原則を実践しようとすると圧力をかけようとするのか」だった。

唯一の超大国の圧力に屈しない報道をつづける姿勢が、このアラブの新興メディアの評価をさらに高めることになった。日米安保という国家利益を超えて、ヒューマニズムの視点からベトナムの民族解放の闘いにも焦点を当てることが、「日本の新聞の権威を世界に喧伝する」ことになるという大森の願いは米日の権力層によってへし折られてしまったが、アルジャジーラは同じジャーナリストとしての気概を失わなかった。

しかもアルジャジーラのあるカタールは、アラブ世界では比較的言論の自由が保障された国とはいえ、ハマド首長が実権をにぎる国であり、日本のように憲法で言論・表現の自由が保障された民主国家ではない。首長は編集不介入を基本姿勢としているが、同放送局は首長一族が出資する民間放送局である。米国との関係は緊密で、両国は軍事同盟協定を締結し、米軍のイラク攻撃の出撃地となったのはカタールの砂漠にあるアルウディド空軍基地である。豊富な石油と天然ガスの輸出で獲得したオイルマネーを武器に、秋田県ほどの面積の小国は経済発展をとげ、首都ドーハには欧米資本の導入により近代的な高層ビルが林立している。それでもハマドは、アルジャジーラの「反米的」姿勢をあらためてほしいという、米国の要請には首を縦に振らなかった。

日本でNHKとアルジャジーラのイラク戦争報道を比較したモロッコ人研究者アブデルガニ・エナム（北海道大学大学院メディア・コミュニケーション専門研究員）は、「アルジャジーラは、中東という表現の自由に制限のある社会のメディアでありながら、現地からの中継と独自の情報源を利用して、イラク戦争を多角的に報道したのに対して、NHKでは政府寄りの報道が多く流れた結果、日本人はこの戦争の真実を十分に知ることができなかったのではないだろうか」と指摘し、両者の報道内容の違いを分析している。

そのひとつは、イラク人の人的被害。米軍によるイラク人殺害報道は米国の怒りを買ったが、アルジャジーラはひるまず放送をつづけたのに対して、ＮＨＫの人的被害に関する報道は少なかった。アルジャジーラは、フセイン政権崩壊後のイラク国内の混乱と治安悪化、米英軍の活動、占領に反対するイラク人の行動に焦点をあてた。いっぽう、ＮＨＫの報道は、米政府と米軍の動きが半分以上を占め、イラク軍の活動はまったく伝えられなかった。国際社会の反戦の動きもごくわずかしか時間が割かれない。「ＮＨＫの報道では、戦争の主体は米国であり、米国に好意的な内容になっている」点で中立性に欠けているとされ、その要因として、日本政府の影響、米英軍の戦争プロパガンダ、欧米のニュースソースへの過剰依存、戦地からのレポートの欠如があげられる。

エナムがもうひとつの大きな要因とするのは、ジャーナリストとしてのプロ意識のあり方だ。「アルジャジーラのスタッフは、ＣＮＮやＢＢＣといったグローバルなメディアをライバルとみなし、アラブ世界にとどまらず、広く国際社会に情報を伝えるという使命感が強い。こうしたプロフェッショナリズムの違いが両局の報道にあらわれたのではないか」

このような分析結果から、彼は「情報が偏ったという意味で、日本国民は不幸だったのではないか」という。なぜなら、「自己判断・意思決定をするために、人は正確な情報を得る権利があり、とくに戦争のさいにはバランスのとれた情報を視聴者に提供するのがジャーナリストの仕事といえる」が、ＮＨＫはそれを怠ったと判断されるからだ。

メディアの再生は可能か

さてそれでは、以上のような敗戦から現在にいたる日本の戦争報道の軌跡の延長線上に、メディアは平和国家の後退をこれ以上ゆるさず、その再構築に貢献する役割を果たしていくことが可能なのだろうか、可能だとすればその鍵となるのは何なのか。いまメディアに問われているのは、その力を何のため、誰のために行使するかである。メディアに戦前の過ちを繰り返さないための、平和と民主主義の役割を期待できるかどうかである。

もし新聞とテレビがまだその自覚を失っていないとすれば、現時点でまずその試金石となるのは対テロ戦争の検証報道であろう。

どのような報道においても、記者やカメラマンは、変化してやまない世界の動きの〝その瞬間〟に立ち会い、記録し、それを読者、視聴者に伝える使命を担っている。ジャーナリストは「歴史の正しい証人」たることが使命とされ、個々のジャーナリストはその意気込みで報道にあたる。だがこの任務を全うすることは、厳密な意味ではきわめて難しい。とくに、戦争のように多元的な問題点をもつ巨大な取材対象が相手となると、さまざまな要因が複雑にからみ合っていて、細心の取材をつくしたつもりでも、後になってみると間違っていた、ということもある。人間のやることだから、誤りは避けられない。問題は、それに気づいたときに、どう対応するかである。誤報を認めることは恥ずかしいことではない。なぜ誤報がおきたのかを徹底的に検証し、より真実に近づこうとする努力も、立派なジャーナリズムの仕事である。

米国の主流メディアは、ブッシュ政権が軍事介入の根拠としたイラクの大量破壊兵器の保持とテロリスト支援を信じ、正義の戦争を疑わない愛国報道を競ったが、〇四年に上院の特別情報委員会や政府の調査団によって大量破壊兵器は存在しないことが明らかにされた。テロリスト支援の事実もなかったことを、ホワイトハウスも認めた。ニューヨーク・タイムズとワシントン・ポストは、政府の嘘をもとに戦争を後押しする報道をつづけたことを読者に謝罪し、誤った報道の経緯を独自に検証する記事を掲載した。ニューヨーク・タイムズの編集長は検証報道後に交代した。

だが日本のメディアは、そのような米国のうごきを転電するだけで、米国の政府と主流メディアの流したフェイク情報に依拠してきた自らの誤報責任を認めることも、検証報道をすることもしなかった。

米国とともにイラクに侵攻した英国でも、独立委員会がブレア首相（当時）の開戦判断の根拠に不十分な点があったことを明らかにした。メディアも米国のように政府支持一色ではなく、開戦の是非をめぐり国論が二分され、政府の流すイラクの大量破壊兵器情報に懐疑的な報道が目立った。

いっぽう日本では、小泉首相がどのような情報と判断にもとづいて正義の戦争を支持したのかはいまだに明らかにされず、安倍首相は英国の独立委員会の最終報告書がブレア政権のイラク参戦を失敗と総括したあとも、小泉首相のイラク戦争支持を妥当とする判断を変えていない。それだけでなく、「積極的平和主義」の旗印のもとに、日米の軍事協力の強化にさらに前のめりになっていった。「テロの脅威」と「日米同盟」に呪縛されて吠えることを忘れ、権力のなし崩し的な現状変更のごり押しを追認した主要メディアは、いまだに政府の自衛隊派兵の決定がどのような判断にもとづいてなされたのかの解明も、自己の報道の検証もおこなっていない。

民主党政権の首相をつとめた鳩山由紀夫（現・友紀夫）は、イラク戦争へのかかわりが検証されることなく日米同盟の強化が進む現状に強い懸念を表明し、「日露戦争後も大東亜戦争後もそうだったように、徹底した国民的検証を行わずに惰性で進むのが日本の習性になっています」（『脱 大日本主義』）と指摘しているが、これは政治指導者だけでなくマスコミについても当てはまる言葉といえよう。鳩山の懸念を杞憂に終わらせるためには、メディアはいまこそ、敗戦直後のような曖昧な報道責任の表明ではなく、イラク戦争の真実と日本の関わりの徹底的な検証報道をおこなうことが求められている。

具体的には、先のモロッコ人研究者が指摘した、NHKとアルジャジーラの報道の違いはそのとおりなのかどうか、もしそうだとしたら、なぜなのか。また、多元的な情報・言説の提供を怠ったことが、私たちの戦争認識と自衛隊派兵の受けとめ方にどのような影響を与えたのかの分析と、それをふまえた今後の戦争報道への指針の提示が必要だろう。マスコミ各社はなぜ開戦前にバグダッドから撤退してしまったのか。さらに、自衛隊駐屯地のサマワから各社が退去したさいの現地の状況を読者、視聴者に説明をせず、現場取材ぬきに自衛隊の人道復興支援を「成功」と報じた根拠はどこにあるのか。そもそも自衛隊派兵をイラクの人びとはどのように受け止めていたのか。日本の報道のように歓迎されていたのか、それとも「侵略軍の傭兵」というアラブメディアの見方が正しいのか。日本のボランティアを拘束して自衛隊の撤退を要求した武装勢力は、テロリストと呼んでいいのか等々。検証すべき報道の疑問は少なくない。

そのうえで、誤報や偏向報道が確認されたなら、その背景を読者、視聴者にあきらかにし、それらを今後くりかえさず正しい報道をめざすための説明責任を果たす必要がある。いうまでもなく、説明責任は民主主義の基本であり、対テロ戦争報道の検証作業は、日本のメディアが誤った国策にふたたび加担しないための一歩後退二歩前進の足がかりとなるだけでなく、戦後手にした言論の自由を鍛え直していくチャンスのはずである。検証報道は、メディアにたいする国民の信頼をそこなうことなく、逆に高めるであろう。

しかし対テロ戦争が開始されて二十年近くが経ち、その戦場が世界各地に拡散する現在も、このような検証をおこなう新聞、テレビは現れていない。昔と変わらぬ、大政翼賛の横並びである。平和国家が破局をむかえてから、また「国民と共に立たん」と誓っても遅いのである。それは、マルクスのいう、歴史の悲劇をくりかえす喜劇である。

「正しい歴史認識が日本への尊敬に」

「八月ジャーナリズム」を超えて

戦後七五年を経た「平和国家」日本が、戦前のアジア侵略の責任をあいまいにしたまま、対テロ戦争という名の米国のイラク侵略戦争に自衛隊派兵で加担し、さらに米国の中東戦略に呼応する新たな自衛隊の海外派兵を進めるようになったのはなぜなのか、その背景を解明することで、私たちが多大な犠牲を払って手に入れた平和と民主主義を失うことなく、さらに発展させていくには何が必要なのかを考えてみようとするささやかな試みが、本書の目的であることを冒頭に記した。私はその手がかりを、アジアを中心とした私たちの対外認識と政府の政策、メディアの報道にもとめ、概観した。

とくに目新しい発見はなかったかもしれないが、いくつかの問題点を再確認しながら、それらの解決に私たちはどう取り組んだらよいのかを考えてみたい。

一つは、正しい歴史認識の不徹底と人間不在のアジア観である。両者は、おなじコインの両面をなしている。

アジアの支配者として振る舞ってきた日本にとって、アジアは基本的に日本の近代化のための資源と労働力の供給地、あるいは対西洋列強の安全保障上の要衝と位置づけられた。そのため私たちの多くは、隣人たちを自分とおなじ人間として対等にみることが出来ず、その姿勢をいまだにひきずっているのではないだろうか。元慰安婦と元徴用工問題をめぐる日韓関係の悪化は、その典型である。両国間の負の歴史をどのように理解すべきかが問われると、日本は政府間の外交的決着を繰り返すだけで、問題の根源をおなじ人間の目で見つめようとはしない。正しい歴史認識には一人ひとりの生身の人間の声に謙虚に耳を傾けることが不可欠なのだという姿勢を私たちがもつことができれば、問われているのは何なのかに気づき、問題の真の解決への選択肢を見出せるに違いない。

だが日本の政府だけでなくメディア、国民の多くも、旧態依然たる歴史認識から抜け出せず、「反日」か「親日」かの不毛なレッテル貼りを繰り返し、人権をめぐる国際社会の新しい潮流からも日本が置き去りされることに盲目となる。韓国や東南アジア諸国では経済発展とともに民主化と人権尊重が定着するようになり、冷戦終結とソ連の崩壊によって人権は人類の普遍的価値と認められるようになっていることは、あらためて繰り返す必要もないであろう。

もう一つの未解決の問題が、明治以来の近代化のなかでの根強い欧米崇拝とアジア蔑視・軽視である。それは、一面的な歴史認識と人間不在のアジア観と結びついている。この結果、戦後はアジアをふくめた世界の動きは米国のメガネを通してみることが当たり前となった。私たちにとってアジアはますます見えない存在となり、日本の姿をアジアの人びとがどのように受けとめているのかに、私たちは無神経だった。

各国の学生や知識人らは、平和憲法を持ちながらも巨大な米軍基地を維持し、自衛隊の戦力増強が進む日本のすがたにも警戒感をつのらせていたが、私たちはその事実に気づこうとはしなかった。ベトナム戦争と朝鮮戦争に対する日本の反戦平和世論にも、アジアの人びとはさめた目をむけていた。これらの戦争での米国支持がもたらす特需と、その米国の後押しをうけたアジアへの経済侵攻が両輪となって自国の経済発展に貢献している現実に、日本国民が疑問を抱かないからである。それでも政府もメディアも国民も、我が国は平和国家だと信じていた。

このようにして、私たちは他者、つまりアジアの鏡に映し出される自己像と向き合い、みずからの自己認識とのギャップに「なぜ」の問いを発し、これまで受け継がれてきた自国の神話を問い直すこともないまま、二一世紀の幕開けとともにはじまった米国の対テロ戦争にのめり込んでいく。同盟国のイラク侵略戦争を支持し、自衛隊を人道復興支援のために海外派兵することが、平和国家の国際貢献だとする政府のプロパガンダをメディアは疑わなかった。

米国のイラク侵攻に対して、国際社会の大勢は政府も市民も「反対」だった。かつて日本と米国に侵略され、欧米諸国による植民地支配をうけた東南アジア諸国でも、ほとんどの国の指導者がブッシュ政権を批判し、市民デモは日本を米英などとともに参戦国とみなした。日本でも、世界の反戦世論に呼応する市民の集会やデモはあったものの、平和国家であるはずにもかかわらず、各国にくらべると規模も盛り上がりも圧倒的に見劣りがした。

日本のメディアは、対テロ戦争を米国メディアだけでなくアラブ世界、アジア、ラテンアメリカなどの報道にも目配りしつつ多様な視点からとらえるとともに、日本独自の視点をふまえて戦争の真実を追究していこうという努力を怠ってしまった。

アジアやアラブの声にもっと耳を傾けるべきだというのは、外の世界の見方が正しいという暗黙の前提に立って日本の非をあげつらうためではない。それでは、よくありがちな借り着の日本批判におちいってしまうことになりかねない。そうでなくて、異なる歴史や民族、文化、宗教をもった人びとの声と向き合い、他者との対話を進めることで、世界における私たちの立ち位置を多角的にみさだめることができるからである。また、それによって相互理解と他者への敬意がはぐくまれ、それぞれの自己変革のきっかけがつかめるにちがいない。日本についていえば、「いつか来た道」にふたたび迷い込まず、新しいナショナル・アイデンティティを発展させていくためである。

そこで私たちが忘れてはならないのが、世界に目を広げながら、あるべき日本の道を追求した先駆者たちの存在である。

アジアの人びととの対話と行動によってそれを実践したのが、宮崎滔天、金子文子、穂積五一とその同志、盟友たちである。彼、彼女らの思想と行動は、それぞれの時代の主流からみれば少数のアウトサイダーのものであったが、そこには、既存の価値観や枠組みにとらわれない真実を見通す精神が躍動し、自国の矛盾と病根に果敢に挑む勇気を人びとに与えた。めざす目標は、近代日本が見失った「人間」を取りもどすこと、滔天のことばでいえば「人権の大本」を四海兄弟に実現することであったことは、すでに見たとおりである。その理想と闘いは、敗戦後の平和と民主主義にいかされることがなかったものの、いまでも輝きを失わない貴重な財産であることに変わりないだろう。

メディアについていえば、ベトナム戦争報道の挑戦と成果を戦後の平和と民主主義のさらなる前進のためにいかに引き継ぐべきかが、未完の課題となっている。日本のジャーナリストたちは、これらの理念を大切にしながら、戦火に苦しめられるアジアの隣人たちのすがたと向き合い、日本の世界における立ち位置を摸索すると同時に、日本独自の視点からの真実追求のジャーナリスト活動が国境をこえて世界の反戦平和につながっていく可能性を証明した。そこから生み出された「人間の目」で見た国際報道のスタイルはいまでは世界で共通のものとなっている。平和国家が重大な分岐点に立たされているいまこそ、先輩たちの成果を宝の持ち腐れにしてはなるまい。

もしこのような先人たちの奮闘に敬意を表するなら、メディアの戦争と平和報道は私たちの進むべき道について新たな展望を開いてくれるであろう。

日本の新聞、テレビには、毎年八月になるとアジア太平洋戦争関連の記事や番組が急増し、「八月ジャーナリズム」と称される。近年の共通テーマのひとつは、戦争体験者の高齢化と減少にともない、戦争を知らない世代に戦争をいかに「語り継ぐ」かである。そうした問題設定自体は、間違っていない。だがその多くは、いかに戦争が悲惨で無意味なものであるか、だから日本は二度とおなじ過ちを繰り返してはならないというメッセージが中心にすえられている。戦後七五年の八月前後の報道も、基本的には同じだった。戦争を「語り継ぐ」ことをつづけているのは、日本人だけではないことには思いおよばないようである。アジアの人びとは、そのおなじ戦争でいかに多くの肉親や愛する人たちが日本軍によって悲惨な目に遭わせられたのかを語り継いでいる。その事実に目をむけない、つまりアジアの隣人たちの歴史認識の共有を欠いたままの、日本の物語としての戦争の殻に閉じこもっていては、他者不在の戦争と平和論となってしまう。

ジャーナリストにかぎらず、戦争体験世代の記憶を継承する若い世代は、同時に、平和や人権について活動している世界中の人びととの交流を活発にし、私たちの戦争の記憶をアジアをはじめとする各国の人びとのそれとともに、二一世紀のグルーバルな正義と平和の実現にむけてどのようにいかしていくかが求められる。

私たちの目がもっと外の世界とそこに暮らす人びとに開かれたものとなれば、米軍のイラク空爆を、ドイツ軍のスペイン・ゲルニカ空爆、日本軍の重慶爆撃、米軍の広島・長崎への原爆投下と東京などの大都市空襲、米軍のベトナム爆撃へとつづく、住民の空からの無差別大量殺傷の歴史のなかで理解することができたのではないだろうか。ファルージャは、南京、ソンミとおなじ戦争犯罪ではないのか。マスコミがそのような視点からイラク戦争を報じていたとしても、私たちは「正義の戦争」と自衛隊による「国際貢献」に異議を申し立てられないでいられただろうか。

そしてこのような世界認識は、私たちに日本国憲法前文のつぎの一節を気づかせてくれるであろう。そこには、「日本国民は（…）政府の行為によって再び戦争の惨禍が起こることのないようにすることを決意し」、主権が国民に存することが謳われている。だが政府の誤った判断によって起こされる戦争の惨禍に苦しめられたのは、日本国民だけではない。明治以来われわれの政府と国民、それにマスメディアが一体となって進めた、日本のアジア支配の犠牲となった隣人たちも忘れてはならないはずだ。私たちはこの一節をそのように理解すべきなのではないだろうか。

前文はこの文言につづいて、戦争阻止だけではなく、戦争や紛争の要因となる専制、恐怖、欠乏などからの解放をもめざす幅広い意味の平和主義に徹することにより、日本が「国際社会において名誉ある地位を占めたい」という決意を表明している。だが現実の日本は、いぜんとして国際社会において名誉ある地位を占めるのは至っていないばかりでなく、逆にその地位から遠ざかっていくように見える。しかも、政府も国民もメディアもその事実を十分に認識していないのではないだろうか。本書の冒頭でみたミャンマーの民主化のたたかいは、そのことを私たちに問いかけている。

では、現実を理想に一歩でも近づけるにはどうしたらいいのか。アジアの隣人たちの声にもう一度、声を傾けてみたい。

マレーシアの虐殺の村で

私は、戦後五〇年の一九九五年夏、「『未来志向』とアジア」と題する毎日新聞の連載企画でマレーシアを取材したときに、貴重な助言を現地の人びとから聞いた。

一人は、シティバンクのマレーシア法人副頭取で華人系の日本留学生協会長も務めていた陳炳章（四八）である。

アジア太平洋戦争で真珠湾攻撃と同時に、「白人支配からのアジア解放」を旗印に英領マレー半島に上陸した日本軍は、進軍の先々で平和に暮らしていた華僑（中国系住民）を「抗日分子」として大量虐殺した。陳は幸い殺された肉親がなく、戦後生まれだから体験もない。そして「いつまでも古いことを言い続けてもしようがない。どこかで終止符を打って（日本とマレーシアが）力を合わせた方がよい」と述べながらも、流ちょうな日本語でこう付け加えるのを忘れなかった。

「歴史そのものを消すことはできない。なぜ日本人は、一言『ごめんなさい』が言えないのか」

もうひとりは、人権活動家チャンドラ・ムザファールである。

チャンドラは、国際的にも著名なイスラム思想家で、彼が代表をつとめるNGO、JUST（International Movement for Just World）には、欧米、アジア、中東などの有力な学者、活動家、ジャーナリストらが支援者に名を連ねている。彼自身は、民主化、人権活動のため国内治安法違反でマハティール政権によって投獄されたこともある、リベラル派反体制知識人の一人だ。当然、日本の戦争責任をきびしく批判し、「日本の占領がアジアの人びとにもたらした悲惨と苦痛に目をつむることは間違っている」と言う。

だがそれと同時に、チャンドラは欧米による日本の戦争責任追及は一面的だとも主張する。「日本の行動は、みずからが意図したものではないとしても、英国やオランダを駆逐してアジアの自信を覚醒させる衝撃となった面も持っている」からだ。「欧米のメディアはなぜ、日本の軍事支配の悪い面だけを取り上げ、それよりずっと酷いことをした自分たちの植民地支配には触れようとしないのか。これは歴史を歪曲するものだ」。

私は、陳の両親の世代が日本軍に虐殺された現場の跡も訪れた。首都のクアラルンプールから車で一時間半ほどのヌグリスンビラン州パリッティンギ村には、虐殺された華人の慰霊碑が立っていた。虐殺犠牲者の遺族や生き残りの中国系住民の話によれば、村にやってきた日本軍は突然、無抵抗の住民を次々に虐殺しはじめ、ゴム園やバナナ園に火を放った。ゴム園では、ゴム採取業の中国人と結婚して二児の母親になっていた日本人女性も犠牲になったという。

虐殺のあった街並みやゴム園、バナナ園はもう残っていない。おそらく罪のない人々のおびただしい血が大地を染めた日々とおなじように、じりじりと照りつける強烈な南国の日差しの下で、青々とした草が一面に生い茂っているだけだった。虐殺の地は「鬼が出る」といわれ、戦後、住民はそこに寄りつかなかった。

華人団体は、日本政府に対して戦争犯罪への謝罪と損害賠償を求めつづけているが、日本は誠意ある回答を寄こさないままだという。

小高い丘陵の斜面のあちこちに建つ中国人犠牲者の慰霊碑を案内してくれる受難同胞家族協会会長の孫建成《スンジェンチェン》に、私が「日本ではいまだに大東亜戦争はアジア解放のためだったと主張する人たちが、政治家をふくめて少なからずいます」と言うと、彼はこう答えた。

「われわれの願いはひとつ。日本の閣僚や国会議員がここに来て、われわれと議論をしてほしい。日本のやったことが本当にアジアの『解放』だったのかどうか、われわれの要求が不当なものなのかどうか。われわれの声に耳を傾けないで、国内だけで勝手な論議をつづけるのは止めにしてほしい」

虐殺の村の取材を終えてクアラルンプールにもどった私に、英字紙スターのあるインド系マレーシア人記者が、彼の父親がいかにして白人コンプレックスを拭い去っていったかについての屈折した体験談を聞かせてくれた。泰緬鉄道に労務者として徴用された父親はある日、日本軍の捕虜となった英兵が数人、カゴの中に入れられているのを見かけた。父がタバコの吸い殻をその中に放りこむと、英兵はわれがちにそれに群がった。それを見て父ははじめて、いままで「トアン」（主人）として頭の上がらなかった英国人もしょせん自分たちと同じ人間じゃないか、と分ったというのだ。

チャンドラの話をつづけると、こうした民族意識の覚醒はあくまで日本のアジア侵略がもたらした予期せざる一面にすぎないのであって、それによって日本軍の暗黒支配が正当化されるわけではない。だが、いまだに自らの植民地支配の罪を謝罪しようとしない欧米が、日本の戦争責任だけを断罪するのはおかしい。「だから」と、彼は明快に言い切る。

「日本はまず（アジア侵略について）心からの謝罪をすべきなのだ。そうすれば日本は（植民地支配を謝罪しない）欧米の大国よりもアジアで尊敬を勝ち取ることができるだろう」

チャンドラと陳の言葉は私に、日本が「国際社会において名誉ある地位を占めたい」という決意を実行するには何が必要なのかを教えてくれた。人間としての正しい歴史認識にもとづいた、アジアの人びとのこころに届く謝罪が第一歩であるということを。そしてその先に、私たちがみずからの神話から解放されて、荒れ野を脱し、新しいナショナル・アイデンティティを発見する道がひらかれるであろうことを。

「真の愛国者」中村哲医師

私のマレーシア取材から四半世紀が経つが、アジアとの未来志向のうごきは遠のくばかりである。韓国との徴用工、慰安婦問題の解決は暗礁に乗り上げ、日韓関係は悪化した。自衛隊の海外派兵は今後ますます拡大していく恐れがあり、アジアだけでなく中東の人びとの日本への目もきびしくなった。だが私は、将来にたいして必ずしも悲観的ではない。自国の負の歴史から目を背けず、またそこから学んだ教訓を胸に、アジアや中東の人びとと共に新しい未来を創り上げていこうとする日本の市民レベルの交流も、世代をこえて確実に広がり、深まってきているからだ。そこでの対話と応答が、私たちの平和の理念を具体的な実践に移す活動を生み出し、日本への信頼のきずなを強めている。

そのような日本人の一人が、アフガニスタンで現地の人びとと力を合わせ、命を守るたたかいをつづけてきた、NGO「ペシャワール会」の現地代表で医師の中村哲である。

米国が対テロ戦争の最初の標的をアフガンのイスラム原理主義政権タリバンにさだめ、それに対する国際貢献として小泉政権が二〇〇一年に、米軍の軍事攻撃を後方支援するために海上自衛隊をインド洋に派遣するテロ対策特別措置法案を国会に上程したとき、中村はこの法案審議に参考人に呼ばれて意見を述べた。彼はアフガンの現状を説明し、「空爆はテロと同レベルの報復行為。自衛隊派遣は有害無益」と同法案に反対した。

中村は、医師としてパキスタン、次いでアフガニスタンの診療所で貧しい人たちのための医療活動に取り組んでいた。だが人の命を救うためには、まず健康な身体づくりが先決ではないかと考えるようになった。そこではじめたのが、一九七八年のソ連の軍事介入以来長い戦乱で荒廃したアフガンの農業復興だった。現地の人びとと共に汗を流しながら、大河クナール川から引いた二七キロにおよぶ用水路を完成させ、六五万人に小麦畑や農場をよみがえらせた。

タリバン政権の誕生以前からアフガンの大地に足を据え、この国の実情をもっとも深く理解する日本人として、彼は同国が大干ばつに直面していることをしっている。「それに武力攻撃を加えるということは、アフガンの人びとにしてみれば、天災に人災が加わるということです。報復は、歴史に汚点を残す空前のホロコーストになる恐れがあります」。だから、「日本がしなければならないのは、難民を作り出す戦争への加担ではなく、新たな難民を作り出さないための努力」であり、「日本が大きな曲がり角にいるからこそ、国民の生命を守るという見地から、あらゆる殺りく行為への協力に反対します」とうったえた。

それだけではない。中村によれば、アフガニスタンの人びとは親日的である。その理由は、日露戦争での日本の勝利とヒロシマ、ナガサキの被爆にある。英国と同様にアフガン征服をねらうロシアは日露戦争での敗北で野望を放棄せざるをえなくなった。広島、長崎を原爆の実験場とした非道な米国への反発と、その犠牲となった日本への同情もある。タリバンを含めて対日感情はきわめていい。

そうした伝統的な親日感情が、ペシャワール会のさまざまな活動を支えてきてくれた。ところが、日本はいま、米国の空爆を支持し、自衛隊をインド洋上に派遣することによって、「つくらなくてもいい敵をつくろう」としている。アフガンの人びとから見れば、自分たちに爆弾を落とす米軍機はインド洋に浮かぶ自衛隊の艦艇から補給された油で動いている可能性がある。

彼の懸念どおり、自衛隊の海外派兵とともに、アフガンの対日感情に変化が見られるようになった。米軍のイラク攻撃への反対デモが起きたときには、日章旗が英米の国旗と並んで焼き捨てられた。このようなことは、親日感情の強いアフガニスタンでは以前は考えられなかった。米国への協力が話題になるたびに、中村はペシャワール会の車に描いていた日の丸を消していった。

西日本新聞の記者が連載企画「戦後70年　安全保障を考える」の取材で一四年一二月にペシャワール会の活動現場をおとずれたとき、中村は、「銃は何も生み出しません」と言って活動をとりまく現状と懸念を説明した。彼と共に働くアフガン人は「日本は銃ではなくシャベルを持って助けに来てくれた。特別な国だ」と評価する。だが、その信頼の礎は揺らぎつつある。

ヒマラヤ山脈をのぞむアフガンの大地から、「平和国家日本」の変貌を憂慮しながら、中村は現地報告にこう記した。「日本国憲法は世界に冠たるものである。それは昔ほど精彩を放ってはいないかも知れない。だが国民が真剣にこれを遵守しようとしたことがあったろうか。日本が人々から尊敬され、光明をもたらす東洋の国であることが私のひそかな理想でもあった。『平和こそわが国是』という誇りは私の支えでもあった」。「祖先と先輩たちが、血と汗を流し、幾多の試行錯誤を経て獲得した成果を『古くさい非現実的な精神主義』と嘲笑し、日本の魂を売り渡してはならない。戦争以上の努力を傾けて平和を守れ、と言いたかったのである」(『医者、用水路を拓く』)

中村医師はその精神を、米軍空爆下のアフガンの乾いた大地で、現地の人々と共に灌漑用水と農業をよみがえらせることで実践しつづけた。いのちを守る活動には国境はないことを、銃ではなくシャベルによって実践しつづけた。ペシャワール会の活動は、その姿に感銘を受けた日本の多くの市民の資金援助で支えられてきた。

中村は不幸にして一九年一二月、アフガニスタンで武装勢力の凶弾に斃れたが、彼が挑戦した事業を讃えるとともにその死を悼む声は、国境をこえて聞かれた。アフガン政府は深い弔意を表し、同国民は「われわれのヒーロー」の不慮の死を悲しんだ。ペシャワール会は中村の意志を引き継ぎ、アフガンでの事業をつづけている。同政府は二一年一月、中村の功績をたたえ、彼の肖像をあしらった切手を発行した。

日本政府は、日米同盟によって自衛隊と米軍の協力体制を進めることが、国際貢献であり国益だと主張した。中村は、正しい歴史認識と日本国憲法にもとづいて、非武装でアフガンの貧しい人びとの命を守る行動こそが、真の国際貢献であり日本の国益につながることを証明した。日本人としてのよきアイデンティティをいかすことが、日本人であると同時にアフガニスタン人でもある「地球市民」を誕生させた。

自称「愛国者」の安倍首相は、民主的手続きを無視してまで日本国憲法を改悪し、対米従属のもとで日本の大国の座を守ろうとした。それに異を唱えない多くのパワーエリートたちも、日米同盟を国益にそった国策として堅持している。だがそのような日本が、国際社会のなかで名誉ある地位を占めるにいたっていると言えるだろうか。愛国者とは、自国がその基本理念から逸脱して誤った方向に進んでいくのを無批判に支持する者ではなく、世界の人びとの理解と共感に支えられながら、自分が正しいと信じる国益を追求していこうとする人を指すのではないだろうか。中村こそ、真の愛国者である。

同じことは、メディアについても言えるだろう。ジャーナリストには国籍があるといわれる。メディアが自国中心のナショナリズムに陥りやすく、とくに国益がからむ戦争報道においては真実が犠牲にされがちとなることは、本章の冒頭でも確認した。だが往々にして、「国益」とは時の政権の利害や主張にすぎず、国民全体の利益を代弁するものとはかぎらない。にもかかわらず、多くのジャーナリストは両者を混同して「愛国報道」を競いがちとなる。ふるくはアジア太平洋戦争中の「聖戦」翼賛報道、近年では米国の対テロ戦争報道がその典型である。日本のマスメディアはそのような過去の過ちを反省したはずであるのに、対テロ戦争で政府がかかげる日本の国際貢献の旗振り役をつとめた。彼らはジャーナリストの基本である真実の追究と言論の自由の行使を放棄し、平和国家をまちがった方向に導こうとする「愛国者」の正体を国民にあきらかにする努力を怠った。

しかし、平和国家という敗戦後の新しいナショナル・アイデンティティの発展をめざそうとする国民的うごきのなかで、ジャーナリストたちが最も輝いたときがあったことを忘れてはなるまい。米国のベトナム侵略を支持することが日本の国益であるとする日本政府の主張が本当に正しいのかどうかを、記者とカメラマンは戦火に苦しめられるベトナム民衆のすがたを追うことで確認しようとした。その報道にせっした国民の多くは、この戦争への加担と支持に反対することが日本の真の国益につながると判断して立ち上がった。またそのような日本の国籍をもったジャーナリストの情報発信が、戦争当事国の米国をはじめとする海外メディアからも注目され、さらに人間の目で見た国際報道という新しい道をひらいた。日本独自のアイデンティティに根ざした「もうひとつの愛国報道」が、正義と平和をめざす世界の多くの声と響き合った。

私たちはこの貴重な体験をほこりにまみれたままにしておいてはならない。正しい歴史認識と日本国憲法の理念を編集の基本方針とすることで、歴史の検証にたえる真実の報道が可能となり、いまやほころびが目立つ戦後の平和と民主主義を修復し、さらに強化されるのに不可欠な情報を国民に届けることができるであろう。また、そのような日本独自のアイデンティティをいかした国際社会への情報の発信は、グローバルな正義と平和の実現をめざす二一世紀の世界に貢献し、日本のメディアへの信頼と評価を高めることになるはずである。そしてそれこそが、平和国家が第二の敗戦にむかうのを阻止する、真の愛国報道といえよう。

エピローグ

プロローグで記したミャンマーの民主化運動は、国軍による残虐な武力弾圧に屈することなく、非暴力に徹した市民の抵抗活動がねばり強くつづけられている。国際社会は民主化支援を明確にし、そのための行動を打ち出している。だが日本政府は、欧米諸国とは一線を画した「独自パイプ」による問題解決の努力という空念仏を唱えるだけで、平和と民主主義をもとめるミャンマー国民を支持する姿勢を打ち出せないままである。主要メディアも、そのような政府の姿勢を正させようとはしない。政治指導者と彼らの言動を監視する役割を担うジャーナリストが、ともに二一世紀の世界の潮流に無神経でありつづけるのは、なぜなのだろうか。

その疑問を解く手がかりとして、本書がすこしばかりお役に立てれば幸いである。それと同時に、この現状を変えて、私たちがアジアの隣人と共にグローバルな正義の実現をめざすには何が必要なのかをかんがえる一助にもなってくれることを願っている。すでにおなじ人間としての連帯のうごきは、ミャンマーと日本の人びととの間に少しずつ広がってきているので、それがさらに発展していくであろう。その小さな流れが、やがて同じような世界のさまざまな流れと合流し勢いを増し、「平和国家」日本を前進させる力となることを、私は期待している。

出版にあたっては、日刊ベリタの大野和興編集長がタイムリーな企画として社会評論社に橋渡しをしてくれた。同社の松田健二社長は、出版不況にコロナ禍が追討ちをかけるなか、私の問題提起を受けとめ、的確な助言とともに編集作業を進めてくれた。表紙の写真は、元共同通信記者のジャーナリスト船越美夏さんが、ミャンマーの人びとのフェイスブックから入手した貴重なショットを提供してくれた。また何人かの方に草稿に目を通してもらい、貴重なコメントをいただいた。この小さな本を世に送り出すのに手を貸してくれた方々すべてに深く感謝したい。

二〇二一年五月　ミャンマー民主化運動の勝利を祈りながら

永井　浩

＊参考文献（新聞記事は本文中に記載）

はじめに

ヨハン・ガルトゥング（御立英史訳）『日本人のための平和論』ダイヤモンド社、二〇一七年

第1章

ジョージ・オーウェル『象を撃つ』（『オーウェル評論集』（小野寺健訳）岩波文庫、一九八二年）
小泉允雄「オーウェル像・その原点としてのビルマ」（『新日本文学』一九八四年三号）
鶴見俊輔「オーウェルの政治思想」（『鶴見俊輔書評集成2』、みすず書房、二〇〇七年）
川端康雄『ジョージ・オーウェル』岩波新書、二〇二〇年
倉沢愛子『戦後日本＝インドネシア関係史』草思社、二〇〇一年
プラムディア・アナンタ・トゥウール（山田道隆訳）『日本軍に棄てられた少女たち』コモンズ、二〇〇四年
吉川利治『泰緬鉄道――機密文書が明かすアジア太平洋戦争』同文館、一九九四年
古山高麗雄『二十三の戦争短編小説』文春文庫、二〇〇四年
小泉允雄『新版　東南アジアの現在』田畑書店、一九九一年
矢野暢、磯村尚徳編著『アジアとの対話』、日本放送出版協会、一九八四年
萩原宣之「近代日本と東南アジア」（内山秀夫編『政治的なものの今』、三嶺書房、一九九一年）
スラク・シワラック「日本人に必要なのは深く考える時間」（『朝日ジャーナル』一九八五年一一月一五日号）

永井和「戦後マルクス主義史学とアジア認識」（古谷哲夫編『近代日本のアジア認識』緑蔭書房、一九九六年）
大内兵衛『社会主義とはどういう現実か　ソ連・中国旅日記』岩波新書、一九五六年
川上和久『北朝鮮報道』光文社文庫、二〇〇四年
大田昌国『「拉致」異論』太田出版、二〇〇三年
谷沢永一『悪魔の思想』クレスト社、一九九六年
原彬久『戦後史のなかの日本社会党』中公新書、二〇〇〇年

第2章
丸山静雄『日本のアジア支配を考える』新日本出版社、一九九七年
柳澤協二『検証・官邸のイラク戦争――元防衛官僚による批判と自省』、岩波書店、二〇一三年
永井浩『「ポスト真実」と対テロ戦争報道―メディアの日米同盟を検証する』明石書店、二〇一八年
ジョージ・オーウェル（橋口稔訳）『カタロニア讃歌』ちくま学芸文庫、二〇〇二年

第3章
井上亮『象徴天皇の旅』平凡社新書、二〇一八年
久野収、鶴見俊輔『現代日本の思想』岩波新書、一九五六年
ジョン・ダワー（三浦陽一、高杉忠明、田代泰子訳）『増補版　敗北を抱きしめて』上下、岩波書店、二〇〇四年
日高六郎編『シンポジウム　意識のなかの日本』朝日新聞社、一九七二年

第4章
イアン・ブルマー（石井信平訳）『戦争の記憶──日本人とドイツ人』、TBSブリタニカ、一九九四年
粟屋憲太郎、山口定他著『戦争責任・戦後責任　日本とドイツはどう違うか』、朝日新聞社、一九九四年
リヒャルト・フォン・ヴァイツゼッカー（永井清彦訳）『荒れ野の40年』岩波ブックレット、一九八六年
熊谷徹「過去との対決とドイツのメディア」、HUFFPOST、二〇一五年九月二四日、http://www.huffingtonpost.jp/toru-kumagai/post_8942_b_6582760.html
梶村太一郎「世界世論の先頭に立ったドイツ市民」、（『世界』緊急増刊「No War! ──立ちあがった世界市民の記録」、岩波書店、二〇〇三年
金賢娥（安田敏朗訳）『戦争の記憶　記憶の戦争─韓国人のベトナム戦争』三元社、二〇〇九年
伊藤正子『戦争記憶の政治学─韓国軍によるベトナム人戦時虐殺問題と和解への道』平凡社、二〇〇九年
伊藤千尋『たたかう新聞─「ハンギョレ」の12年』岩波ブックレット、二〇〇一年
姜禎求「ベトナム戦争派兵の過ちを繰り返してはならない─イラクへの韓国軍派遣に反対する」（『統一評論』457号）統一評論社、二〇〇三年
松井和久、中川雅彦編著『アジアが見たイラク戦争』明石書店、二〇〇三年
第5章
加藤直樹『謀叛の児　宮崎滔天の「世界革命」』河出書房新社、二〇一七年
宮崎滔天『三十三年の夢』平凡社東洋文庫、一九六七年

『孫文選集』（伊藤秀一他訳）第3巻、社会思想社、一九八九年
中国東北地区中日関係研究会編著（鈴木静夫、高田祥平編訳）『中国人の見た中国・日本関係史』東方出版、一九九二年
松田道雄『日本知識人の思想』筑摩書房、一九六五年
金子文子『何が私をこうさせたか』岩波文庫、二〇一七年、岩波書店
山田昭次『金子文子　自己・天皇制国家・朝鮮人』影書房、一九九六年
「金子文子と朴烈」（『キネマ旬報』、二〇一九年三月上旬号）
「3・1朝鮮独立運動」（『週刊金曜日』、二〇一九年二月二二日号）
穂積五一先生追悼記念出版委員会『内観録　穂積五一遺稿』非売品、一九八三年
穂積五一先生追悼記念出版委員会編『アジア文化会館と穂積五一』影書房、二〇〇七年
劉進慶「アジア人留学生の『父』穂積五一」（『円卓会議』第4号）一九八四年、駸々堂
判沢弘「右翼運動家――津久井龍雄・穂積五一・石川準十郎」（思想の科学研究会編『共同研究　転向』下巻）平凡社、一九六二年

第6章

高見順『敗戦日記』、文春文庫、一九八一年
天川晃「賠償問題をめぐる世論の動向」（萩原宣之、後藤乾一編『東南アジア史のなかの近代日本と東南アジア』、みすず書房、一九九五年）
ジョン・ダワー、前掲書
若宮啓文『戦後保守のアジア観』、朝日新聞社、一九九五年
穂積五一先生追悼記念出版委員会、前掲書

竹山道雄『ビルマの竪琴』、新潮文庫、一九五九年
永井浩、前掲書
松井和久、中川雅彦編著、前掲書
『福沢諭吉全集』第14巻、岩波書店、一九六一年
勝海舟（江藤淳、松浦玲編）『氷川清話』、講談社学術文庫、二〇〇〇年
松浦玲『明治の海舟とアジア』、岩波書店、一九八七年
「9条世界会議」日本実行委員会編『9条世界会議の記録』、大月書店、二〇〇八年
日高六郎編、前掲書
徐京植『日本リベラル派の頽落』、高文研、二〇一七年

第7章

フィリップ・ナイトリー（芳地昌三訳）『戦争報道の内幕』時事通信社、一九八七年
前坂俊之『太平洋戦争と新聞』、講談社学芸文庫、二〇〇七年
藤田省三「戦後二十年、二十七年を中心とする転向の状況」（思想の科学研究会編、前掲書）
明神勲『戦後史の汚点　レッド・パージを』大月書店、二〇一三年
毎日新聞130年史刊行委員会『「毎日」の3世紀―新聞が見つめた激流130年』上・下、毎日新聞社、二〇〇二年
朝日新聞取材班『戦後五〇年　メディアの検証』、三一書房、一九九六年
大森実『石に書く――ライシャワー事件の真相』、潮出版社、一九七一年
大森実『エンピツ一本』、講談社、一九九二年
小倉孝保『大森実伝　アメリカと闘った男』、毎日新聞社、二〇一一年

近藤紘一『サイゴンのいちばん長い日』、サンケイ出版、一九七五年／文藝春秋、一九八五年
岡村昭彦『南ヴェトナム戦争従軍記』、岩波書店、一九六五年
日野啓三『ベトナム報道　特派員の証言』、現代ジャーナリズム出版会、一九六六年／講談社、二〇一二年
柳澤恭雄『戦後放送私見――ポツダム宣言・放送スト・ベトナム戦争報道』、けやき出版、二〇〇一年
阿部汎克「国際化時代を考える」（阿部汎克他著『マス・メディアへの視点』、地人書館、一九八九年）
座談会「ベトナム報道の現代的意義」（『新聞研究』一九七三年四月号）
リバーベンド（リバーベンド・プロジェクト訳）『バグダッド・バーニング　イラク女性の占領下日記』、アートン、二〇〇四年
TUP監修『世界は変えられる』、七つ森書館、二〇〇四年
ヒュー・マイルズ（河野純治訳）『アルジャジーラ　報道の戦争』、光文社、二〇〇五年
木村嘉代子「NHK報道をアルジャジーラと比較　イラク戦争めぐりモロッコ人研究者」、日刊ベリタ、二〇〇八年一月一五日 http://www.nikkanberita.com/read.cgi?id=200801151607262
松田武『戦後日本におけるアメリカのソフト・パワー　半永久的依存の起源』、岩波書店、二〇〇八年
鳩山友紀夫『脱　大日本主義』、平凡社新書、二〇一七年
中村哲『空爆と復興　アフガン最前線報告』、二〇〇四年、石風社
中村哲『医者、用水路を拓く』、二〇〇七年、石風社

◎著者紹介

永井　浩（ながい ひろし）

1941 年生まれ。東京外国語大学ロシア語科卒業後、毎日新聞バンコク特派員、編集委員などをへて神田外語大学教授。現在、同大学名誉教授。

著書　『される側から見た「援助」―タイからの報告』（勁草書房）
『見えないアジアを報道する』（晶文社）
『アジアはどう報道されてきたか』（筑摩書房）
『戦争報道論―平和をめざすメディアリテラシー』（明石書店）
編著　『「アウンサンスーチー政権」のミャンマー』（明石書店）
共訳　アウンサンスーチー『ビルマからの手紙』（毎日新聞社）

アジアと共に「もうひつの日本」へ

2021 年 7 月 1 日　初版第 1 刷発行

著者　：永井　浩
装幀　：右澤康之
発行人：松田健二
発行所：株式会社 社会評論社
東京都文京区本郷 2-3-10
電話：03-3814-3861　Fax：03-3818-2808
http://www.shahyo.com
組版　　：Luna エディット .LLC
印刷・製本：倉敷印刷 株式会社